अपनी क्षमताओं को पहचानें

शानदार जीवन के लिए
स्किप रॉस का जादुई फ़ॉर्मूला

अपनी क्षमताओं को पहचानें

स्किप रॉस
और
कैरोल सी. कार्लसन

अनुवाद : गजेन्द्र शर्मा

MANJUL
मंजुल पब्लिशिंग हाउस

MANJUL

मंजुल पब्लिशिंग हाउस

कॉरपोरेट एवं संपादकीय कार्यालय

• द्वितीय तल, उषा प्रीत कॉम्प्लेक्स, 42 मालवीय नगर, भोपाल-462 003

विक्रय एवं विपणन कार्यालय

• सी-16, सेक्टर 3, नोएडा, उत्तर प्रदेश, 201301

वेबसाइट : www.manjulindia.com

वितरण केन्द्र

अहमदाबाद, बेंगलुरू, कोच्चि, कोलकाता, चेन्नई,
हैदराबाद, मुम्बई, नई दिल्ली, पुणे

स्किप रॉस और कैरोल सी. कार्लसन द्वारा लिखित मूल अंग्रेजी पुस्तक
से येस टू यॉर पोटेंशियल का हिन्दी अनुवाद

Say Yes to Your Potential by Skip Ross and Carole C. Carlson – Hindi edition

यह हिन्दी संस्करण 2006 में पहली बार प्रकाशित
11वीं आवृत्ति 2025

ISBN 978-81-8322-033-0

अनुवाद : गजेन्द्र शर्मा

मुद्रण व जिल्दसाज़ी : रेप्रो इंडिया लिमिटेड

विषय-सूची

1 ज़मीन से उठना 9

आपके समय की क़ीमत . . . मैं तुम्हें हिम्मत देता हूँ . . . अपनी निराशा को स्थान दें . . . दर्दनाक बदलाव . . . सपने को जीना

2 जादुई फ़ॉर्मूला 22

फ़ॉर्मूला उत्पन्न हुआ . . . स्वस्थ बनाम अस्वस्थ भय . . . कल्पना का निर्माण . . . "मैं डरा हुआ हूँ" का स्रोत . . . डर और चिंता बहुत विनाशकारी हैं . . . डर का इलाज और ख़ात्मा . . . लक्ष्य मूर्खों के लिए नहीं है . . . पीछे से लक्ष्य निर्धारित करना . . . हम लक्ष्य केंद्रित जीव हैं . . . सफलता : मंज़िल या सफ़र ? . . . संतुलन ही कुंजी है

3 आप प्रतिभाशाली हैं 43

आपका निजी कम्प्यूटर . . . आपकी प्रतिभा के विश्वसनीय प्रमाण . . . सही टिकट . . . मानव मस्तिष्क की बुद्धिमत्ता . . . आप निश्चित रूप से बुद्धिमान हैं . . . आपके पास एक पूर्ण स्मृति है . . . दैत्यों का जंगल . . . इत्तेफ़ाक़ से ज़्यादा . . . अपने जी जी ई को चमकाएँ

4 दें और आप पाते हैं 59

देने का सिद्धांत . . . देने का पहला मूल आधार . . . देने का दूसरा मूल आधार . . . नब्बे दिनों की चुनौती . . . देने का तीसरा मूल आधार

5 अपने द्वार की पहरेदारी करो 74

नकारात्मक लोग फ़ज़ूल होते हैं . . . गहराई से देखें . . . कान बंद करना . . . आपके कानों के लिए संगीत . . . न प्रतिबंध, न जलन, बस उपेक्षा

6 अपने सपनों को हक़ीक़त में बदलें 87

आज मुझे खुद के बेसबॉल दस्ताने दे दो . . . आपकी ज्वलंत इच्छा क्या है? . . . दूसरा क़दम : निर्माण का सिद्धांत . . . तीसरा क़दम : निर्माण का सिद्धांत

7 कलाकार हमारे भीतर है 100

अपनी रचनात्मकता को उभारें . . . अपनी कल्पनाओं का अभ्यास करें . . . किसी भी स्पष्ट या धुँधले दिन में कल्पना महान होती है . . . एक तस्वीर में भावनाएँ

8 इसके अस्तित्व को शब्द दें 110

अपने भविष्य को व्यक्त करें . . . छोटी चीज़ें बड़े मायने रखती हैं . . . आप किससे बात करते हैं? . . . विश्वास भरे सकारात्मक वाक्य कैसे बनाएँ . . . मैं आपके कंधे पर बैठा हूँ

9 ज़बर्दस्त ऊर्जा प्रवाहित होती है 123

उस दिन मैं पूरी तरह "खोदता" रहा . . . थकान दिमाग़ की एक स्थिति है . . . टाइम बैंक . . . भयावह जुड़वें . . . जीवन को प्रेरित करने वाला चार अक्षरों का शब्द . . . अब मुझे क्या करना चाहिए? . . . बाइबल कहती है

10 देखने से पहले इस पर भरोसा करें 135

आस्था किसमें? . . . मैं कहाँ से शुरू करूँ? . . . रैंच पर वापसी . . . विश्वास ग्राह्य होता है . . . "अगर," "परंतु," "जब" का प्रयोग नहीं . . . खुद पर भरोसा . . . दूसरों पर भरोसा . . . विश्वास पूर्ण संकल्प है

11 कुछ उत्साह! 147

बच्चों को सिखाएँ . . . आपका उत्साह झलक रहा है . . . उत्साह की ओर पहला क़दम : अपना होमवर्क करें . . .

उत्साह का दूसरा क़दम : इसे उत्साह से करें . . . एक बढ़िया संदेश प्रसारक बनें

12 इसे किसी भी तरह करें 159

अनुशासन कहाँ से शुरू होता है? . . . उन चीज़ों के साथ शुरू करें, जिन्हें आप नियंत्रित कर सकें . . . क्या आप क़ीमत चुकाएँगे? . . . इसे किसी भी तरह करें

13 जब तक पा न लें, तब तक प्रयास करते रहें 168

दृढ़ता . . . आप कितने लंबे समय तक डटे रहेंगे? . . . आपके सपनों तक पहुँचने की सीढ़ी . . . अपने भीतर की शक्ति को बाहर निकालें

14 महान गुणाकार तत्व 179

पहला क़दम : अपनी आत्म-छवि के स्रोत को समझना . . . दूसरा क़दम : विश्वास करें कि आपकी आत्म-छवि बदल सकती है . . . तीसरा क़दम : तय करें कि आप किस तरह के व्यक्ति बनना चाहते हैं . . . चौथा क़दम : इसे लिख डालें . . . पाँचवाँ क़दम : उस व्यक्ति के साथ समय बिताएँ, जिसकी तरह आप बनना चाहते हैं . . . चुनौती

अंत में 197

1

ज़मीन से उठना

मंच एक व्यक्ति, माइक्रोफ़ोन और उसके संदेश को छोड़कर ख़ाली था। श्रोताओं में बैठे सैकड़ों लोग कार्यक्रम के प्रमुख आकर्षण एक विशिष्ट प्रेरक वक्ता को सुन रहे थे। मैं ध्यान देने की कोशिश कर रहा था, पर मैंने सोचा, *मैं यह सारी बातें पहले भी सुन चुका हूँ। वह मुझे नया क्या बता सकता है?* इसके बाद उसने एक ऐसी टिप्पणी की, जिससे मेरा ख़ून खौल उठा। मैं तनकर बैठ गया और मैंने अपने चेहरे पर एक खिंचाव महसूस किया। दरअसल मैं इतना ज़्यादा परेशान हो गया था कि मैं बाक़ी बातें नहीं सुन सका। कथन बेहद सादा था, पर मेरे लिए यह ज़मीन को थर्रा देने वाला था, इसने मेरी ज़िंदगी की दिशा को बदल दिया।

उसने कहा, "तुम ठीक वैसे ही बने हो, जैसे बनना चाहते थे।"

मैं चिल्लाना चाहता था, "यह सही नहीं है।" हालाँकि मैं जानता था कि मेरा बैंक अकाउंट नए कपड़ों का ख़र्च बर्दाश्त नहीं कर सकता, फिर भी मैं उसके चेहरे की मुस्कुराहट को नोंच फेंकने के लिए अपने पुराने फ़ैशन के स्पोर्ट कोट की कफ़ को खोलकर बाँहें चढ़ाने की तैयारी में था। वह मेरे बारे में जानता क्या था? मैं मीटिंग से उठकर कैलिफ़ोर्निया के नॉर्थ हॉलीवुड स्थित अपने एक कमरे वाले अपार्टमेंट में लौट आया और नीरस-सी दीवारों की ओर एकटक देखने लगा। मेरी निजी ज़िंदगी शर्मसार थी, मेरा बिज़नेस कैरियर बर्बाद हो गया था। यद्यपि मैं एक ईसाई घर में बड़ा हुआ था और मैंने एक मंत्री बनने के लिए पढ़ाई की थी, पर मेरा

आध्यात्मिक जीवन अनिश्चित और रूखा-सूखा था।

बाहरी ज़िंदगी में मैं सोचता था कि मैं दुनिया को बेवकूफ़ बना रहा था। मैंने जो प्रपंच रखा था, उसके मुताबिक़ मैं विश्वास से भरा, लक्ष्य तथा उद्‌देश्य लेकर चलने वाला एक बिज़नेस लीडर था, पर जब मैंने अपना मुखौटा उतारा और आईने में ख़ुद को देखा, तो मुझे अपनी असलियत नज़र आई; एक थका-हारा, टूटा, हताश व्यक्ति।

तभी मुझ पर हँसते हुए एक प्रतिबिंब उभरा और उसने मेरे विचारों को जाँचना शुरू किया : *स्किप, तुम जो देख रहे हो, क्या तुम उसे पसंद करते हो ? तुमने अपनी ज़िंदगी जैसी बनाई है, क्या तुम उस पर गर्व करते हो ? वह लड़का कहाँ गया, जिसने बेसबॉल के दस्ताने जीतने के लिए बाइबल के अधिकतर पदों को मुँहज़बानी याद कर लिया था ? वह युवक कहाँ गया, जो कॉलेज में अपने छात्र संघ का अध्यक्ष हुआ करता था ? वह इंसान कहाँ है, जो ईश्वर की महानता के उपदेश और गीत गाया करता था ? एक रिकॉर्डिंग आर्टिस्ट या एक महान प्रचारक बनने के तुम्हारे सपनों का क्या हुआ ?*

ख़ुद को दिए गए इन सवालों के जवाबों से खिन्न होकर मैं अपनी हथेली पर मुक्के मारने लगा और वही आवाज़ बार-बार मेरे कानों में गूँजने लगी, जो कह रही थी, "तुम ठीक वैसे ही बने हो, जैसे बनना चाहते थे।"

क्या यह कथन एकदम सही था ? क्या अपनी इस तरह की ज़िंदगी के लिए वास्तव में मैं ही ज़िम्मेदार था ? शायद मेरे अभिभावकों, मेरे भाई, दोस्तों, शिक्षकों या व्यापारिक सहयोगियों द्वारा ऐसी परिस्थितियाँ बनी हों। यह किसी दूसरे की ज़िम्मेदारी होनी चाहिए थी, क्या ऐसा नहीं था ? इसके बावजूद मुझे स्वीकार करना पड़ा कि वह सही था। जीवन के उस बिंदु पर मेरे सारे विचार, मेरी असफलताओं और अपेक्षाओं पर केंद्रित हो गए। मैं हर समय उसी चिंता में घिरा रहता।

क़रीब नौ सौ वर्षों पहले सेंट बर्नार्ड नाम के एक संत ने इस सच्चाई को समझा था : "ख़ुद मेरे अलावा कोई भी अन्य व्यक्ति मुझे नुक़सान नहीं पहुँचा सकता। नुक़सान को मैं ख़ुद पर लादे रहा, असल में मैं उसका शिकार नहीं था, बल्कि वह मेरी ही ग़लतियों का नतीजा था।"

मैं जिस तरह का व्यक्ति नहीं बनना चाहता था, उसके साथ संघर्ष का परिणाम एक आंतरिक जीवन परिवर्तन की खोज की शुरुआत थी, जिसमें अगले 18 महीने लगे। मेरी ज़िंदगी टुकड़ों में बिखर रही थी और मुझे उसे नियंत्रित करना सीखना था, जो मुझे बर्बाद कर रहा था। मेरे कुछ दोस्तों को पुनः नियंत्रण पाने की यह प्रक्रिया महज़ एक सनक लग रही थी, क्योंकि इस दौरान मैंने अख़बार और पत्रिकाएँ तक पढ़ना बंद कर दी थीं। मैंने अपना रेडियो और टेलीविज़न सेट बंद कर दिया था और मैं यथासंभव नकारात्मक बातचीत से बच रहा था। हर दिन मैं प्रेरणादायी पुस्तकें पढ़ने और उत्साहजनक टेप सुनने में तीन से पाँच घंटे और कभी-कभी तो इससे भी ज़्यादा समय बिता देता। इस प्रक्रिया की शुरुआत में ही मैंने बचपन में सुने गए एक धर्मवाक्य को पुनः पा लिया : "एक व्यक्ति अपने दिल से जैसा सोचता है, वह ठीक वैसा ही हो जाता है।" महीने ग़ुज़रने के साथ ही यह सिद्धांत और ज़्यादा मज़बूत हो गया कि एक व्यक्ति अपने विचारों को जिस चीज़ पर केंद्रित करता है, वही उसके जीवन की वास्तविकता बन जाती है।

डेढ़ साल तक हफ़्ते के सातों दिन मैं हर उन धर्मवाक्यों और साहित्य के सकारात्मक अंशों को पढ़ता रहा, जो मुझे उपलब्ध हो सके। मैं प्रवचनों में गया और मैंने सफल वक्ताओं के टेप भी सुने। तभी मैंने कुछ ऐसा पढ़ा या सुना, जिसने मेरे विचारों को ठहरा दिया। मैंने पाया कि बाइबल में भी इसी के समान सिद्धांत को प्रमाणित किया गया है। अथवा बाइबल का एक सत्य मुझे झकझोर गया था और उसके बाद मैंने पाया कि यह प्रतिदिन की दिनचर्या में भी व्यावहारिक तौर पर काम आता है।

अगर यह आपको बेहद ज़ाहिर-सी और साधारण बात लगती है, तो संभव है कि आप एक परंपरावादी चर्च के माहौल में नहीं पले होंगे, जहाँ आपको ज़िंदगी के हर नज़रिये के लिए "यह करें" और "यह न करें" की सूची थमा दी जाती है। मैं ऐसे ही बड़ा हुआ हूँ। बहरहाल, मैं इस विश्वास के साथ बड़ा हुआ कि बाइबल ईश्वर की प्रेरणा का कथन है और यही एक वजह है कि यह मेरा सबसे महत्वपूर्ण अध्ययन स्रोत रही।

न्यूयॉर्क में एक जाने-माने मनोचिकित्सक हैं, जो दैवीय प्रेरणा से अवतरित ईश्वर के कथन के रूप में बाइबल पर विश्वास नहीं करते। फिर

भी वे अपने परेशान मरीज़ों के इलाज की शुरुआत इसी सवाल से करते हैं, "क्या आप मानते हैं कि बाइबल ईश्वरीय कथन है?" मरीज़ "हाँ" या "ना" में जवाब देते। अगर वे "हाँ" कहते, तो वे कहते, "ठीक है, यह कुछ धर्मवाक्यों की सूची है। इसे घर ले जाएँ और हर सुबह दो घंटे इसे पढ़ें और एक हफ़्ते बाद आकर मुझे बताएँ।" अगर उनका जवाब "ना" होता, तो वे कहते, "ठीक है, यह कुछ धर्मवाक्यों की सूची है। मैं चाहता हूँ कि आप इसे रोज़ाना दो घंटे सुबह और दो घंटे दोपहर में पढ़ें।" दोनों नुस्ख़ों में एकमात्र अंतर यह है कि नास्तिकों के लिए ख़ुराक दोगुनी थी।

आप जीवन की आध्यात्मिक चीज़ों में विश्वास करते हैं या नहीं; आप कोई भी हों और आपकी पृष्ठभूमि जो कुछ भी रही हो, आप इस किताब में दिए गए फ़ॉर्मूले और सिद्धांतों को अपनी ज़िंदगी में लागू कर पाएँगे। आपकी ज़िंदगी ठीक उसी तरह बदल सकती है, जैसे मेरी बदल गई थी।

आपके समय की क़ीमत

अभी आप इस किताब को पढ़कर अमूल्य वस्तु का आदान-प्रदान कर रहे हैं। आप इस जानकारी के लिए अपना समय दे रहे हैं। इसकी क़ीमत आपको ज़रूर मिलेगी।

ईश्वर हमें हर एक दिन इसके पूरे मनचाहे इस्तेमाल के लिए देता है। हम इसे बर्बाद कर सकते हैं या इसका सदुपयोग कर सकते हैं। जब कल आएगा, तो आज का दिन हमेशा के लिए जा चुका होगा, पर अपनी जगह उस चीज़ को छोड़ गया होगा, जो हमने इसके लिए जुटाई। यह दिन कुछ पाने के लिए इस्तेमाल हो सकता है, खोने के लिए नहीं। यह किसी अच्छे काम के लिए इस्तेमाल हो सकता है, बुराई के लिए नहीं और यह दिन किसी सफलता को पाने में लग सकता है, असफलता के लिए नहीं।

हम सभी के पास कुछ कर ग़ुज़रने के लिए एक समान मात्रा में समय है। हम यह सोचने में समय बर्बाद कर सकते हैं कि क्या हो सकता है या हम चिड़चिड़ाने में भी दिन बिता सकते हैं कि क्या हो गया। मेरा दृढ़ विश्वास है कि जो व्यक्ति कहता है, "अगर मुझे समय मिल जाता, तो मैं यह ज़रूर करता," वह किसी भी चीज़ के लिए समय नहीं निकाल पाएगा। अगर हम समय निकालना चाहते हैं, तो इसके लिए हमें कोशिश

करनी होगी।

हमारे जीवन की पूर्णताओं की माप उस समय का मापन नहीं है, जिसमें हमने काम किए हैं, बल्कि यह इस बात की माप है कि हमने अपने पास मौजूद समय और क्षमताओं के साथ क्या किया है।

अब मैं आपको यह चुनौती देने वाला हूँ कि आप जो हैं, आपने अपनी अब तक की ज़िंदगी में जितना काम किया है, आप उससे कहीं ज़्यादा करें। मैं आपको चुनौती दे रहा हूँ कि आप उससे भी ज़्यादा बन सकते हैं, जैसा बनने का आपने हमेशा ख़्वाब देखा था और उससे भी ज़्यादा कर सकते हैं, जितना आपने करने का सोचा था। मैं चुनौती दे रहा हूँ कि आप वह *सभी* हो सकते हैं, जैसा आपने बनना चाहा था। मैं जानता हूँ कि यह संभव है।

मैं तुम्हें हिम्मत देता हूँ

मैं जानता हूँ कि हममें से प्रत्येक के पास उससे कहीं अधिक क्षमताएँ और योग्यताएँ हैं, जितनी हम देख पाते हैं। मेरी पूरी ज़िंदगी के सबसे उत्साहजनक पहलुओं में एक बात यह है कि मैं लोगों को ये चुनौती दे सकता हूँ कि वे ख़ुद को जितना योग्य समझते हैं, उससे कहीं ज़्यादा हो सकते हैं, क्योंकि मैं उससे कहीं ज़्यादा हो गया हूँ, जितना मैं पहले था। मेरी ज़िंदगी के अनुभव आपको यह समझाने में उपयोगी साबित होंगे कि अगर कोई दूसरा ऐसा कर सकता है, तो आप भी कर सकते हैं। आप में से कुछ लोग अपनी ज़िंदगी में बेइंतहा सफल हो चुके होंगे, दूसरे शायद यह सोच सकते हैं कि वे "निराशा के दौर" से ग़ुज़र रहे हैं। *पिलग्रिम्स प्रोग्रेस* में, जब ईसाई एक दलदल में धँसने लगा, तभी एक साथी आया (उसका नाम मदद था) और बेचारे ईसाई से बोला, "अरे, साथी, तुम वहाँ कीचड़ में क्या कर रहे हो?" यह ठीक वैसा ही नहीं है, जैसा जॉन बनयन ने कहा था, पर यह उसी का एक आधुनिक रूप है। कभी-कभी हम सभी यह चाहते हैं कि कोई आए और हमें हमारी परिस्थितियों से उबार ले।

जब कभी आप ज़िंदगी की राह में ख़ुद को देखते हैं, तो इस यात्रा में आपके द्वारा हासिल किया गया हर अनुभव आपको इस पल के लिए तैयार करता है। पास्कल ने एक बार कहा था, "हमारी आज की

उपलब्धियाँ हमारे बीते हुए कल के विचारों की जमा-पूँजी के अलावा और कुछ नहीं हैं। आप आज वहीं पर हैं, जहाँ बीते हुए कल के विचार आपको ले आए हैं और आप आने वाले कल में वहीं पर होंगे, जहाँ आज की सोच आपको ले जाएगी।"

आप में से कुछ के लिए यह अवधारणा एकदम नई होगी। आप मेरी तुलना उस किसान से कर रहे होंगे, जो पहली बार खेत जोतने निकला हो और वह खेत कभी जुता न हो। आप में से कुछ बीज बोने की तैयारी में हो सकते हैं, तो मैं उस किसान की तरह हूँ, जो ताज़ा जोती गई भूमि पर पौधा लगा रहा हो। आप में से कुछ पहले ही खेत जोतकर बुआई कर चुके होंगे; इसी समय आपको प्यार भरी देखभाल और प्रोत्साहन भरे कुछ शब्दों की ज़रूरत है। किसी और के द्वारा उगाए गए बीजों को सिंचाई की ज़रूरत है और आस-पास उग आई घास को उखाड़ फेंकना भी ज़रूरी है। कुछ ऐसे भी लोग होंगे, जो पकी फ़सल को काटने वाले होंगे। बहरहाल, आपकी ज़िंदगी के इस ख़ास मोड़ पर जो कुछ भी हुआ, उसने आपको इस फ़ॉर्मूले के लिए तैयार कर दिया है, जो नीचे दिया गया है।

इस विकास प्रक्रिया में आप कहीं पर भी हों, आप एक बात को लेकर निश्चिंत हो सकते हैं : आप एक अलग तरह के इंसान बन सकते हैं। वास्तव में, आप किसी भी तरह के व्यक्ति बन सकते हैं, जैसा आप बनना चाहते हैं।

अपनी निराशा को स्थान दें

मनोविशेषज्ञों ने कई वर्षों तक आशावाद और निराशावाद की विशेषताओं का अध्ययन करने का प्रयास किया है। क्या इन विशेषताओं के पीछे आनुवांशिकता काम करती है? क्या परिस्थितियाँ नज़रियों को संचालित करती हैं? मैं मानता हूँ कि अपने नज़रिये के लिए आप ख़ुद ज़िम्मेदार हैं और मैं एक इंसान के रूप में आपका आप से ही सामना करवाना चाहता हूँ तथा आपके भीतर छिपी महानता को पहचानने में आपकी मदद करना चाहता हूँ। आप जिस तरह का जीवन जी रहे हैं, उसके लिए *आप ही ज़िम्मेदार* हैं।

दुनिया में सकारात्मक और नकारात्मक दोनों नज़रिये वाले लोग होते

हैं। आप इनमें से कुछ से शायद परिचित भी हों। नकारात्मक सोच वाला व्यक्ति हमेशा आलोचना करता रहता है। वह हमेशा इस बात का ही कारण ढूँढ़ता रहता है कि कोई चीज़ काम क्यों नहीं कर रही है। नकारात्मक सोच वाला व्यक्ति शंकालु होता है और बार-बार शक करने से चिड़चिड़ा हो जाता है।

दूसरी तरफ़ सकारात्मक सोच वाला व्यक्ति हमेशा खुले स्वभाव का होता है। वह हमेशा ऐसे कारण ढूँढ़ता है कि चीज़ें सफल कैसे होंगी और वह व्यक्तियों तथा विचारों में हमेशा बेहतर की ओर देखता है।

व्यवहारवादी मनोविशेषज्ञ नज़रियों पर वातावरण के प्रभाव का अध्ययन करना चाहते थे। इसके लिए उन्होंने समान उम्र के दो छोटे लड़कों को चुना और उन्हें दो कमरों में भेज दिया। साधारण से निर्देश यह थे : "कमरे में जाओ और खेलो। एक घंटे बाद हम वापस आकर तुम्हारा परीक्षण करेंगे।" बिली एक ऐसे कमरे में गया, जहाँ एक लड़के को पसंद आने लायक़ सारे खिलौने और गेम रखे हुए थे। यहाँ ट्रक्स, सिपाही, रोलर स्कैट्स, वीडियो गेम आदि सभी उसकी उम्र और लिंग को ध्यान में रखकर जुटाए गए थे। जॉनी दूसरे कमरे में गया और उसने इसे घोड़े की लीद के खाद से भरा पाया। एक घंटे बाद शोधकर्ता वापस लौटे और उन्होंने कमरों के दरवाज़े खोले। वे बीच फ़र्श पर खिलौनों के बीच पसरे ज़ोर-ज़ोर से रो रहे बिली को देखकर हैरान रह गए। उन्होंने पूछा, "क्यों बिली, क्या हो गया?"

वह चिल्लाया, "ट्रक का एक पहिया टूट गया, मैं यह नहीं जान पाया कि खेल कैसे खेलते हैं और मुझे रोलर स्कैट्स से नफ़रत है। यहाँ कुछ भी मज़ेदार नहीं है।" कमरे में मौजूद हर खिलौने में कोई-न-कोई ख़राबी थी!

इसके बाद वे दूसरे कमरे में गए, जहाँ जॉनी बेकार सामान के बीच बंद था। दरवाज़ा खोला और उन्होंने देखा कि ख़ुशहाल लड़का अपने आस-पास सामान फैलाए बैठा था। "जॉनी, तुम क्या कर रहे हो?"

"मैं एक बॉल बना रहा हूँ, जिसके बारे में आपने बताया था।"

"पर घोड़े की लीद से भरे इस कमरे में तुम यह कैसे कर सके?"

"हुर्रे, यह बेहद मज़ेदार है! मैंने इन सबसे पता लगा लिया कि यहाँ

कहीं-न-कहीं एक पोनी घोड़ा है!"

कई बार इस हास्यास्पद रेखांकन को इस्तेमाल करने के बाद मुझे इसके समान परिस्थिति का अनुभव हुआ। मिशिगन के रॉकफ़ोर्ड में मेरी पत्नी सूज़न और मेरा एक रैंच है, हमारा इरादा बच्चों को यहाँ लाकर इस किताब में बताई गई शानदार ज़िंदगी जीने की अवधारणा सिखाने का था। अब मैं एक देहाती लड़का नहीं हूँ, पर हमने सोचा कि कैंप लगाकर बच्चों को फार्म के अनुभवों में शामिल करना बढ़िया विचार रहेगा। एक दिन मैंने घर आकर कहा, "मैंने एक ट्रैक्टर देखा है और मैं इसे ख़रीदना चाहता हूँ।" सूज़न के दिमाग़ में उन छोटी मशीनों की तस्वीर थी, जिनसे एक लॉन की घास काटी जाती है। बहरहाल, दूसरे दिन जब मैं इसे घर ले आया, तो वह इसे देखकर चकित थी। उस ट्रैक्टर के पहिये सूज़न से भी ऊँचे थे।

मैं कटाई और निंदाई-गुड़ाई के सारे औज़ार पहले ही ख़रीद चुका था, इसलिए मैंने निश्चय किया कि मेरे नए ट्रैक्टर के इस्तेमाल का समय आ गया है। मेरा पहला काम घुड़साल के पार एक खलिहान में बिखरी हुई सूखी घास के ढेर को उठाकर लाना था, जिसे हम घोड़ों की बिछावन के लिए इस्तेमाल कर सकते थे। जब मैंने ट्रैक्टर को सूखी घास से लाद लिया, तो मुझे महसूस हुआ कि कुछ ग़लत हो गया है। वह बड़ा ट्रैक्टर धँसने लगा। मुझे किसी ने भी नहीं बताया था कि पिछले 70 वर्षों से इसी जगह पर लोग अपने घोड़ों की बची हुई घास डालते आए हैं। क्या यह जानकारी पर्याप्त थी?

मेरी प्रशिक्षणविहीन आँखों को यह एक ठोस ज़मीन लगी थी, पर जब ट्रैक्टर के विशाल पहिये उस नर्म-दलदली भूमि में धँसने लगे, तब मैंने सोचा, *"मैं इसे निचले गियर पर रखूँगा, इसमें गैस भरूँगा और इस तरह से निकल जाऊँगा।"* ख़ैर, मेरे ऐसा करते ही पिछले पहिये घूमते हुए मलबा हर जगह फेंकने लगे। कीचड़ हवा में एक रोमन रॉकेट की तरह उड़ रहा था, जिसे मैदान से हटा लिया गया हो। इसने हर चीज़ को टक्कर मारी, मेरे दोस्त को भी, जो ट्रैक्टर के पीछे खड़ा था। हम हर तरह से पिट रहे थे। मेरा दोस्त, जिसने नकारात्मक और सकारात्मक सोच वाले लड़कों की कहानी सुनी थी, मुझ पर चिल्लाया, "अरे स्किप, अगर तुम

सोच रहे हो कि जॉनी यह कीचड़ फेंक सकता है, तो तुमने अभी तक कुछ देखा ही नहीं है।"

स्थिति बेहद मज़ाकिया हो गई थी, और तब भी एक नकारात्मक सोच वाला व्यक्ति इसे एक दिन को बर्बाद किया जाना मानता।

दर्दनाक बदलाव

एक मनुष्य होने के नाते हम अपनों के बीच आराम महसूस करते हैं, इसीलिए बदलाव हमेशा दर्दनाक होता है और हम इसे रोकने की प्रवृत्ति रखते हैं। वे अठारह महीने, जिनमें मैंने टीवी नहीं देखा, रेडियो नहीं सुना, अख़बार नहीं पढ़ा और किसी भी नकारात्मक चर्चा में शामिल नहीं हुआ, मेरी ज़िंदगी में बेहद मायने रखते हैं। जब मैं दूसरों को अपने जीवन के इस कालखंड के बारे में बताता हूँ, तो कभी-कभी वे इस विचार को चुनौती देते हैं। मेरी बातें सुन चुकी एक युवा लड़की ने स्कूल से लौटकर ख़ुद को दुविधा में पाया। उसने मुझे लिखा : "मेरी एक चुनौती है। हम बुधवार से स्कूल शुरू करते और हर विषय के माध्यम से अपने सारे शिक्षकों से मिलते थे। इतिहास हमारा आख़िरी विषय था। शिक्षक ने हमें कहा कि हर दिन कक्षा में ख़बरों पर चर्चा करने के लिए हम या तो रेडियो सुनें या अख़बार पढ़ें। चूँकि इस पर हमें ग्रेड दी जाती थी, मैंने सोचा कि मैं इस तरह की ख़बरें इकट्ठा करूँगी; जैसे 'फलाँ-फलाँ ने एक गाने वाली चिड़िया रॉबिन पाली है' या इसी से मिलती-जुलती ख़बरें। पर शिक्षक ने कहा कि ख़बरों का पूरी दुनिया से जुड़ा होना और पहले पेज की ख़बर होना ज़रूरी है। अब मैं क्या करूँ? मैं इसे सकारात्मक रूप से कैसे कर सकती हूँ?"

यक़ीनन उसे अपना होमवर्क करना है, पर वह बहुत कम उम्र में इतना तो जान गई है कि ज़्यादातर ख़बरें नकारात्मक ही हैं। दूसरी तरफ़, एक व्यवसायी का अख़बार पढ़ने से बच पाना मुश्किल निर्णय है। मेरे लिए, इच्छित परिणाम इसी अख़बार से संपर्क न रखने पर संभव हुआ।

मैं जानता था कि मुझे एक अलग क़िस्म का इंसान बनना था। मैं जानता था कि मेरे नज़रिये में बदलाव की ज़रूरत है, पर शुरुआत कहाँ से की जाए, इसकी जानकारी मुझे नहीं थी। मेरे पास लक्ष्य थे, पर वे मेरे

सपनों पर छाई धुंध के साथ दफ़न थे।

बहरहाल, सपने देखे जा सकते हैं और उन्हें हक़ीक़त में बदला जा सकता है। आप में से कई लोगों के पास सपने होंगे, पर आपने उन्हें दफ़न कर दिया होगा, क्योंकि कोई आपके सामने आया होगा और उसने किसी बंदूक या लट्ठ से नहीं, बल्कि इन साधारण शब्दों से उन्हें तोड़ दिया होगा, "यह किया ही नहीं जा सकता।" "तुमने यह सोच कैसे लिया कि यह कर सकते हो?", "यह काम नहीं आएगा।"

मेरे दोस्त किट्टी चैपल ने कैलिफ़ोर्निया के ओजेई से यह कविता लिख भेजी है :

लूट

ख़तरनाक लोग उनमें से नहीं होते
जो आपको लट्ठ से मारते हैं और बंदूक दिखाकर लूट लेते हैं;
चोर आपके चारित्रिक गुणों पर हमला नहीं करता
या आपकी योग्यताओं को क्षीण नहीं करता!
यह आपका ख़ास दोस्त हो सकता है
जो केवल आपकी जीतने की इच्छा को तोड़ डालता है।
नहीं, वह बंदूक की नोंक पर, आपको लूटता नहीं है,
वह साधारण रूप से कहता है, "यह नहीं किया जा सकता।"
जब आप हज़ारों लोगों की तरफ़ इशारा करते हैं, जो ऐसा कर चुके हैं
वह मुस्कुराता है और कहता है, "वे तुमसे बेहतर हैं!
व्यक्तित्व और योग्यताओं दोनों के मामले में भी
दूसरे जो कर सकते हैं, उनसे वे एक राह आगे हैं!"
यह मायने नहीं रखता कि उसके शब्द असत्य हैं
इनसे आपको एहसास होता है कि "दूसरे" *आपको* जानते *ही हैं!*
इस तरह, आपसे आपकी आशाएँ,
आपके साकार होने वाले सपने चुरा लिए जाते हैं।
आपकी आशीर्वाद पाई चीज़ें चुरा ली जाती हैं,

आपका विश्वास चुरा लिया जाता है जो कहता है, "मैं कर सकता हूँ"
और यह सब एक अज्ञानी बंदूक रहित मित्र द्वारा चुरा लिया जाता है।
इस तरह, मारने वाला व्यक्ति वह नहीं है, जिसके पास बंदूक है,
बल्कि वह है, जो आपसे कहता है, "यह नहीं किया जा सकता!"
चोरों द्वारा चुराया गया सामान फिर से पाया जा सकता है,
पर, आपकी जीतने की इच्छा का स्थान क्या फिर पाया जा सकता है?

सपने को जीना

जब मैं युवा था, मैं अक्सर एक ऐसे मौक़े का सपना देखता था, जब मैं ढेर सारे दर्शकों के सामने बोल रहा हूँ। बहरहाल, मैं बेहद शर्मीला था और केवल तभी बोलता था, जब बोलना ज़रूरी हो, तभी मुस्कुराता था, जब मुस्कुराना पड़े। अपनी कल्पना में, मैं हमेशा अपने देश के सबसे बढ़िया वक्ताओं के साथ स्टेज पर खड़ा होता। शानदार ज़िंदगी जीने का फ़ॉर्मूला विकसित करने और बाँटने के बहुत बाद एक दिन मैंने ख़ुद को बारह हज़ार लोगों के बीच बोलते हुए पाया, जो मुझे सुनने के लिए क़ीमत चुका रहे थे। वे शायद यहाँ पॉल हार्वे, नॉर्मन विन्सेन्ट पील, डॉ. रॉबर्ट शुलर, अर्ल नाइटेंगल या ज़िग ज़िगलर को सुनने के लिए आए होंगे, पर मैं भी उसी मंच पर था।

यह कैसे हुआ? किसने इस शर्मसार, असुरक्षित, आत्मग्लानि से भरे असफल व्यक्ति को देश के कुछ बेहतरीन प्रेरक वक्ताओं के साथ मंच साझा करने लायक़ बना दिया? इस किताब में यही सब बातें बताई गई हैं।

आप क्या करना चाहते हैं? क्या आप अपने सपनों और लक्ष्यों को पा रहे हैं? जो फ़ॉर्मूला मेरे लिए कारगर साबित हुआ, क्या वह आपके लिए काम करेगा?

शानदार ज़िंदगी के मेरे सेमिनारों में से एक में किसी ने आकर मुझसे कहा, "आपने सेमिनार में जो कुछ कहा, उससे मैं बहुत ज़्यादा उत्तेजित हो गई और दो हफ़्तों तक मैं बादलों पर उड़ती रही, पर अब मैंने तय किया है कि यह काम नहीं आएगा; मैंने ऐसा ही सोचा।"

सौभाग्य से, वह एक दूसरे सेमिनार में भी मिली और इस बार दो

महीने में उसके आरोप ख़त्म हो गए। उसने कहा, "मैं बेहद असंतुष्ट थी, जब मैंने आपकी गर्दन दबोची। (मैं उसकी भावना को समझ गया।) बहरहाल, वह तीसरे और चौथे सत्रों में भी आई, जब तक कि वह सिद्धांतों को ग्रहण करने और अपनाने के लायक़ नहीं हो गई।

आप जो कुछ भी पढ़ने जा रहे हैं, वह आपके लिए फ़ायदेमंद होगा। ऐसा इसलिए नहीं होगा क्योंकि ऐसा मैं कह रहा हूँ, या इसने मेरी ज़िंदगी बदल दी, बल्कि इसलिए क्योंकि यह फ़ॉर्मूला और इसके सिद्धांत हमारे ब्रह्मांड के उन भौतिक नियमों के समान सत्य हैं, जिन्हें आपने अपनी रोज़मर्रा की ज़िंदगी में अपना लिया है।

आज से शुरू करें। मैंने अपने दोस्त गौस्पल फ़िल्म्स के अध्यक्ष बिली ज़िओली का पत्र पाया, जो तुरंत काम करने के महत्व को बताता था। उसने लिखा :

आज एक ख़ज़ाना है, जो मुझे किसी दूसरे आदमी के समान सेकंडों, मिनटों और घंटों की मात्रा में दिया गया है।

मैंने निश्चय किया है कि,
मैं उसके बारे में सोचने में समय बर्बाद नहीं करूँगा, जो नहीं हो सका,
बल्कि चीज़ों को करने में अपना समय लगाऊँगा।
मैं यह नहीं सोचूँगा
कि अगर मैंने अलग तरह से किया होता, तो क्या हो सकता था।
मैं अलग नहीं हूँ, मैं वही करूँगा, जो मैं कर सकता हूँ।
मैं नहीं कहूँगा, "अगर मेरे पास समय होता..."
क्योंकि मैं किसी भी चीज़ के लिए समय नहीं *पाऊँगा।*
अगर मैं समय चाहता हूँ, तो मैं इसे किसी भी तरह निकालूँगा।
मैं करने के साथ शुरुआत करूँगा
और अपना क़ीमती समय बर्बाद नहीं करूँगा।
मैं अपने आप में सुधार करने के तरीक़े खोजूँगा
क्योंकि मुझे इसकी ज़रूरत है और

मैं सिर्फ़ चाहने से उसे नहीं पा सकता।

मैं सारे ज़रूरी काम करूँगा और ग़ैरज़रूरी कामों से बचूँगा,
मैं हर दिन को पूरी तरह जियूँगा - यह सोचकर कि धरती पर यह
मेरा आख़िरी दिन है।
मुझे कल का इंतज़ार करते हुए पाने की आशा मत करो -
कल कभी नहीं आता।

शानदार ज़िंदगी जीने के लिए जादुई फ़ॉर्मूला पक्षपातरहित और पूर्वाग्रहों से दूर है। यह युवा और वृद्ध, शिक्षित और अशिक्षित, धनी और निर्धन सभी पर लागू होता है। इसे आपके जीवन के हर क्षेत्र में लागू किया जा सकता है। इसकी एकमात्र शर्त आपकी सीखने की ललक और भरोसा करने तथा अपनाने की चाहत है।

यह फ़ॉर्मूला आविष्कार नहीं है; यह एक खोज है। जब कोई ख़ज़ाना बाहर निकलता है; तो उससे ज़्यादा भीतर होता है और सतह पर इंतज़ार कर रहा होता है। आपके सपने हक़ीक़त में बदल सकते हैं और आप वह सब बन सकते हैं, जो आप बनना चाहते हैं।

2

जादुई फ़ॉर्मूला

एक छोटे से चर्च के पादरी ने अपने समुदाय की ओर व्यावसायिक लोगों को आकर्षित करने का मन बनाया। इसके लिए पादरी ने सकारात्मक सोच पर एक सेमिनार आयोजित किया और उसमें शहर के दुकानदारों और बड़े व्यापारियों को आमंत्रित किया। वह मैरिल वोमैक को सेमिनार में बुलाना चाहता था, जो एक रिकॉर्ड कंपनी के प्रेसीडेंट थे। मैं भी उसी कंपनी में काम करता था। व्यस्त होने के कारण श्री वोमैक ने अपने स्थान पर सेमिनार में मुझे भेज दिया। इस बात से पादरी गहरी चिंता में डूब गया।

जब कार्यक्रम शुरू होने वाला था, तो पादरी यह देखकर बहुत रोमांचित हो उठा कि किराए से लिए गए उस सभागार में चार सौ से ज़्यादा लोगों की भीड़ जमा हो गई थी, जबकि उसने क़रीब सौ लोगों को ही आमंत्रित किया था।

सेमिनार में सकारात्मक सोच के बारे में मेरा पहला विचार यह था : "सकारात्मक सोच हमेशा काम नहीं करती।" मेरे इतना कहते ही वहाँ मौजूद हर व्यक्ति के चेहरे पर तनाव आ गया। ख़ासकर उस पादरी के, जिसने मुझे अतिथि वक्ता के रूप में आमंत्रित किया था। वास्तव में मुझे लगा कि वह बेचारा मेरी बात सुनकर बुझ-सा गया।

यह सही है, हालाँकि सकारात्मक सोच हमेशा काम नहीं करती - ख़ासकर जब यह उस व्यक्ति के ठीक विपरीत होती है, जिसकी तरह आप बनना चाहते हैं। कुछ लोग किताबें पढ़ते हैं, टेप सुनते हैं और

सकारात्मक सोच विकसित करने वाले सेमिनार में जाते हैं और यह पाते हैं कि पढ़ने, सुनने से मिला यह जोश पहली बार अस्वीकृत होने, अगली निराशा मिलने या आख़िरी फ़ोन कॉल तक ही क़ायम रहता है। निश्चित रूप से सकारात्मक सोच मदद करती है, लेकिन यह हमेशा संपूर्ण उत्तर नहीं होता। सकारात्मक सोच की अवधारणा की तुलना कुछ हद तक अस्थायी आराम के लिए ली जाने वाली उस दवा से की जा सकती है, जो बीमारी के मूल कारण का इलाज नहीं करती।

फ़ॉर्मूला उत्पन्न हुआ

पढ़ाई ख़त्म करने और मेरे जीवन से नकारात्मक विचारों को बाहर निकालने के क़रीब दो साल बाद एक बिज़नेस एसोसिएट ने मुझसे कहा, "स्किप, तुम्हें कुछ हो गया है। तुम बदल गए हो। मुझे इस बारे में बताओ।" मैंने उन्हें बदलाव लाने की उस प्रक्रिया के बारे में बताने की कोशिश की, जिससे मैं ग़ुज़रा था, और उन्होंने मुझसे कहा कि मैं इन विचारों को कुछ दूसरे लोगों के साथ भी बाँटूँ। जल्द ही मैं बड़े-बड़े सम्मेलनों में बोलने लगा और इस तरह शानदार जीवन जीना सिखाने वाले सेमिनार का जन्म हुआ।

एक रात मैंने एमवे कॉर्पोरेशन के प्रेसीडेंट रिच डेवॉस का भाषण सुना। उन्होंने एक फ़ॉर्मूले का ज़िक्र किया था :

MMW = (NR + HE) x T

(व्यक्ति की भौतिक समृद्धि के लिए प्राकृतिक साधन में मानवीय ऊर्जा सम्मिलित कर उसे उपकरणों से गुणित करें।)

वाह! यह कुछ वैसा था, जिसे हर कोई मुक्त व्यावसायिक प्रणाली को व्यक्त करते समय याद रख सकता था। मैं ऐसा फ़ॉर्मूला क्यों नहीं बना सकता, जो मुझे अपनी कही गई बातों को याद रखने और ज़रूरत के समय पूरी बात करने में सक्षम बना सके? मैंने वह जादुई फ़ॉर्मूला बना लिया, जो इस प्रकार है :

DL = (GGE + PS) x PSI

DL (Dynamic Living) शानदार जीवन

GGE (God-given Equipment)	ईश्वर प्रदत्त साधन
PS (Principles of Success)	सफलता के सिद्धांत
PSI (Proper Self Image)	ख़ुद की वास्तविक छवि

शानदार जीवन पाने के लिए ईश्वर प्रदत्त साधनों में सफलता के सिद्धांत शामिल करके उन्हें ख़ुद की वास्तविक छवि से गुणित करें।

यह फ़ॉर्मूला हमें प्रश्न पूछने के लिए उकसाता है : जीवनभर हम वास्तव में क्या चाहते हैं? सफलता? अलग-अलग लोगों के लिए सफलता के मायने अलग-अलग होते हैं। अधिकांश लोग सोचते हैं कि सफलता आपके द्वारा संग्रह किए गए धन की मात्रा से, आपकी प्रसिद्धि या ताक़त से मापी जा सकती है। लेकिन सफलता की मेरी परिभाषा इन क्षेत्रों में बेहद कम दख़ल रखती है।

मेरे लिए सफलता के मायने हैं शानदार जीवन जीना! मैं यहाँ पर शानदार जीवन की अपनी परिभाषा बता रहा हूँ। शानदार जीवन वह है, जिसमें हर वक़्त आनंद और ख़ुशी भरी रहे, एक भय मुक्त जीवन, चिंता से मुक्ति और बहुमूल्य उद्देश्यों को पाने की प्रक्रिया लगातार जारी रहे। शानदार जीवन वह है, जिसमें जीवन के छह प्रमुख क्षेत्र पूरी तरह व्यवस्थित हों : व्यापार, घर, सामाजिक, शारीरिक, मानसिक और आध्यात्मिक।

संशयी व्यक्ति इस स्थिति में हाथ-पर-हाथ रखकर बैठ सकते हैं और संदेह भरी बातें सोचते या बोलते हैं : "यह काम नहीं कर रहा," या "मुझे भरोसा दिलाओ।" एक सेमिनार ख़त्म होने के बाद एक महिला मेरे पास आई और बोली, "मैंने कल 3:30 बजे तक आपको सुना, और मैं इससे इतनी दुखी हुई कि घर लौट गई। आनंद और ख़ुशी से भरे जीवन के बारे में कही गई सारी लुभाने वाली बातें हर वक़्त काम नहीं करतीं। मैंने इन्हें एक बार आज़माया है और मैं अच्छी तरह जानती हूँ।

एक और आदमी ने सीधे दिल पर चोट पहुँचाने वाली बात कही, "तुम सिरफिरे हो। तुम ज़िंदगी को फूलों की तरह खिला-खिला मानते हो, जैसे कुछ ग़लत हो ही नहीं सकता।"

अब मुझे समझ में आ गया कि समस्या कहाँ है। कई बार आप महसूस करते हैं कि आपकी समस्याएँ चुनौती कहे जाने लायक़ गंभीर हैं; ज़्यादातर लोग सोचते हैं कि उनकी समस्याएँ दूसरों के मुक़ाबले ज़्यादा बदतर हैं।

जॉब ने उनकी भावनाओं को इस तरह व्यक्त किया है, "मनुष्य बाधाओं का सामना करने के लिए ही जन्मा है, जैसे चिंगारी ऊपर की ओर जाने के लिए।"

हम सभी को परेशानियाँ होती हैं। बहरहाल, किसी भी स्थिति में आनंद और ख़ुशी हासिल करना संभव है। हममें से कई लोगों के साथ यह समस्या होती है कि हम जीवन में तनावभरा रास्ता ही पसंद करते हैं; लोग हमसे सहानुभूति रखें और यही हमें अच्छा लगता है। हम पसंद करते हैं कि लोग यह कहें कि हम कितने परेशान हैं। लेकिन सुधार बिंदु के आसपास लुढ़कते रहने से ख़ुशियाँ नहीं आतीं या समस्या का हल नहीं निकलता। सही रास्ता यही है कि स्थिति को बीच में ही नियंत्रित कर लिया जाए। समस्याओं को लेकर रोने और सहानुभूति पाने की कोशिश मत करो; हर परिस्थिति में अच्छा देखो।

टेक्सास के एक दंपति ने शानदार जीवन जीने के सेमिनार में शामिल होने के बाद हमें पत्र लिखा :

"संभवतया आप जानते होंगे कि जब हम टेलर के सेमिनार में थे, तब हमारा घर जल गया। उस हादसे में हमारा सारा सामान ख़ाक हो गया, लेकिन हमने उससे ज़्यादा हासिल किया है। उस दिन जब हमने बचे हुए खंडहरों को देखा, तब मुझे यही याद रहा, 'आप हर वक़्त आनंद और ख़ुशियों से भरा जीवन जी सकते हैं,' और इसी विचार ने हमें आगे बढ़ने में मदद की। हमें मालूम है कि ईश्वर चाहता है, हम इसी प्रकार का जीवन बिताएँ, इसलिए हम यह भी जानते हैं कि ईश्वर के ख़ज़ाने में हमारे लिए इतना कुछ है, कि हम कल्पना भी नहीं कर सकते। आग बुझाने आए फ़ायर चीफ़ ने हमसे कहा था कि ऐसी आग में किसी के ज़िंदा बच निकलने का कोई रास्ता नहीं था। इस बात का एहसास करते हुए हमने सोचा कि हमारी ज़िंदगी बख़्श देने वाला ईश्वर यह नहीं चाहता कि हम गँवाए हुए सामान के बारे में सोचकर रोने में वक़्त बर्बाद करें।"

उन दोस्तों ने कुछ वास्तविक समस्याओं का सामना किया; वास्तव में, उन्होंने समस्याओं का सामना करना और हल ढूँढ़ना पसंद किया। समस्याओं से जीवन ठहरता ज़रूर है, लेकिन उनसे निपटने का हमारा रास्ता वह मानक होता है, जो तय करता है कि हम परिस्थितियों से

समझौता कर *उनके अनुसार* जिएँ या उन्हें *अपने अनुसार* संचालित करें।

मैं जानता हूँ कि अब जीवन में गंभीर होने का समय आ गया है। हर चीज़ को आनंद की नींव पर रखना है। यदि कोई व्यक्ति जीवन की चुनौतियों का उद्देश्य समझ लेता है और समस्याएँ आने पर उनसे निपटना सीख जाता है, तब ख़ुशी पाना संभव हो जाता है। चुनौतियाँ बताती हैं कि अब बदलाव की ज़रूरत है और ये हमें तरक्की पाने का अवसर उपलब्ध करवाती हैं।

मैं यहाँ पर समस्या हल करने की प्रक्रिया के बारे में बात करूँगा, जिसने कठिन परिस्थितियों में मेरी बहुत मदद की।

समस्या हल करने के चरण हैं (1) उन तथ्यों का सामना करें, जिनसे समस्या पैदा हुई है; (2) उसकी व्याख्या करें; (3) समाधान पर विचार कर उसे अमल में लाना शुरू करें; (4) दोबारा समस्या के बारे में कभी भी बात न करें, सिर्फ़ हल पर ध्यान लगाएँ।

अब इन चरणों को संक्षेप में देखते हैं। पहला, यदि आप यह पहचानने में असमर्थ हैं कि समस्या है या नहीं, तो मेरे पास समस्या को हल करने का कोई रास्ता नहीं है। जीवन में समस्याओं का होना कोई ग़लत बात नहीं है। और हाँ, कभी-कभी छोटी-मोटी समस्याएँ आने पर उन्हें अनदेखा करना अच्छा रहता है, पर कभी-कभी इस तथ्य को स्वीकार करना भी महत्वपूर्ण होता है कि कोई समस्या है।

शायद आप उस पति के अनुभव के बारे में जानते हैं, जो अपनी पत्नी से शांत होकर पूछता है, "क्या बात है, प्रिये?" सिर तानकर और होंठ सख़्त करते हुए पत्नी शांति से जवाब देती है, "कुछ नहीं।" या आप चिंतित अभिभावक की तरह उस स्थिति में तालमेल बैठाते हैं जब आपका किशोर बच्चा तेज़ी से घर में घुसता है, झटके से सीढ़ियाँ चढ़ता है और तेज़ आवाज़ के साथ दरवाज़ा बंद करता है। वह आपके द्वारा पूछे गए सवाल, "क्या बात है बेटा?" का केवल इतना जवाब देता है, "कुछ नहीं," यह उसकी सिसकियों से कठिनता से समझा जा सकता है। किसी भी व्यक्ति के पास समस्या का समाधान ढूँढ़ने का कोई रास्ता नहीं हो सकता, जब वह "कुछ ग़लत नहीं हुआ" पर डटा रहता है।

एक बार आपने मान लिया कि आपके जीवन में कुछ अनुचित है, तो

तुरंत इसे व्यक्त करें और सुनिश्चित करें कि वह क्या है। "कुछ ग़लत है" जैसी सामान्यतया अस्पष्ट बात को हल करने के लिए समय, ऊर्जा और भावनाएँ पूरी तरह व्यर्थ हैं। काउंसलिंग के दौरान मैं जल्दी-जल्दी प्रश्न पूछता हूँ, "समस्या क्या है? यह कब से शुरू हुई? तुम क्या महसूस करते हो?" जल्द ही लोग लंबे समय के लिए तनाव की पीड़ा से ग्रस्त हो जाते हैं, क्योंकि उनमें समस्याओं को व्यक्त करने और उन्हें दूर रखने की इच्छा नहीं होती।

जीवन में आशावादी सोच रखने के बारे में मैं मानता हूँ कि यह समझ लेना बहुत महत्वपूर्ण है कि हर समस्या का समाधान है। जब आप समाधान बताना शुरू करते हैं, तब उस प्रक्रिया का एक हिस्सा आपके कथन पर काम करने के साथ शुरू हो जाता है। यह कार्य आपके हल के तालमेल की ज़रूरत का ख़ुलासा कर सकता है, लेकिन अगर आप आगे बढ़ने से पहले समस्या के हर भाग की विस्तृत जानकारी पाने की कोशिश करने में लगे रहते हैं, तो आप कभी-भी इसे हल नहीं कर पाएँगे। हालाँकि यह असंभव लग सकता है, पर एक कार्य चुनें और शुरू हो जाएँ।

समस्या हल करने के अंतिम चरण पर वह बिंदु आता है, जिस पर हममें से अधिकांश लोग कठिनाई महसूस करते हैं। कभी नहीं, हमेशा, कभी नहीं, कभी नहीं, हमेशा, कभी नहीं, हमेशा (यह ज़्यादातर सही है) समस्या के बारे में दोबारा बात करें! मैंने ऐसे कई लोगों को देखा है, जो वास्तव में समाधान नहीं ढूँढ़ते हैं, परंतु वे उन लोगों को खोजते हैं, जिनसे वे अपनी समस्या के बारे में बातें कर सकें। इस राह में कई ख़तरे होते हैं। ऐसे में हम न सिर्फ़ समस्या को हल करने में असफल हो जाते हैं, बल्कि उसके बारे में बार-बार बातें करके उसे और गंभीर बना देते हैं और समस्या पहले से भी ज़्यादा विकट हो जाती है। "यदि आप सोचते हैं कि यह पिछले हफ़्ते बुरा था, तो यह सुनने के लिए इंतज़ार करें कि इस हफ़्ते क्या होने वाला है!"

एक बार आप सर्वश्रेष्ठ संभावित हल तय कर लें और उस पर काम करना शुरू कर दें, फिर केवल उस हल के बारे में ही बात करें। पुरानी समस्या के बारे में बात करने से बचें।

हममें से कई लोग इतने लंबे समय तक समस्या पर ही अटके रहते हैं

कि पूरी प्रक्रिया में से हल बाहर हो जाता है। इसके बजाय यह संभव है कि हम काम करने के किसी दूसरे विषय का चुनाव कर लें। हम आनंद और ख़ुशियों से भरा जीवन जीना चुन सकते हैं। अब्राहम लिंकन ने कहा था, "दिमाग़ की एक अवस्था है ख़ुशी। व्यक्ति उसी तरह ख़ुश होता है, जैसा वह अपने मस्तिष्क को बनाता है।"

लेकिन तुम कहते हो, "मैं ख़ुश कैसे हो सकता हूँ, जब मैं इस बारे में चिंतित हूँ कि दुनिया में क्या होने वाला है?" या, "सुनो रॉस, तुम नहीं जानते कि मेरी समस्या क्या है।"

मेरा जवाब है : ख़ुशी एक चुनाव है, एक विकल्प है, जो हममें से प्रत्येक को जीवन में मिलता है।

शानदार जीवन जीना उस प्रकार की ज़िंदगी है, जो हर वक़्त आनंद और ख़ुशी से भरी हो, जिसमें न कोई डर हो न चिंता, इसलिए मैं सोचता हूँ कि यह डर और चिंता के तीन मुख्य तत्वों को विस्तृत रूप में समझने में मददगार होगा। मेरा यह उद्देश्य नहीं है कि आप अपने डर पर ध्यान केंद्रित करें, क्योंकि मैं मानता हूँ कि आपके विचार उन घटनाओं पर केंद्रित होते हैं, जो आपके साथ घट चुकी हैं। बहरहाल, मैंने जैसे ही डर और चिंता को समझना शुरू किया तथा उन्हें परिभाषित किया, कुछ जवाब सामने आने लगे।

स्वस्थ बनाम अस्वस्थ भय

निश्चित रूप से यहाँ स्वस्थ और अस्वस्थ डर तथा चिंता का मतलब वही है, जैसे किसी तेज़ गति से आती हुई ट्रेन की पटरी के पास हॉप-स्कॉच खेलने का परिणाम होता है। हममें से ज़्यादातर लोग उन अवसरों और विषयों को जानते हैं, जिनमें "स्वस्थ सम्मान" हो; बहरहाल, वास्तविक चिंता तब आती है, जब हम अस्वस्थ या काल्पनिक डर पर अड़े रहने का चुनाव करते हैं।

कल्पना का निर्माण

डर और चिंता के बारे में हमारे जानने लायक़ सबसे पहली चीज़ यह है कि इनका ज़्यादातर भाग हमारी कल्पना से बना होता है। इसका मतलब

यह नहीं है कि डर वास्तविक नहीं होता, बल्कि पिछले कुछ अनुभवों के परिणामस्वरूप हम अपने आप को सज़ा दे सकते हैं या ख़ुद को इसके जाल में फँसा सकते हैं।

एक थके हुए यात्री की कहानी इसका एक उदाहरण है। एक व्यक्ति देश के उत्तरी भाग से सफ़र कर रहा था। वह इतना थक गया, कि उसे लगा, अब रुकना चाहिए। वह सड़क के किनारे रुक कर सोना चाहता था, लेकिन बहुत ठंड थी और वह जानता था कि हीटर के लिए इंजन चालू रखना ख़तरनाक होगा।

उसने वहाँ रुकना मुनासिब नहीं समझा और आगे सबसे पहले पड़ने वाले शहरे में पहुँचकर थकी हुई हालत में एक छोटे होटल में पहुँचा। होटल के क्लर्क ने उससे कहा, "माफ़ कीजिए सर, ठहरने के लिए यहाँ कोई कमरा ख़ाली नहीं है। मौसम ख़राब होने की वजह से इस रास्ते से ग़ुज़रने वाला हर व्यक्ति यहाँ रुका है।" वह यात्री दूसरे आश्रय स्थल पर पहुँचा; जगह की पसंद-नापसंद से उसे कोई मतलब नहीं था, वह सिर्फ़ इतना चाहता था कि उसे थोड़ी देर सोने मिल जाए।

"सब कमरे भरे हैं," कहते हुए आश्रय स्थल के मालिक ने ठंडी हवा के तेज़ झोंके से बचने के लिए फ़ुर्ती से दरवाज़ा बंद कर लिया।

उस यात्री को एक और आख़िरी सहारा नज़र आया, जहाँ "नो वेकेंसी" का बोर्ड लगा था। थकान से उसका शरीर चूर-चूर हो रहा था। उसने नम्रतापूर्वक वहाँ के क्लर्क से कहा, "मुझे इसकी परवाह नहीं है कि तुम मुझे कहाँ जगह दोगे... यदि फ़र्श पर जगह हो, तो मैं वहीं सो जाऊँगा।"

"हमारे पास थोड़ी सी जगह है, जहाँ पहले स्टोरेज के लिए कोठरी थी, लेकिन अभी वहाँ मरम्मत का काम चल रहा है। मुझे लगता है हम उसके भीतर बिस्तर डाल सकते हैं।"

वे साथ में एक छोटी चारपाई ले गए और यात्री आराम करने के लिए उस पर धम्म से लेट गया, जिसकी उसे सबसे ज़्यादा ज़रूरत थी। लेकिन उसे नींद नहीं आ पा रही थी। कमरा अंदर से बंद था और वह क्लास्ट्रोफ़ोबिया का शिकार हो गया। उस घुटनभरी कोठरी में लाइट तक नहीं थी। उसने उठकर रोशनी आने का रास्ता ढूँढ़ना शुरू किया और हवा के लिए अँधेरे में खिड़की टटोलने लगा।

उसे दीवारें अपनी ओर आती प्रतीत हुईं, डर के मारे उसका गला सूखने लगा। उसे हर हाल में एक खिड़की ढूँढ़ना ही थी। इसके बाद उसने दीवार पर हाथ टटोलकर एक बंद दरवाज़ा खोज लिया। इस छोटी सी कोठरी के भीतर उसकी परीक्षा शुरू हुई। वह खिड़की खोलने में असफल हुआ क्योंकि वह कीलों से ठोंककर बंद की गई थी। अब घबराहट के मारे उसके सीने में दर्द उठने लगा; उसे हवा की ज़रूरत थी, अन्यथा वह मर जाएगा। उसने अपने जूते उतारे और जितनी ताक़त से मार सकता था, खिड़की पर मारे। खिड़की की नीचे वाली पट्टी उसने तोड़ दी। थकान से चूर उस यात्री ने अब राहत भरी गहरी साँस ली और चारपाई पर जाकर गहरी नींद में सो गया।

अगली सुबह जब उसकी आँख खुली, तो उसने देखा कि जिस खिड़की से उसे घुटन से मुक्ति मिली और ताज़ी हवा आ रही थी, वह वास्तव में खिड़की नहीं थी। कोठरी की मरम्मत के दौरान खिड़की की चौखट को ईंटों की मज़बूत दीवार से बंद कर दिया गया था। इस स्थिति में कुछ भी बदला नहीं था, सिर्फ़ उसके दिमाग़ को कुछ अलग महसूस हो रहा था। उसकी कल्पना के कारण उसके मन में डर पैदा हुआ था। संकट का समाधान करने की इच्छा के कारण वह हल कर पाया।

"मैं डरा हुआ हूँ" का स्रोत

अगर अधिकांश डर काल्पनिक हैं, तो सबसे पहले यह कहाँ से आया?

बच्चों के मनोवैज्ञानिकों ने मुझे बताया था कि बचपन में दो प्रकार के मूल डर होते हैं - तेज़ आवाज़ से डर और गिरने का डर। तो हम अपने बच्चों के लिए क्या करते हैं? हम उनके साथ चेहरे पर रुमाल डालने जैसे छोटे-छोटे गेम खेलते हैं। रुमाल के पीछे से हल्का सा नज़र आता हमारा चेहरा देखकर नन्हे की आँखें फैल जाती हैं और सही पल आते ही हम "बू!" कहते हुए रुमाल हटा लेते हैं। इससे बच्चे को डर सा लगता है, परंतु आपका बड़ा चेहरा बच्चे को हँसाने के लिए उकसाता है। इससे बच्चा गेम सीख जाता है और अब कपड़ा अपने सिर पर रखता है तथा इंतज़ार करता है कि हम उसे उठाकर भागें। हालाँकि बच्चे को डर लगता है, पर उसे सिखाया जा रहा है कि वह इसे व्यक्त नहीं कर सकता, क्योंकि बड़े

चेहरे वाला व्यक्ति उसे हँसना सिखाता है। सभी नकारात्मक भावनाएँ जो या तो पहले से योजनाबद्ध होती हैं या अचानक पनपती हैं, वे अवचेतन मस्तिष्क के भीतर जाकर जमा हो जाती हैं।

जब एक छोटे बच्चे को हवा में उछाला जाता है और फ़र्श पर गिरने के ठीक पहले पकड़ लिया जाता है, तब आप क्या सोचते हैं? वह डर के मारे हाँफने लगता है, उसकी आँखें फैल जाती हैं, लेकिन उसे फिर वही चेहरा नज़र आता है और वह हँसने लगता है। उसे डर को अवचेतन मस्तिष्क में धकेलना सिखाया जा रहा है, जहाँ से बाद में यह ऊँचाई से डर, उड़ने से डर या कुछ अन्य के रूप में बाहर आ सकता है।

किसी ने कहा था, "क्या तुम मेरे बच्चे के साथ ये साधारण खेल खेलने से मना कर रहे हो?" नहीं, लेकिन अभिभावक के रूप में हमें यह समझने की ज़रूरत है कि इस तरह समझाए बिना भी हम बच्चे को यह सब सिखा सकते हैं। कुछ माता-पिता डर का उपयोग अनुशासन सिखाने में करते हैं। सम्मान और अनुशासन बच्चे की तरक्की के लिए ज़रूरी है, लेकिन बार-बार इस तरह की बहुत ज़्यादा भावनाओं को व्यक्त कर हम या तो बुद्धिहीनता भरी बात कहते हैं, "तुमने ऐसा दोबारा किया, तो मैं तुम्हारी पिटाई कर दूँगा।" ऐसा कहते हुए माता-पिता को शायद इस बात का एहसास नहीं होता कि इससे डर पैदा होता है।

यूथ कैंप में जब मैं बचपन के डरों के बारे में युवाओं को बताता हूँ, तो वे बड़े सचेत होकर सुनते हैं। मैं उन्हें विस्तार से बताता हूँ कि कई बार कुछ डर और चिंताएँ बचपन में डरावने अनुभवों का विस्तार होते हैं। यह स्थिति अभिभावकों द्वारा नहीं, बल्कि परिस्थितिवश बनती है। जब मैं अँधेरे से डर के बारे में बात करता हूँ, तो तमाम युवा अपनी कुर्सी को कसकर पकड़ लेते हैं और सहमति में सिर हिलाते हैं।

मुझे याद है, जब मैं क़रीब छह या सात साल का था, तो मेरी माँ मुझे थपकियाँ देते हुए और प्रार्थना सुनाते हुए सुला रही थीं। उन्होंने लाइट बंद कर दी थी और मैं बिस्तर पर लेटे हुए खिड़की से बाहर रोशनी देखने से पहले कुछ समय तक एकटक छत को ताकने लगा। मैंने रज़ाई में से झाँककर देखा कि वेनिस का एक आदमी मेरे कमरे की ओर घूर रहा है। डर के मारे मेरी आँखें उस ओर थम गईं। मैंने ज़ोर से चिल्लाना शुरू किया,

लेकिन किसी ने मेरी आवाज़ नहीं सुनी, क्योंकि मुझे लगा जैसे मेरे गले को लकवा मार गया हो। मैं बिस्तर से कूद पड़ा, भागकर बैठक में आया और पिता को आवाज़ देने लगा। वे दौड़कर बाहर गए और मेरी खिड़की के नीचे धूल में किसी के क़दमों के निशान देखे, लेकिन वहाँ कोई नहीं था।

दूसरी बार किशोरावस्था में मेरे माता-पिता ने कुछ मेहमानों को बुलाया, वे लोग डाइनिंग रूम में बैठकर बातें कर रहे थे। मैं बाथरूम से बाहर आया और हॉल में से अपने माता-पिता के बेडरूम में एक अनजान आदमी को देखा। मेहमानों के कोट और पर्स पलंग पर पड़े थे और वह उनमें कुछ खोजने की कोशिश कर रहा था। मैंने फिर चिल्लाना चाहा लेकिन आवाज़ नहीं निकली, इसलिए मैं दौड़कर डाइनिंग रूम में गया। वह आदमी कूदकर लॉन की तरफ़ दौड़ा, लेकिन जब तक कोई पहुँचता, वह भाग चुका था।

कुछ सालों तक मैं बचपन के इन दो अनुभवों को साथ लेकर जीता रहा। फिर मैंने वे काम शुरू किए, जिन्होंने मुझे अपने भीतर के डरों का सामना करने में मदद की। अब मैं उस बड़े से संकेतक के आसपास कभी नहीं जाता, जिस पर लिखा हो, "डर से भरपूर," परंतु मैं अँधेरे कमरे में फिर कभी नहीं गया। यदि कमरे में बिजली का स्विच मेरी पहुँच से दूर होता है, तो मैं उसे दरवाज़े के आसपास ले आता हूँ, ताकि रोशनी वाले हॉल की सुरक्षा से हटे बगैर मुझे वे स्विच नज़र आते रहें। यहाँ तक कि किशोरावस्था के दौरान भी मुझे अँधेरे से डर लगता था। घर के आसपास अँधेरे में कार चलाना भी मेरे लिए डरावना अनुभव होता था।

क्या आपको कभी ऐसा लगता है कि आपको हॉल में किसी के चलने की या दूसरे कमरे में किसी के जाने की आहट सुनाई दे रही हो? क़दमों की आहट, काग़ज़ों का खड़खड़ाना, दरवाज़े की चरचराहट से आप काँप उठते हैं और जब आप लाइट जलाकर देखते हैं, तो पाते हैं कि वह या तो बिल्ली होती है या फिर हवा। हम अपने दिमाग़ में एक तस्वीर बना लेते हैं, जो हमें डराती है। हमें डराने वाली इन चीज़ों में से अधिकांश काल्पनिक होती हैं, क्योंकि कुछ ऐसी घटनाएँ हमारे साथ घट चुकी हैं, जिनसे हम डरे थे।

डरावने विचार दिमाग़ के अवचेतन भाग में कई तरह से स्थापित हो

जाते हैं : वे अभिभावक, जो डर को अनुशासन के रूप में इस्तेमाल करते हैं, जो जाने-अनजाने में छोटे-छोटे डर बनाते हैं, बचपन के डरावने अनुभव, हॉरर फ़िल्में या वीभत्स टीवी प्रोग्राम या फिर वे किताबें दिमाग़ में डर बैठा देती हैं, जिनमें काल्पनिक डरावनी बातें लिखी हों।

डर चाहे काल्पनिक हो, अनुभवों का परिणाम हो या सिखाया गया हो, हम जानते हैं कि वह मौजूद है। इमर्सन ने कहा था, "जो हर दिन डर पर जीत हासिल नहीं करता है, उसने जीवन का पाठ नहीं सीखा है।"

डर और चिंता बहुत विनाशकारी हैं

"मौत की चिंता," यह वाक्य आपकी सोच से कहीं ज़्यादा सच है। बुज़ुर्गों पर किए गए एक अध्ययन से यह पता चलता है कि उनमें से कितने लोग वारदात होने के डर के कारण मारे गए। डर विकलांग बना सकता है और कभी-कभार तो यह जानलेवा भी साबित हो सकता है। ट्रेन के माल यान में बंद एक आदमी की कहानी से यह स्थिति अच्छी तरह समझी जा सकती है। रेलवे स्टेशन पर मालगाड़ी के छूटने का समय था। अचानक, एक आदमी ट्रेन के रेफ्रिजरेटर माल यान में लॉक हो गया और बचे हुए कर्मचारी भी वहाँ से चले गए; अंदर बंद वह आदमी जान गया कि अब सुबह तक उसके आसपास कोई नहीं आएगा।

वह तब तक दरवाज़ा ठोंकता रहा और चिल्लाता रहा जब तक कि उसके हाथ से ख़ून न बहने लगा और आवाज़ फट न गई : लेकिन उसे किसी ने नहीं सुना। उसने सोचा, *यदि मैं बाहर नहीं निकल सका, तो यहाँ ठंड के मारे मेरी मौत हो जाएगी।*

उसने एक चाकू से लकड़ी के फ़र्श पर कुछ शब्द उकेरना शुरू किए। उसने लिखा, "यहाँ बहुत ठंड है, मेरा शरीर सुन्न हो रहा है... यदि मैं सो गया... तो ये मेरे अंतिम शब्द होंगे।"

अगली सुबह जब माल यान के भारी दरवाज़े खोले गए, तो वह आदमी मृत पाया गया। शव परीक्षण के दौरान उसके शरीर के प्रत्येक लक्षण बता रहे थे कि उसकी मौत ठंड के कारण हुई। यहाँ चौंकाने वाली बात यह है कि उस समय माल यान की रेफ्रिजरेशन यूनिट बंद थी और अंदर का तापमान भी 55 डिग्री था। उसने अपने भीतर के शक्तिशाली डर से ख़ुद

को मार लिया।

दूसरी कहानी हाईस्कूल के उन दो लड़कों के बारे में है, जो नशीली दवा लेने के आदी थे। उनमें से एक लड़के ने अपने मित्र से कहा, "सुनो, मैं तुम्हें निशाना बनाने जा रहा हूँ। इस बंदूक को देखो। मैं इसे तुम्हारे पेट में अड़ाउँगा और ट्रिगर दबा दूँगा।" ये झूठे शब्द कहते हुए उसने दूसरे लड़के के सीने पर अपनी उँगली रखी और धमाके की आवाज़ निकाली। वह लड़का ज़मीन पर गिरा और मर गया।

शव परीक्षण में इस बात का खुलासा हुआ कि उसके साथी ने जिस जगह अपनी उँगली दबाई थी, वहाँ से उस मृत लड़के का हृदय फट गया था। ठीक उसी तरह जैसे गोली लगने से फटता है। यहाँ पर न बंदूक थी, न घाव सिर्फ़ परिस्थितियाँ प्रतिकूल थीं। गहरे नशे की हालत में डर और भी प्रबल हो गया और मौत का कारण बना।

यदि अधिकांश डर काल्पनिक होते हैं और डर तथा चिंता बहुत विनाशक होते हैं, तब हम इस तर्कपूर्ण प्रश्न पर पहुँचते हैं, "हम क्या कर सकते हैं?" मैं नहीं जानता कि आप इस तरह की भावनाओं से कैसे निपटते हैं, लेकिन मैं जानता हूँ कि मैंने यह कैसे किया।

डर का इलाज और ख़ात्मा

डर और चिंता से निपटने का रास्ता हम कैसे खोजें? कुछ लोग कहते हैं साहस से डर ख़त्म होगा। यह सही है। मैं इस पर भरोसा करता हूँ, इसे दूसरों को सिखाता हूँ और इसका अभ्यास करता हूँ। केनी नाम का एक लड़का यह कभी नहीं जान पाया कि इन सिद्धांतों को समझाने में वह कितना उपयोगी रहा।

हमारे कैंप के शुरुआती पहले साल में हमारे पास स्पोर्ट्स के उपकरणों की कमी थी। इसलिए हम बच्चों के लिए किसी ऊर्जावान खेल की तलाश में थे। हमने पाया कि हमारे मिशिगन माउंटेन की ढलान पर कुछ साहसी लोगों ने रोचक स्पोर्ट्स ट्रैक बनाया था। उनके पास बर्फ़ पर चलने वाली गाड़ी थी, जिसे वे ट्रैक पर रखकर पहाड़ के ढलान पर लाकर छोड़ देते थे। तब उन्हें एक रोमांचकारी गति का एहसास होता था।

हमने क़रीब 30 बच्चों को स्की लिफ़्ट के लिए साथ लिया और सवारी

शुरू करने के प्रारंभिक स्थान पर पहुँचे। बच्चों के हिसाब से गर्मी में बर्फ़ की गाड़ी की सवारी वाक़ई साहस से भरपूर मज़ा देती थी।

बहरहाल, मैंने उस नन्हे साथी को देखा, जो लाइन की शुरुआत पर पहुँचते ही तेज़ी से पीछे भाग जाता और अंत में जाकर खड़ा हो जाता। उसने चार बार ऐसा किया; जबकि हमारे घर जाने का समय हो गया था और वह अब तक एक बार भी पहाड़ी से नीचे नहीं आया था। मैंने कहा, "केनी, अब तुम्हारी बारी है, चलो आ जाओ।"

"ठीक है मि. रॉस, मैं सोचता हूँ कि मैं इस बार नहीं करूँगा। ...मैं किसी और दिन आ सकता हूँ।"

"केनी, सभी उछलने का मज़ा ले चुके हैं। आ जाओ, तुम्हें यह अच्छा लगेगा।"

"अरे नहीं मि. रॉस, मैं अभी चलकर आ जाऊँगा।"

"माफ़ करना केनी, पर तुम ऐसा नहीं कर सकते, यह बहुत ज़्यादा ढलान वाला है और इसके अलावा सभी दूसरे बच्चों को तुम्हारा इंतज़ार करना पड़ेगा। आओ, चलें।"

वह टालमटोल करता रहा, मैंने उसे फिर फुसलाया; पर वह न माना। मैंने उसे उकसाया, पर उसने ठुकरा दिया। पूरे समय वह अपने स्वेटर से बाँह निकालकर गोल-गोल घुमाता रहा और फिर मुझसे नज़रें बचाकर उसने फुर्ती से स्वेटर निकालकर अपनी शर्ट के एक तरफ़ फँसा लिया। इसके बाद चेहरे पर बेहद दर्दभरे भाव लाकर उसने कहा, "मैं नहीं जा सकता... देखिए मि. रॉस; मैं बीमार हूँ। मेरे पेट के एक तरफ़ ज़बर्दस्त सूजन आ गई है।"

कुछ धकियाते, कुछ खींचते हुए मैं उसे बर्फ़ की गाड़ी तक ले गया और मैंने उसे अपनी गोद में हाथों और पैरों से जकड़कर बैठा लिया, इसके बाद हम फिसल गए। केनी चिल्लाया, "नहीं, नहीं, रोको, बचाओ।" जब हम 50 फ़ीट तक नीचे आ गए और एक मोड़ पर पहुँचे, तो उसके शब्द बदल बदलकर "हीऽऽऽ" हो गए। हमने तली को छुआ और केनी उछल पड़ा, उसने मेरे हाथ पकड़ लिए और चिल्लाया, "चलिए मि. रॉस, एक बार फिर चलें!"

कभी-कभी हमारी चिंताओं और डरों को नियंत्रित करना भी एक

क़दम-दर-क़दम प्रक्रिया होती है। इसी संबंध में कराए गए एक सर्वेक्षण में इस बात का ख़ुलासा हुआ कि वोट डालने वाले लोगों में से 41 प्रतिशत सार्वजनिक भाषण से डरते हैं। चूँकि कई क्षेत्रों में सफलता के लिए संवाद ज़रूरी है, इसलिए मेरा मानना है कि इसे धीरे-धीरे सिखाया जाना चाहिए। हज़ारों लोगों की भीड़ के सामने किसी को बोलने के लिए मजबूर कर देना सिखाने का सही तरीक़ा नहीं है।

उदाहरण के लिए हमारे बिज़नेस में नए लोगों से हर समय मिलना-जुलना, उनसे बातें करना और उन्हें जानना बेहद ज़रूरी है। जब हमारा कोई नया सहयोगी लोगों से मिलने में डरता है, तो हम कहते हैं, "एक शॉपिंग मॉल में जाओ और टहलते, मुस्कुराते हुए तब तक लोगों से "हाय" कहते रहो, जब तक कि तुम बातचीत शुरू न कर दो। जैसे ही तुम यह कहने में आरामदायक स्थिति में आ जाओ, "हाय, आप क्या कर रहे हैं?" वहीं रुक जाओ। क्या पता कि तुम एक दोस्त बना लो। ऐसे हज़ारों लोग हैं, जो इस बात के लिए उतावले हैं कि कोई उन पर ध्यान दे।

बहरहाल, काम को कर डालना हर तरह की चिंता और डर के इलाज का एकमात्र तरीक़ा नहीं है। इसमें से बहुत कुछ अवचेतन मन के स्तर पर दबा होता है, जिसे हरकत कभी छू तक नहीं पाती। इसलिए, इस स्तर के डर पर क़ाबू पाने के लिए हमें एक रास्ता खोजने की ज़रूरत है। जिस एकमात्र तरीक़े को मैं जानता हूँ, वह यह है कि हमारे अवचेतन मस्तिष्क में उन विचारों को स्थान दिया जाए, जो उन भयावह विचारों को शिथिल कर दें, जिन्हें हमने पूरी ज़िंदगी संजोया है।

मेरी ज़िंदगी में चूँकि धर्मवाक्य बेहद सार्थक रहे हैं, इसलिए मैंने बाइबल के दो पदों को लिया और उन्हें जोड़ दिया है। अब जब भी मेरी ज़िंदगी में डर प्रवेश करता है, मैं उन पदों को बार-बार दोहराने लगता हूँ। मैं इन पदों को ज़ोर-ज़ोर से दोहराता हूँ और ख़ुद आईने के सामने खड़ा हो जाता हूँ। इनमें से ओल्ड टेस्टामेंट का पद है :

"और हमें तब भी डरने की ज़रूरत नहीं है, जब दुनिया बुझने लगे और पहाड़ टूटकर समुद्र में गिरने लगे" (साम 46:2, टी एल बी)।

न्यू टेस्टामेंट का संदर्भ है : "भगवान ने हमें डरने वाली आत्मा नहीं दी है, बल्कि एक शक्तिशाली और प्रेम से भरपूर आत्मा और एक शांत

दिमाग़ दिया है" (2 टिमोथी 1:7, के जे वी)।

कभी-कभी मैं इन पदों को एक घंटे तक दोहराता रहा हूँ, जब तक कि मैंने उन डरों पर क़ाबू नहीं पा लिया, जो मेरी ज़िंदगी का अहम् हिस्सा रहे हैं।

शायद आप अपने डर पर क़ाबू पाने के लिए अपना कोई वाक्य बना सकते हैं। एक दोस्त ने इस कथन का इस्तेमाल किया : "डर दरवाज़ा खटखटाता है, विश्वास जवाब देता है और दरवाज़े पर कोई भी नहीं होता है।" जो भी वाक्य आपके काम आए - उसका इस्तेमाल करें।

लक्ष्य मूर्खों के लिए नहीं है

शानदार ज़िंदगी जीने की मेरी परिभाषा के लिए अगला हिस्सा अंतिम तत्व नहीं, बल्कि एक प्रक्रिया ही है। शानदार ज़िंदगी बहुमूल्य लक्ष्यों को पूरा करने की सतत प्रक्रिया है।

हममें से ज़्यादातर लोगों को ज़िंदगी की शुरुआत में ही लक्ष्य निर्धारित करने के लिए प्रोत्साहित नहीं किया जाता। क्या आपने जूनियर हाई या हाईस्कूल के युवा से किसी को यह कहते हुए सुना है, "यह सोचकर चिंतित मत हो कि तुम अपनी ज़िंदगी में क्या करोगे; तुम जब तक स्कूल से बाहर निकलोगे, तब तक पंद्रह सौ बार अपना इरादा बदल चुके होगे, इसलिए इस बारे में चिंता मत करो?"

मैं इस नज़रिये और फ़लसफ़े से परिचित हूँ, पर मैं इससे सहमत नहीं हूँ। बच्चों द्वारा तय किए गए कई सपने और इच्छाएँ ज़िंदगी भर का उद्देश्य और लक्ष्य बन जाते हैं और वे पूरे हो सकते हैं।

आधुनिक समय में निजी उद्देश्यों और लक्ष्यों का सबसे ज़्यादा नाटकीय रिकॉर्ड जॉन गॉडर्ड के नाम है। वर्ष 1972 में उनकी कहानी *लाइफ़* पत्रिका में प्रकाशित हुई थी। जब वे केवल पंद्रह वर्ष के थे, तब उन्होंने अपनी दादी माँ और आँटी को यह कहते हुए सुना, "काश मैं इसे तब कर पाती, जब मैं युवा थी।" गॉडर्ड ने उसी वक़्त इस "काश" वाली जमात में शामिल होने से इंकार कर दिया और वे बैठकर सोचने लगे कि वे अपनी ज़िंदगी में क्या करना चाहते हैं। उन्होंने 127 लक्ष्य लिख डाले। उन्होंने दस नदियों की सूची बनाई जिन्हें वे देखना चाहते थे, वे सत्रह पहाड़ों पर चढ़ना चाहते

थे। वे चिकित्सा के क्षेत्र में कैरियर बनाना चाहते थे, विश्व के हर देश में घूमना चाहते थे, हवाई जहाज़ उड़ाना सीखना चाहते थे, मार्को पोलो की यात्रा को दोहराना चाहते थे, पासाडेना रोज़ परेड में एक घोड़े की सवारी करना चाहते थे। दूसरे लक्ष्यों में बाइबल को शुरू से आख़िर तक पढ़ना, शेक्सपियर, प्लेटो, अरस्तू, डिकंस और दर्जन भर दूसरे सर्वश्रेष्ठ लेखकों का पूरा साहित्य पढ़ना चाहते थे। वे एक ईगल स्काउट बनना चाहते थे, एक पनडुब्बी में गोता मारना चाहते थे, बाँसुरी और वॉयलिन बजाना चाहते थे, चर्च के किसी मिशन में जाना चाहते थे, शादी करना और बच्चे पैदा करना चाहते थे (उनके पाँच बच्चे थे) और पूरी इनसाइक्लोपीडिया ब्रिटेनिका पढ़ना चाहते थे।

1972 में जॉन गॉडर्ड 47 वर्ष के थे और उनके 127 लक्ष्यों में से 103 हक़ीक़त में तब्दील हो चुके थे। परिणामस्वरूप, वे ऊँची तनख़्वाह पाने वाले व्याख्याता बन चुके थे और उन्हें उनकी साहसिक कथा सुनाने विदेशों में भेजा जाता था।

लक्ष्य निर्धारित करना और उन्हें पा लेना रोमांचक है!

पीछे से लक्ष्य निर्धारित करना

ज़्यादातर लोग अपने अतीत के रिकॉर्ड को देखकर लक्ष्य निर्धारित करते हैं। वे देखते हैं कि उन्होंने अतीत में क्या किया, वे सफल रहे या असफल और तब वे ऐसे लक्ष्य निर्धारित करते हैं, जिनके बारे में उन्हें लगता है कि वे पा सकते हैं। यह ग़लत तरीक़ा है!

याद करें कि ईसा मसीह के बारे में। बाइबल क्या कहती है? यह कहती है कि उन्होंने येरूशलम जाने के लिए उस तरफ़ चेहरा किया। उनके सामने एक लक्ष्य था और उन्होंने आगे देखा, पुराने अनुभवों की तरफ़ पीछे मुड़कर नहीं देखा।

लक्ष्य निर्धारित करने की प्रक्रिया में हमारे लिए यह निश्चित करना ज़रूरी है कि हम क्या चाहते हैं – हम क्या करना और क्या होना चाहते हैं – और तब लक्ष्य निर्धारित करें। अतीत की तरफ़ न देखें, जब हम बीते हुए कल को देखकर लक्ष्य निर्धारित करते हैं, तो हम अतीत के चलते भावी संभावनाओं को सीमित कर लेते हैं। यही पिछड़ना है।

हम लक्ष्य केंद्रित जीव हैं

जब लक्ष्य निर्धारित हो जाए और आप उसे पाने के लिए ख़ुद से संकल्प कर लेते हैं, तो उसे यथार्थ बनाने के लिए आप रास्ता ढूँढ़ लेंगे। जब जॉन गॉडर्ड पंद्रह वर्ष के थे, तब वह एक सधे हुए पर्वतारोही नहीं थे, एक दक्ष स्कूबा ड्राइवर नहीं थे, न ही एक प्रतिष्ठित फ़ोटोग्राफ़र थे। बहरहाल, वे ऐसा कर सके क्योंकि उन्होंने किशोरावस्था में तय किए गए अपने लक्ष्यों को पाने के लिए ज़रूरी सभी कौशल को विकसित करने की प्रतिभा और योग्यता जुटाई।

सफलता : मंज़िल या सफ़र?

एक लक्ष्य तय करना और उसे पा लेना ही ज़िंदगी को सार्थकता और सार नहीं देता है। एक व्यक्ति कई बार लक्ष्य निर्धारित करेगा, उस तक पहुँचेगा और उसे किसी के समर्थन से पूरा कर लेगा। यह उसी तरह है जैसे सबसे ज़्यादा बिकने वाली एक किताब का लेखक, एक मूवी से शुरुआत करने वाला कलाकार या एक ऐसा बिज़नेस पर्सन होना, जिसने एक समझौता किया हो।

बदक़िस्मती से, हमें स्कूल में लक्ष्य निर्धारित करने या सफलता के सिद्धांत नहीं सिखाए जाते। यह तथ्य तब सामने आया, जब हार्वर्ड यूनिवर्सिटी की एक स्नातक कक्षा में पूछा गया, सफलता मंज़िल है या सफ़र? कुल 1100 सेमिनारों में से, 930 में जवाब मिला, "सफलता मंज़िल है!" यह कुछ ऐसा है, जिसे आप अपने पास तब महसूस करते हैं, जब आप पर्याप्त पैसा जमा कर लेते हैं, प्रसिद्धि या किसी अहम् मुक़ाम तक पहुँच जाते हैं।

मैं इस दर्शन से सहमत नहीं हूँ। सफलता एक यात्रा है। अगर हम इसे समझ लेते हैं, तो हम यह महसूस करते हैं कि लक्ष्य लगातार निर्धारित करने चाहिए।

लक्ष्य विहीन रहना मनोवैज्ञानिक रूप से मर जाना है।

संतुलन ही कुंजी है

शानदार ज़िंदगी जीने का अंतिम तत्व इन सिद्धांतों को जीवन के हर क्षेत्र

में लागू करना है। अगर हम असंतुलित मनुष्य बन जाएँगे तो बेशक़ीमती लक्ष्यों को पाने की प्रक्रिया में निरंतरता उद्देश्यहीन हो जाएगी। संतुलन ही कुँजी है। जीवन के छह प्रमुख क्षेत्र हैं : व्यापार, घर, सामाजिक, शारीरिक, मानसिक और आध्यात्मिक (महत्व के क्रम में सूचीबद्ध नहीं किए गए हैं)। जब मैं बिज़नेस सेमिनार चला रहा होता हूँ, तब मैं बिज़नेस के लक्ष्यों पर केंद्रित होता हूँ। बहरहाल, हम अपने जीवन के किसी एक क्षेत्र के लक्ष्य को अलग-अलग कर शानदार तरीक़े से नहीं रह सकते।

एक व्यक्ति बिज़नेस लक्ष्यों पर आधारित एक सेमिनार में गया और उससे कहा गया कि अगर वह सेमिनार में बताए गए सिद्धांतों पर अमल करता है, तो उसका बीमा व्यापार दोगुना हो जाएगा। उसने ध्यान से सुना और घर आकर सीखे गए सिद्धांतों का उपयोग करना शुरू कर दिया। जल्दी ही उसका व्यापार दोगुना, तिगुना और चौगुना हो गया। पैसा बढ़ता ही गया। आख़िरकार, उसकी बीवी के पास इतना पैसा हो गया कि उसने एक वकील किया, पति से तलाक़ ले लिया और उसकी दौलत लेकर चलती बनी। कई लोगों को पहली बार में यह कहानी मज़ेदार लग सकती है। पर जब हम समझते हैं कि वास्तव में क्या हो गया, तो यह दुखदायी लगता है। अपने बिज़नेस के लक्ष्यों को पूरा करने में वह भूल गया कि उसका एक परिवार भी है। बिज़नेस के सिद्धांतों को अगर वह घर पर भी लागू करता, तो उसके पास एक उत्साहजनक पारिवारिक अनुभव होता। उसके मूल्य असंतुलित हो गए थे।

1923 में, शिकागो के एजवॉटर बीच होटल में विश्व के नौ सफलतम लोगों की मीटिंग हुई। इनके पास इतनी दौलत थी, जितनी उस वक़्त अमेरिकी सरकार के पास भी नहीं थी। उन्होंने अपने व्यापारिक अनुभवों से सफल सिद्धांतों को लागू करना सीखा था। बहरहाल, 25 साल बाद, उनमें से तीन व्यक्ति पूरी तरह बर्बाद और दिवालिए हो गए। दूसरे तीन न सिर्फ़ बर्बाद हुए, बल्कि सुधारगृह में पहुँच गए। अंतिम तीन ने आत्महत्या कर ली। जिस तरह अधिकतर लोग सफलता को आँकते हैं, तो ये दुनिया के नौ सफलतम व्यक्ति थे, पर एक चौथाई शताब्दी में ही वे कुछ नहीं रह गए। तो वास्तव में सफलता क्या है?

हमारे समय के सर्वाधिक अमीर लोगों में से एक ने अपनी ज़िंदगी के

पिछले चार वर्ष होटल के एक कमरे में एक पलंग पर कच्छा पहन, टेलीविज़न देखते हुए अकेले बिताए। वह अरबों डॉलर का मालिक है और उसने अपने पलंग से बाथरूम तक जाने के बीच फ़र्श पर पेपर टॉवेल बिछाने के लिए नौकर रखा हुआ है, ताकि वह क़ालीन पर चलकर संक्रमण का शिकार न हो जाए। उसे प्लास्टिक की थैलियों में सीलबंद बर्तनों में खाना परोसा जाता है, ताकि वह पूरी तरह कीटाणु मुक्त रहे। इस व्यक्ति ने व्यापार के सिद्धांतों को लागू करना तो सीख लिया, पर यह भूल गया कि उसकी एक पारिवारिक, सामाजिक, आध्यात्मिक, मानसिक और शारीरिक ज़िंदगी भी है।

हमारे देश में ही ऐसे कई दौलतमंद लोग हैं, जो कहते हैं, "मैं अपनी सेहत को वापस पाने के लिए सब कुछ दे सकता हूँ" या "मैं अपने परिवार को वापस पाने के लिए अपनी क़िस्मत तक दे सकता हूँ।"

तो जादुई फ़ॉर्मूले का पहला हिस्सा है डी एल... डायनेमिक लिविंग (शानदार ज़िंदगी)।

शानदार ज़िंदगी पूरे समय ख़ुशी और आनंद से भरपूर ज़िंदगी है। यह भय मुक्त, चिंता मुक्त है। यह बेशक़ीमती लक्ष्यों को पाने की प्रक्रिया में निरंतर लगे रहना है और जीवन के छह प्रमुख क्षेत्रों में बढ़िया तालमेल बैठाना है; बिज़नेस, घर, सामाजिक, शारीरिक, मानसिक और आध्यात्मिक।

असंभव ? बिल्कुल नहीं। ईश्वर ने हमें इस ज़िंदगी को पाने के लिए साधन दिए हैं। "कौन, मैं ? हाँ, ईश्वर ने आपमें से हर एक को अपनी इच्छाओं को पूरा करने के लिए साधन दिए हैं। एडगर गेस्ट, जिन्हें "आम लोगों का कवि" कहा जाता था, ने इस तरह के पद लिखे हैं, जो हमारी क्षमताओं में हमारा विश्वास बढ़ाते हैं।

साधन

अपने बारे में इस तरह सोचो, मेरे साथी,
तुम्हारे पास वह सब कुछ है, जो महानतम लोगों के पास था,
दो बाँहें, दो हाथ, दो पैर, दो आँखें,
और अगर आप बुद्धिमान हैं, तो इस्तेमाल के लिए एक दिमाग़ भी।
इसी साधन के साथ उन सबने शुरुआत की,

इसीलिए शिखर के लिए शुरुआत करो और कहो, "मैं कर सकता हूँ।"

बुद्धिमान और महान लोगों की तरफ़ देखो,
वे भी एक आम थाली से ही भोजन लेते हैं,
और समान छुरी और काँटे का इस्तेमाल करते हैं,
समान फीतों से वे भी अपने जूते बाँधते हैं,
दुनिया उन्हें बहादुर और तेज़ मानती है,
पर तुम्हारे पास वह सब है, जो उनके पास तब था, जब उन्होंने शुरुआत की थी।

तुम जीत सकते हो और प्रतिभावान बन सकते हो,
सिर्फ़ तुम अगर चाहते हो, तो तुम महान बन सकते हो।
तुम जो भी लड़ाई चुनते हो, उसके लिए तुम पूर्ण साधन संपन्न हो,
तुम्हारे पास इस्तेमाल के लिए पैर, हाथ और दिमाग़ हैं,
और जिन लोगों ने महान कार्य किए हैं,
उन्होंने अपनी ज़िंदगी की शुरुआत तुमसे ज़्यादा से नहीं की।

अपनी कमज़ोरी का तुम्हें सामना करना होगा।
तुम ही हो, जो अपना स्थान चुन सकते हो,
तुम जहाँ जाना चाहते हो, तुम्हें कहना होगा;
सत्य को जानने के लिए तुम कितना अध्ययन करोगे।
ईश्वर ने तुम्हें जीवन के लिए साधन संपन्न बनाया है, पर उसने तुम्हें तुम्हारी इच्छानुसार बनने के लिए छोड़ दिया है।

साहस आत्मा के भीतर से आता है,
मनुष्य को जीतने की इच्छा संजोना ही चाहिए।
इसलिए अपने बारे में इस तरह सोचो, मेरे साथी,
तुम उन सभी चीज़ों के साथ पैदा हुए हो, जो महान लोगों के पास थीं,
तुम्हारे ही साधनों के साथ उन्होंने शुरुआत की।
ख़ुद पर नियंत्रण रखो, और कहो, "मैं कर सकता हूँ।"*

---

*कंटेंपरेरी बुक्स, आई एन सी, शिकागो आई एल की अनुमति से *कलेक्टेड वर्सेस ऑफ़ एडगर ए. गेस्ट,* © 1934 द्वारा एडगर ए. गेस्ट से पुनर्प्रकाशित।

3

आप प्रतिभाशाली हैं

आपकी क़ीमत क्या है ? एक बार वैज्ञानिकों ने यह निश्चित किया था कि हमारे शरीर के भीतर मौजूद रसायनों की क़ीमत 99 सेंट्स है। प्रसार के साथ यह 2.50 डॉलर या इससे अधिक बढ़ सकती है। दूसरे तरीक़े से देखें, तो मानव शरीर के ऊर्जा उत्पादन का अंदाज़ा लगाया गया है कि एक 150 पाउंड वज़नी व्यक्ति के भीतर मौजूद अणुओं की संख्या 85 अरब डॉलर मूल्य के बराबर ऊर्जा पैदा कर सकती है! यह इससे ज़्यादा हो सकता है!

बहरहाल, डॉलरों के आधार पर नहीं, बल्कि व्यक्तिगत शक्ति के आधार पर वास्तव में आपकी क़ीमत क्या है। समाजवादी कौलमिस्ट 'ख़ूबसूरत लोगों' की चर्चा करते हैं और इसका मतलब सामाजिक तौर पर प्रमुख, प्रसिद्ध या समृद्ध लोगों से लेते हैं। टेलीविज़न और रेडियो के प्रस्तुतकर्ता 'विशेष व्यक्ति' का साक्षात्कार लेते हैं या 'अनूठे व्यक्ति' पर कहानी तैयार करते हैं। पर हममें से हर एक के लिए इस तथ्य को स्वीकार करना महत्वपूर्ण है कि हम ख़ूबसूरत, ख़ास, अनूठे और बहुत ऊँची क़ीमत वाले हैं। ईश्वर ने हमारी रचना की है और हमें निश्चित प्रतिभाओं और विशिष्टताओं से संवारा है। यह जादुई फ़ॉर्मूले का हिस्सा है, जिसे जी जी ई यानि God Given Equipment (ईश्वर प्रदत्त उपकरण) कहते हैं।

मैं यह भी मानता हूँ कि हम सब प्रतिभाशाली हैं। इतिहास में

बौद्धिकता की महानतम पराकाष्ठा माने जाने वाले अल्बर्ट आइंसटीन ने एक बार कहा था कि औसत व्यक्ति अपनी बौद्धिक क्षमता के दो प्रतिशत भाग का ही इस्तेमाल करता है। यह बहुत ज़्यादा नहीं है।

हममें से कई लोग बचपन से ही अपनी क्षमता को पहचानने से इंकार करते रहे हैं। हम इस बात पर विश्वास ही नहीं करते कि हमें ख़ुद पर यक़ीन करना चाहिए। हम दूसरों को, और ख़ासतौर पर ख़ुद भी, अपने आप को कमतर आँकने की छूट देते हैं।

हममें ऐसी कई प्रतिभाएँ और योग्यताएँ हैं, जो पहचानी नहीं जा सकी हैं। हम आधुनिक कम्प्यूटरों की जटिलताएँ देखते हैं और हैरान रह जाते हैं! और मानवीय क्षमता पर किए गए अध्ययनों से पता चलता है कि मानव मस्तिष्क की क्षमता इससे कहीं बढ़कर है।

"मानव मस्तिष्क उल्लेखनीय रूप से सुसंबद्ध है। एक औसत वयस्क पुरुष के मस्तिष्क का वज़न मात्र 50 औंस और एक वयस्क महिला के मस्तिष्क का वज़न इससे 5 औंस कम होता है। इसे पूरी क्षमता से काम करने के लिए केवल 1/10 वोल्ट बिजली की ज़रूरत होती है, जबकि बनावट के नज़रिये से यह खरबों तंत्रिका कोशिकाओं से बना होता है। यद्यपि दिमाग़ कम्प्यूटर के बजाय कम गति और कम सटीकता से संचालित होता है, पर यह पाया गया है कि अपनी वास्तविक क्षमता में यह सबसे आधुनिक कम्प्यूटर को भी पीछे छोड़ देता है। मस्तिष्क में अरबों तंत्रिका कोशिकाओं (न्यूरॉन्स) के जाल का अंतः संबंध, जो साइनेप्सेस कहलाता है, सूचना तरंगों को इतनी क्षमता के साथ उसके गंतव्य तक पहुँचाने में सक्षम है, जिसकी गणना $2x10^{13}$ के बराबर मापी गई है। इसके साथ ही ऐसी क्षमता के साथ जिस नफ़ासत से मानव मस्तिष्क का गठन किया गया है, उसके लिए एक आधुनिक कम्प्यूटर को कम-से-कम दस हज़ार गुना बड़ा होना पड़ेगा" (*साइकोफ़ीडबैक*, पृष्ठ 33)।

आपका निजी कम्प्यूटर

आपके अंदर के कम्प्यूटर को बनाने की क़ीमत दस हज़ार खरब डॉलर तक बैठ सकती है और यह आपके कपाल के भीतर मौजूद है। क्या ग़ज़ब

की क्षमता है!

हम एक ऐसे दौर में रह रहे हैं, जो हर समय मौजूद कम्प्यूटर के साथ और अधिक आरामदेह हो रहा है। यहाँ तक कि हम 'निजी कम्प्यूटर' की शैली में बात करने लगे हैं, पर जब हम अपनी क्षमता पर विचार करते हैं, तो कोई तुलना ही नहीं रह जाती।

"तंत्रिका विज्ञानियों ने मापा है कि दिमाग़ की केंद्रीय तंत्रिका तंत्र (सेंट्रल नर्व्ज़ सिस्टम) में बीस लाख संकेत या उद्दीपक हर सेकंड आते हैं। निश्चित रूप से आप हर दो सेकंड में आने वाले इन बीस लाख आवकों को समझ नहीं पाते हैं। इनमें से अधिकतर संकेतों को विशिष्ट छन्नियों (फिल्टर्स) की एक श्रृंखला छानकर दिमाग़ के भागों तक पहुँचाती है, जो इन्हें अपने हिसाब से इस्तेमाल में लेते हैं और आपको इसका गुमान भी नहीं होता" (*रिलीज़ योर ब्रेक्स,* पेज 46)।

हमारी पैदाइश के पहले से ही ग्रहण करने, छानने और आँकड़े इकट्ठे करने की यह प्रक्रिया शुरू हो जाती है। ये सभी एकत्रित सूचनाएँ और निर्देश 'प्रोग्राम' का रूप ले लेते हैं अथवा आगे जाकर आदतों में तब्दील हो जाते हैं। हम जो भी करते हैं, वह अधिकतर हमारी आदत में शामिल होता है। प्रोग्रामिंग की इस प्रक्रिया को नियंत्रित और परिवर्तित किया जा सकता है, पर यह हर समय संचालित रहती है और हमारी मृत्यु तक जारी रहती है।

येल में शरीर विज्ञान के प्रोफ़ेसर डॉ. गॉर्डन शेफर्ड ने अपनी किताब *'द साइनेप्टिक ऑर्गेनाइज़ेशन ऑफ़ द ब्रेन'* में लिखा है : "दस अरब के आस-पास के अंदाज़ वाली न्यूरॉन्स को देखेने की यह आम जगह है। जो इस आँकड़े को नियत बताते हैं, वे अनुमस्तिष्क में मौजूद कोशिकाओं की संख्या याद रखने या महसूस करने में असफल रहे हैं। संभवतः इन कोशिकाओं की संख्या इस आँकड़े से कई गुना ज़्यादा है।"

आपकी ज़िंदगी के किसी भी मोड़ पर जो कुछ भी होता है... जो काम आप करते हैं, जो कुछ आप बनाते हैं, जो आप सोचते हैं, जो आप महसूस करते हैं (देखना, सूँघना, स्वाद लेना, सुनना और छूना), वह हर चीज़ आपके अवचेतन मस्तिष्क में हमेशा के लिए दर्ज हो जाती है।★

आपकी प्रतिभा के विश्वसनीय प्रमाण

क्या आपको यक़ीन कराए जाने की ज़रूरत है? यह कहानी ठीक वही नहीं कहती, जो यहाँ बताया जा रहा है, पर जब आप पाते हैं कि कई मौक़ों पर आपके साथ ऐसा ही घटा है, तो आपको मानना चाहिए कि आप प्रतिभाशाली हैं।

गली में टहलते समय एक युवक बेहद महत्वपूर्ण शख़्स को अपने पास आते देखता है। वह सोचता है, *मैं आज इस शख़्स से वह सवाल ज़रूर पूछूँगा।* वह अपने दिमाग़ में सवाल बुनना शुरू करता है; वह ख़ासतौर पर सही भाव-भंगिमा और शब्दों के साथ सटीक बात कहना चाहता था। सवाल बिल्कुल नपा-तुला, सटीक तैयार किया जाना है क्योंकि वह 'हाँ' में जवाब चाहता है।

जैसे ही वे आमने-सामने पहुँचते हैं, वह सोच रहा है, *मैं क्या कहूँगा और कैसे कहूँगा?*

अब वह उसके सामने थी और उन्होंने एक-दूसरे का अभिवादन कर

---

*आपकी चेतन जागरूकता या निर्देश के बगैर होने वाली मानसिक गतिविधियों को वर्णित करने के लिए 'अवचेतन' शब्द के इस्तेमाल की वैधता पर तकनीकी हलक़ों में लंबी चर्चा जारी है। इस बात को मानने वाले कई लोग हैं कि दिमाग़ का अचेतन क्षेत्र कहीं ज़्यादा सटीक है। अब हमारे पास यह मानने के साक्ष्य हैं कि हमारे दिमाग़ के एक छोटे-से हिस्से को शारीरिक आधार पर चेतन कहा जा सकता है। दो जाने-माने शरीर विज्ञानियों ने चर्चा के बाद इसे "रेटिक्यूलर एक्टीवेटिंग सिस्टम" का नाम दिया है। डॉ. जी मौरूज़ी और डॉ. एच. डबल्यू. मैगॉन ने अपनी किताब *'द वेकिंग ब्रेन'* में इसका उल्लेख किया है। यह मस्तिष्क का एकमात्र हिस्सा है, जो दिमाग़ के हर हिस्से और शरीर के शेष हिस्सों से जुड़ा होता है और जब हम चेतना खोते हैं, तो यह सारी गतिविधियों पर विराम लगा देता है। बहरहाल हमने 'अवचेतन' शब्द का इस्तेमाल इसकी तकनीकी लेखनी के आधार पर नहीं, बल्कि आम उपयोग और ज़्यादा लोगों की समझ में आने के कारण किया है।

मामूली बातें कीं। इसके बाद वह तय करता कि उस बेहद महत्वपूर्ण सवाल को पूछने का यही सही समय है।

"मैरी, मैं पूछना चाहता हूँ..."

उसके मुँह से पाँच शब्द ही निकल पाए थे कि तभी अंदर कहीं से आवाज़ आई, "रुको!"

उसने अपना वाक्य अधबीच में ही क्यों छोड़ दिया? यहाँ अवचेतन और चेतन मस्तिष्क के बीच वार्तालाप की एक प्रक्रिया होती है। आपकी पूरी ज़िंदगी में आपके साथ जो कुछ घटता है, वह सब अवचेतन मस्तिष्क में रिकॉर्ड हो जाता है। अवचेतन मस्तिष्क बड़े रहस्यमय ढंग से चेतन मस्तिष्क को संकेत भेजता है, कुछ लोग इसे एक छठी इंद्रिय, पूर्वाभास या प्रोग्रामिंग कहते हैं। दूसरे लोग इसे एक "मौन संदेश" मानते हैं।

जब वह युवा अपना सवाल रोक देता है, तब उसके चेतन और अवचेतन मस्तिष्क में एक मौन चर्चा चल रही होती है।

चेतन मस्तिष्क कहता है, " 'रुको,' क्या मतलब है तुम्हारा?"

अवचेतन मस्तिष्क जवाब देता है, "क्योंकि अगर तुम आगे बढ़ना जारी रखते हो और सवाल कर बैठते हो, तो जवाब 'ना' में मिलेगा।

चेतन और अवचेतन मन में यह चर्चा कई बार होती है और तब तक चलती है, जब तक दिमाग़ी कम्प्यूटर शब्दों और वाक्यों का चुनाव न कर ले। युवा के मुख से निकला यही छठा शब्द उस स्थिति में सबसे सटीक होता है।

यह सारी प्रक्रिया उँगलियाँ चटकाने जितनी देर में हो जाती हैं और मैरी को इस जटिल प्रक्रिया के बारे में पता भी नहीं चलता।

क्या आपकी ज़िंदगी में भी ऐसा ही कुछ घटा है? चंद सेकंडों में इस तरह से बातचीत किसी प्रतिभाशाली के अलावा कौन कर सकता है?

कभी-कभी उस पल इस नन्ही-सी आवाज़ (या इसे हम जो भी कहें) की उपेक्षा कर दी जाती है। इस पर ध्यान न देकर हम आगे बढ़ जाते हैं और हमारी बोलती बंद हो जाती है। हम सभी ने ऐसा किया है। हम अपने भीतर से आवाज़ आने के बावजूद ग़लत शब्द कहते हैं, ग़लत क़दम उठा लेते हैं।

बहरहाल, हम सभी के पास कुछ ख़ास आग्रहों की जवाबदेही का अनुभव है, जो हमारी ज़िंदगी के लिए महत्वपूर्ण होता है। भगवान पर विश्वास करने वाला व्यक्ति इसे ईश्वर के मार्गदर्शन के निर्देश के रूप में लेगा। मेरे पिता इन्हीं लोगों में से एक थे।

सही टिकट

मेरे पिता एक मंत्री थे और वे ओहियो के एक्रोन में आयोजित एक बैठक में भाग लेने जाने वाले थे। हम कैलिफ़ोर्निया में रहते थे और एक रविवार की रात अपनी शाम की ड्यूटी ख़त्म कर वे एक्रोन जाने वाले हवाई जहाज़ से यात्रा करने के लिए एयरपोर्ट पहुँच गए। एक धर्मप्रचारक सेवा की शुरुआत के लिए वे एक्रोन जा रहे थे। वे हवाई जहाज़ में बैठ गए थे, दरवाज़े बंद किए जा चुके थे और जहाज़ उड़ान भरने को तैयार था। हवाई जहाज़ की सीढ़ियाँ वापस खींची जा रही थीं कि अचानक वे उठकर सीढ़ियों तक गए और बोले, "मैं अभी इस हवाई जहाज़ से उतरना चाहता हूँ।"

वे इतनी दृढ़ता से बोले कि हवाई जहाज़ का स्टाफ़ कोई तर्क नहीं कर पाया। सीढ़ियाँ वापस लगाई गईं, दरवाज़े खुले और मेरे पिता हवाई जहाज़ से बाहर आ गए।

वे सीधे रेलवे स्टेशन गए और एक टिकट ख़रीदकर पूरा देश चार दिन में पार कर ओहियो पहुँचे। जब वे पहुँचे, तो स्थानीय चर्च का पादरी उन्हें लेने आया और आपस में कुछ देर बातचीत करने के बाद उसने कहा, 'ख़ैर, क्या आपने उस हवाई जहाज़ के बारे में सुना, जो दुर्घटनाग्रस्त हो गया। लॉस एंजिलिस से रविवार की रात एक हवाई जहाज़ चला, जो एक पहाड़ के किनारे से टकराकर चूर-चूर हो गया। उसमें सवार सभी यात्री मारे गए।

जी हाँ, यह वही हवाई जहाज़ था, जिसे मेरे पिता ने छोड़ दिया था क्योंकि, 'किसी चीज़ ने' उन्हें उतरने और ट्रेन से जाने के लिए कहा था।

मानव मस्तिष्क की बुद्धिमत्ता

क्षमता के दृष्टिकोण से आप सभी बुद्धिमान हैं। आप इसी तरह से बनाए गए हैं। आपके पास ख़ुद को व्यक्त करने के भिन्न तरीक़े, भिन्न प्रतिभाएँ

और योग्यताएँ हैं।

किसी ने मुझे यह कहकर चुनौती दी थी, "मानसिक विमंदता के बारे में आपका क्या सोचना है? अगर आप मानते हैं कि सभी बुद्धिमान हैं, तो यह क्या है? सभी लोग बुद्धिमान हों, ऐसा संभव नहीं है।"

हाल ही में मैं एक ऐसे डॉक्टर के कार्यों से परिचित हुआ, जिसने डाउंस सिंड्रोम के शिकार बच्चों को हमारे समाज में सही ढंग से कार्य करना सिखाने का निश्चय किया था। उसने ऐसे 25 युवाओं को लिया और उन्हें सिखाना शुरू किया। उसने अँग्रेजी वर्णमाला से शुरू किया और ये बच्चे अक्षर को पहचानकर दोहरा सकें, इसके लिए उसे 'ए' अक्षर को 4000 बार दोहराना पड़ा। इसके बाद वह अगले अक्षरों की तरफ़ बढ़ा। आख़िरकार, दोहराव की संख्या घटकर 2000 हुई, उसके बाद 900 और क्रमशः घटते हुए 400 तक पहुँच गई। अंततः वह उन बच्चों को एक बार में एक अक्षर दिखाता था और वे उसे पहचान सकते थे।

डाउंस सिंड्रोम से ग्रस्त इन 25 बच्चों में से हर एक ऊँचे पब्लिक स्कूलों में गया और स्नातक हुआ। उनमें से एक ने तो अपनी कक्षा में पहला स्थान पाने का सम्मान हासिल किया।

अगर आप अपनी क्षमताओं पर विश्वास करना शुरू कर देते हैं, तो आश्चर्यजनक चीज़ें होने लगती हैं।

शिक्षकों के एक जोड़े ने मानसिक रूप से विमंद कुछ बच्चों को लिया, जिन्होंने आई.क्यू. टेस्ट में 30 से 40 अंक लिए थे। उन्होंने इन बच्चों को बताया कि वे कितने ख़ूबसूरत, कितने प्रतिभाशाली हैं और वे कितना कुछ कर सकते हैं। शिक्षकों ने इसे बार-बार दोहराया। स्कूल के प्राधिकारियों ने उनके विचार का विरोध करते हुए कहा, "देखो, उनके प्रति दयालु बनो, उन्हें आराम और ख़ुशी दो, पर वे ज़िंदगी में ज़्यादा कुछ हासिल नहीं कर पाएँगे।"

परंतु शिक्षकों ने इसे वास्तविकता मानने से इंकार करते हुए उन बच्चों को यह बताना जारी रखा कि वे कितने महान हैं। वही बच्चे आज बड़े स्कूलों में हैं और आई.क्यू. टेस्ट में 130 से 140 के बीच अंक ले रहे हैं।

हमारे रैंच को सँभालने वाले एक युवक ने यह मानना शुरू कर दिया था कि वह एक औसत स्तर से ज़्यादा कभी हासिल नहीं कर सकेगा। एक के बाद दूसरे काउंसलर ने उसे यही बताया था कि वह 'सी ग्रेड' से ज़्यादा

कभी नहीं पा सकेगा। उसे जो बताया गया, उससे उसकी पूर्णता से जुड़ी सारी समस्याएँ मसलन तालमेल की समस्या, असंतोष, मनोवैज्ञानिक काउंसलिंग उसी में खो गईं। इसके बाद मैंने उसे बताया कि वह अपनी क्षमता के साथ बुद्धिमान है। अब उसे एक चुनाव करना था, "मुझे किस पर विश्वास करना चाहिए?" मुझे आपको यह बताते हुए ख़ुशी हो रही है कि पिछले साल उसने डीन्स औनर रॉल हासिल किया। उन्होंने कहा था कि वह ऐसा कभी नहीं कर सकता, पर उसने कर दिखाया!

आप निश्चित रूप से बुद्धिमान हैं

आपके पास खरबों मस्तिष्क कोशिकाएँ हैं। इनमें से हर कोशिका सूचना के हिस्से ग्रहण करने और जमा करने में सक्षम है। यह कहा जाता है कि मानव मस्तिष्क 75 वर्ष की आयु तक थकान का एक भी चिह्न प्रदर्शित किए बिना दिन के चौबीसों घंटे के हर सेकंड में बीस लाख प्रभाव ग्रहण करने में सक्षम है। इसके बावजूद हममें से अधिकतर लोग किसी-न-किसी समय थकान के एहसास से घिरे रहते हैं। ऐसा लगता है कि हम पूरी तरह चुक चुके हैं। क्यों? ज़िंदगी में पेश होने वाले ऊर्जा के इस रिसाव के बारे में हम बाद में चर्चा करेंगे, पर पहले हम अपने में मौजूद मानसिक क्षमता पर बात कर लें।

राष्ट्रीय ऋणों और उलझाव भरे कॉर्पोरेशन के इस युग में, 'बिलियन' शब्द का प्रयोग अलग-अलग संख्याओं के लिए होने लगा है। बहरहाल, एक बिलियन बहुत सारा होता है। अगर आपके पास ख़र्च करने और रंगरलियाँ मनाने के लिए एक बिलियन (एक अरब) डॉलर हों, तो हर दिन दस हज़ार डॉलर ख़र्च करके भी आप तीन सौ साल तक शॉपिंग कर सकते हैं।

हम इस मानसिक क्षमता का क्या उपयोग करते हैं? अमेरिका में आधुनिक मनोविज्ञान के जनक विलियम जेम्स ने कहा है कि औसत व्यक्ति अपनी कुल क्षमताओं का 10 फीसदी ही इस्तेमाल करता है। हममें से जो सर्वश्रेष्ठ हैं, वे भी केवल 15 प्रतिशत क्षमता का इस्तेमाल करते हैं। अगर आपको या मुझे हमारे भीतर मौजूद क्षमताओं का 20 यहाँ तक कि 25 प्रतिशत ख़र्च करने की चुनौती दी जाए, तो क्या हो? हम दुनिया को

उलट सकते हैं! जब लोग अपनी क्षमताओं का लोहा मानने लगते हैं, तो यह देखना हैरानी से भरपूर होता है। हममें से प्रत्येक के भीतर मौजूद महान क्षमता मुश्किल वक़्त में सामने आती है, दूसरे मौक़ों पर यह कभी-कभार ही दिखाई पड़ती है।

ईश्वर द्वारा दिए गए यंत्रों के क्षेत्र में हम काफ़ी हद तक अमीर हैं।

आपके पास एक पूर्ण स्मृति है

आप कह सकते हैं, "छोड़ो भी, मैं ख़रीदारी की सूची के चार सामान तक याद नहीं रख सकता! तब एक पूर्ण स्मृति का आशय आप क्या लेते हैं?"

हमारे पास पूर्ण स्मृतियाँ होती हैं, इनकी वापसी कभी-कभी हमें चुनौती देती है।

कनाडा के प्रमुख तंत्रिकाविज्ञानी, डॉ. वाइल्डर पेनफ़ील्ड ने याददाश्त के क्षेत्र में कुछ उत्कृष्ट शोध किए हैं। *स्पीच एंड ब्रेन मैकेनिज़्म* में डॉ. पेनफ़ील्ड ने दिमाग़ के विद्युत जैसे प्रेरित होने से संबंधित अपने काम के बारे में बताया है। उन्होंने यह पता लगाया कि जब दिमाग़ को उत्तेजित किया जाता है तब कोई व्यक्ति अपने पहले के समय को फिर से जीने का अनुभव करता है।

"दक्षिण अफ़्रीका से आया हुआ जेटी नाम का एक युवक तब रो पड़ा, जब उसकी दाईं कनपटी की फूली हुई ऊपरी सतह उत्तेजित की जा रही थी, "'हाँ, डॉक्टर... अब मैं सुन रहा हूँ कि लोग हँस रहे हैं... दक्षिण अफ़्रीका में मेरे दोस्त हँस रहे हैं।' उत्तेजना की अवस्था से उबरने के बाद वह अपनी दोहरी संज्ञानता पर बातचीत कर हैरानी जता रहा था, क्योंकि उसे लगा कि वह अपनी दो छोटी चचेरी बहनों के साथ घर पर है और वे सभी साथ-साथ हँस रहे हैं। यह उसकी पहले की ज़िंदगी का एक अनुभव था। पुनर्संचित स्मृति में यह मंद पड़ गया था, पर अनुभव के दौरान बने नाड़ीग्रंथि के असर ने इसे संरक्षित रखा और विद्युतीय उत्तेजना से यह पुनः उपलब्ध हो गया। यह उसके लिए इतना ज़्यादा स्पष्ट था कि घटना के बाद तीस सेकंड तक वह अपनी आँख बंद कर दोबारा पूरे दृश्य को 'याददाश्त के मार्फ़त' सुन सकता था" (*स्पीच एंड ब्रेन मैकेनिज़्म* पृष्ठ संख्या 45, 46)।

कुछ वर्ष पहले छपी हेडलाइनों ने हमारी पूर्ण स्मृति की क्षमताओं में कुछ यादें जमा की होंगी। कैलिफ़ोर्निया के चाउचिला में 16 जुलाई, 1976 को तीन व्यक्तियों द्वारा एक जघन्य अपराध को अंजाम दिया गया। पाँच से चौदह वर्ष के 26 स्कूली बच्चों से भरी बस को उनके ड्राइवर समेत एक सूनी सड़क पर हथियार बंद नक़ाबपोशों द्वारा रोक लिया गया। अपहरणकर्ता बच्चों और ड्राइवर को दो बंद वेनों में भरकर कई मील दूर स्थित एक खदान तक ले गए। पूरे 11 घंटों के सफ़र में अपहरणकर्ता मुश्किल से ही बोले। खदान में बच्चे और ड्राइवर एड रे को एक पुरानी चलने वाली वेन में क़ैद कर दिया गया, जो छह फ़ीट की गहराई में थी।

खदान में घुसने के 16 घंटे बाद रे वेन की छत के ऊपर एक छोटा छेद करने में सफल हो गया और सभी बंधक किसी तरह सिमट-सिमटकर बाहर निकले।

पुलिस ने दो वेनों में घूमने वाले तीन आदमियों के बारे में बुलेटिन प्रकाशित किए, पर कुछ हाथ न लगा। ड्राइवर और बच्चे उन आदमियों के बारे में कुछ भी बता पाने में असमर्थ थे। एड रे ने उनमें से एक वेन पर लगी लाइसेंस प्लेट की एक झलक भर देखी थी, पर वह नंबर याद नहीं कर सका था।

पीड़ितों से घंटों पूछताछ और हफ़्तों की निरर्थक छानबीन के बावजूद पुलिस को अपहरणकर्ताओं को पहचानने का कोई सुराग़ हाथ नहीं लगा था।

इस मामले के प्रभारी शेरिफ़ एड बेट्स को याद आया कि लॉस एंजिलिस के पुलिस विभाग ने पीड़ितों या चश्मदीदों के विवरण न दे पाने की स्थिति में हिप्नोसिस (सम्मोहन) का प्रयोग कर कई अपराध पहेलियाँ सुलझाई हैं। एड रे को सम्मोहित किया गया और हिप्नोसिस की एक अवस्था में उसने उनमें से एक वेन की लाइसेंस प्लेट का नंबर बता दिया। उसने बिल्कुल सही नंबर बताया। एक घंटे के भीतर पुलिस उस वेन के मालिक के घर पर थी, जो निश्चित रूप से तीनों अपहरणकर्ताओं में से एक था।

आपको क्या लगता है कि एड रे ने प्लेट के नंबर को कितने लंबे समय तक देखा होगा? शायद एक पल के लिए। पर जब उसने इसे देखा, तो उसके मस्तिष्क ने तीव्रता के साथ कहा, "मुझे याद करना ही है।" जब

सारे अवरोध हटा लिए गए, तब अवचेतन मन ने अपने पास संरक्षित सूचना को ज़ाहिर कर दिया।

शायद आपने ऐसे लोगों के बारे में सुना हो, जिनके पास फ़ोटोग्राफ़िक मेमोरीज़ होती हैं। वे एक किताब पढ़ते हैं और याद कर लेते हैं कि कोई कहानी किस पेज पर है या कोई आँकड़ा किसी पेज पर कहाँ है। आप सोच सकते हैं कि यह प्रतिभा चंद लोगों के पास ही होती है, पर हम अक्सर इस प्रतिभा का इस्तेमाल ही नहीं करते हैं, क्योंकि हमने इस क्षेत्र में अपनी योग्यताओं को नकार दिया है।

क्या आपने कभी कहा है कि, "मैं चेहरे याद कर सकता हूँ, पर मैं नाम याद नहीं रख सकता?" याद रखने की क्षमता का विकास संभव है। अगर आप चाहें, तो आप एक छोटे से अंतराल में सैकड़ों लोगों से मिल सकते हैं और कुछ समय बाद हर व्यक्ति को उसके नाम से याद रख सकते हैं। आज के ज़माने में कई लोग ऐसे सेमिनार कर रहे हैं, जहाँ ईश्वर द्वारा दिए गए याददाश्त के इस मंत्र को इस्तेमाल करने के लिए आपके दिमाग़ को प्रशिक्षण दिया जाता है, जो कि पहले से ही आपके पास मौजूद है। ऐसे ही एक मित्र जेरी सुकास ने अपनी याददाश्त की योग्यता को तेज़ करने के लिए न्यूयॉर्क सिटी टेलीफ़ोन डायरेक्टरी के सारे पेज ही रट डाले। उसने अपनी इन तकनीकों का इस्तेमाल धर्मवाक्यों को रटने में किया और अब वह बाइबल की सारी किताबों को उद्धृत कर सकता है। इस तरह की याददाश्त को बढ़ाना संभव है।

आपकी पढ़ने की क्षमता कैसी है? मैंने लोगों को यह कहते हुए सुना है, "मैं धीमी गति से पढ़ने वाला हूँ। मैं एक पूरी किताब एक बार में नहीं पढ़ सकता।" ज़्यादातर लोग एक मिनट में 200 से 300 शब्द पढ़ लेते हैं और अभी भी एक मिनट में 3,000 से 4,000 शब्दों को पढ़ने की योग्यता विकसित की जा सकती है। दक्षिण कैलिफ़ोर्निया में मेरे एक व्यापार सहयोगी ने हाल ही में एक मिनट में 85 प्रतिशत समझ के साथ 7,500 शब्द पढ़ने का परीक्षण किया। इस व्यक्ति ने अपनी क्षमता का उस महानता तक विस्तार किया है, जहाँ तक हममें से अधिकांश नहीं पहुँच पाते।

आप कहाँ पर ठहरते हैं? ईश्वर द्वारा आपको दिए गए इस यंत्र का

आप क्या कर रहे हैं? क्या आपने अपनी क्षमताओं को पहचाना है या आप उनके पाँच से दस प्रतिशत का ही इस्तेमाल कर रहे हैं?

दैत्यों का जंगल

हम तब तक अपनी, मानसिक एवं शारीरिक योग्यताओं को नहीं जान सकते, जब तक कि हम उनका प्रयोग नहीं करते।

जब मैं कॉलेज में पहुँचा, तो मेरा एक दोस्त था जो वेट-लिफ़्टिंग में प्रशिक्षित नहीं था। यह खेल आत्म-अनुशासन माँगता है और इसके लिए व्यक्ति को कई वर्षों तक वर्जिश कर माँसपेशियों को सुडौल बनाना ज़रूरी होता है ताकि वे वज़न थाम सकें और अपने सिर के ऊपर तक उसे उठा सकें। मुझे इतने वज़न को उठाने के बारे में सोच भर लेने की चुनौती मिल चुकी है।

मेरा दोस्त क्रिसमस की छुट्टियाँ बिताकर वॉशिंगटन के सिएटल से कार से वापस कॉलेज लौट रहा था। सफ़र के लिए उसने मध्य कैलिफ़ोर्निया का तीन लेन वाला अपेक्षाकृत तेज़ मार्ग चुना था। उसने और उसकी मंगेतर ने सोमवार सुबह की कक्षा में पहुँचने के लिए 24 घंटे बिना रुके गाड़ी चलाने का निश्चय किया था।

सुबह तड़के ही पूरी सड़क पर कोहरा और धुंध पसरी हुई थी और बहुत ही कम ट्रैफ़िक था। उन्हें मीलों तक कोई घर या कार नहीं मिली थी। अचानक वे एक मोड़ पर आ गए, जिसकी पहचान नहीं दिख रही थी। रोड फिसलन भरी थी और अचानक मोड़ आ जाने से कार सड़क पर न थम सकी, वह घिसटी, अनियंत्रित हुई और लुढ़कने लगी।

वह युवक कार से बाहर फिंका गया। वह ज़मीन से टकराया और बुरी तरह घबरा गया, पर वह अपने पैरों पर खड़ा होने लायक़ था। उसने देखा कि कार लुढ़कती रही और आख़िरकार एक किनारे पर जाकर रुक गई। वह कार तक भागा और उसने पाया कि उसकी मंगेतर कार के नीचे दब गई थी। उसने पागलों की तरह आसपास मदद के लिए देखा और उस अंधकार में भी चिल्लाने लगा, ताकि कहीं से मदद मिल जाए। आसपास कोई भी नहीं था। इंजन से निकल रही गर्म गैस उस युवती के हाथों और

पैरों पर पड़ रही थी और बड़े-बड़े फफोले पड़ना शुरू हो गए थे। वह जानता था कि कुछ पल और बीते, तो वह मर सकती है। अब वहाँ केवल एक चीज़ थी, जो वह कर सकता था।

वह नीचे झुका, उसने कार का क़रीब 2,000 पाउंड से भी ज़्यादा वज़नदार बंपर पकड़ा और उसे ऊपर उठा लिया, ताकि वह रेंगकर नीचे से बाहर निकल आए।

एक सेमिनार के बाद इस वाक़ये के बारे में किसी ने मुझसे जो कहा वह सुनकर मैं चकित रह गया, क्योंकि वह ईश्वर प्रदत्त साधनों पर विश्वास में कमी बताता है। उसने कहा, "ठीक है, पर यह केवल इत्तेफ़ाक़ ही था!"

मेरा जवाब है, "हाँ, पर क्या यह अद्‌भुत नहीं है? यही प्रमुख बिंदु है।"

इत्तेफ़ाक़ से ज़्यादा

1961 में मेरा एक अच्छा दोस्त मेरिल वोमेक थैंक्सगिविंग डे से पहले अपने जुड़वाँ इंजन वाले हवाई जहाज़ में दक्षिणी कैलिफ़ोर्निया से स्पोकेन, वॉशिंगटन के लिए सफ़र कर रहा था। वह एक दक्ष पायलट था और उसके पास 1,500 से भी ज़्यादा घंटों तक अकेले उड़ान का अनुभव था। उत्तरी ऑरेगॉन के ऊपर उसे बदतर मौसम का सामना करने के कारण एक छोटे से एयरपोर्ट पर उतरकर रात काटनी पड़ी। अगली सुबह एक ठंडे और साफ़ दिन में उसने घर लौटने और अपने परिवार के साथ थैंक्सगिविंग डे मनाने का इरादा किया।

उसने रनवे के आख़िरी सिरे पर हवाई जहाज़ को खड़ा किया, उसके सारे यंत्र जाँचे और उड़ चला। रनवे से चौथाई मील उठते ही उसके प्लेन के दोनों इंजन गिर पड़े। एक पायलट होने के नाते वह जानता था कि उसके पास दो या तीन चुनाव हैं : पहला, एक ख़ाली जगह ढूँढ़ना और उतर पड़ना, पर वहाँ कोई ख़ाली जगह नहीं थी। उसके सामने दूसरी राह हवाई जहाज़ को किनारे उतारकर वापस रनवे लौट पड़ना थी। इसके लिए उसके पास पर्याप्त ऊँचाई और शक्ति नहीं थी। और अगर वह किनारा थामने की कोशिश करता भी, तो जहाज़ थर्राने लगता। उसके सामने

एकमात्र चुनाव एक कम पेड़ों वाली जगह ढूँढ़ना और ज़मीन पर कूद पड़ना था। जब वह नीचे गिरा, तो जहाज़ ग़ज़ब के धमाके के साथ फट पड़ा और आग से घिर गया। उसने अपने जहाज़ के टैंक को कुछ देर पहले ही 100 गैलन उच्च ऑक्टेन ईंधन से भरा था। आग से उठ रही गर्मी इतनी तीव्र थी कि उससे जहाज़ के धातु के कुछ हिस्से तक पिघलने लगे थे। वह कॉकपिट के भीतर फिंका गया था, पर होश में था; कुछ पलों में ही उसने जान लिया कि उसे बाहर निकलना होगा, नहीं तो ज़िंदा जल जाएगा। उसने एक हाथ से दरवाज़े के हैंडल को पकड़कर उसे खोलने के लिए ठेला और दूसरे हाथ से सेफ़्टी बेल्ट खोलने की कोशिश की, पर वह तो जाम हो गई थी!

अब इस स्थिति में जो कर पाना उसके लिए संभव था, उसने वही किया। उसने एयर लाइन सेफ़्टी बेल्ट पकड़ी और आधी चीर दी।

आप कहेंगे कि आप एक सेफ़्टी बेल्ट को आधा चीर नहीं सकते। सही है, पर उसने किया। आज वह पूरे देश में घूम-घूम कर कॉन्सर्ट पेश कर रहा है और भगवान द्वारा दी गई योग्यताओं का परीक्षण कर रहा है। जब वह गाता है, "ईश्वर का प्रताप है" तो वह इन शब्दों की सच्चाई को जानता है।

वेट लिफ़्टिंग के मामले में महिलाओं का विश्व रिकॉर्ड 400 पाउंड तक का है, जिसे मारक-वेट लिफ़्टिंग नाम से भी जाना जाता है। इस अविश्वसनीय ऊँचाई को पाने के लिए महिलाएँ वर्षों से ख़ुद को प्रशिक्षित करती आई हैं। मुझे सैन डियागो की एक घरेलू महिला की कहानी सुनाने दें, जिसने 100 पाउंड तक का वज़न उठा लिया। वह एक किनारे पर खड़ी थी और गली पार करने का इंतज़ार कर रही थी कि अचानक उसने पहिये चरमराकर घिसटने की आवाज़ सुनी और देखा कि एक कार ने नन्ही-सी बच्ची को टक्कर मार दी, उसे नीचे गिरा दिया और क़रीब 50 फ़ीट तक उसे घसीटते हुए ले गई। जब कार रुकी, तो उसका सामने वाला पहिया बच्चे के सिर पर था।

नन्हीं बच्ची की माँ दौड़कर गली में निकल आई और मदद के लिए चिल्लाने लगी, पर आसपास कोई भी नहीं था। कार का ड्राइवर भावनात्मक सदमें में था, क्योंकि उसे लग रहा था कि उसने नन्हीं बच्ची को मार डाला है। दोनों ही उस दुर्घटनास्थल पर लाचार से खड़े थे।

वह घरेलू महिला उस दृश्य को देखकर इस तरह हक्की-बक्की रह गई कि उसने अपने आकार, कार के वज़न, यहाँ तक कि इस बारे में भी नहीं सोचा कि वह ऐसा कर पाएगी या नहीं। वह उस भारी वाहन के फ़ेंडर के नीचे पहुँची और उसे खींचना शुरू कर दिया। उसने इतना ज़्यादा ज़ोर लगाया कि फ़ेंडर के धातु के हिस्सों से उसकी उँगलियाँ कट गईं, पर वह रुकी नहीं। आख़िरकार उसने कार इतनी ऊँचाई तक उठा ली कि बच्ची की माँ उस नर्म नन्हे शरीर को बाहर निकाल ले और उसे लेकर अस्पताल दौड़ पड़े।

वह बच्ची आज जीवित है, इसकी वजह यह है कि उस घरेलू महिला ने अपनी क्षमता को 'हाँ' कहा। दुर्घटना की छानबीन करने वाली पुलिस ने बताया कि कार का वज़न 4,800 पाउंड था!

अपने जी जी ई को चमकाएँ

ऐसी कई चीज़ें हैं, जिन्हें हम कर सकते हैं, यदि हम ईश्वर द्वारा दी गई देनों का इस्तेमाल करें! उदाहरण के लिए, वॉशिंगटन के सीएटल में मेरा एक व्यापार सहयोगी है, जो अपनी प्रतिभाओं का इस्तेमाल पूरी तरह अंधा होने के बावजूद करता है। मैंने सप्ताहांत पर उसे एक सेमिनार संचालित करते हुए देखा और उसकी योग्यता और मज़ाक़िया अंदाज़ को देखकर हैरान रह गया। वह मंच पर नोट्स से भरी अपनी नोटबुक (स्वाभाविक रूप से ब्रेल लिपि में) लेकर खड़ा था और जैसे ही कोई उसके पीछे से आता, वह झट से नोटबुक बंद करके छिपा लेता और कहता – "अरे, तुम मेरी नोटबुक नहीं पढ़ सकते।"

वह मंच पर से वक्ताओं का परिचय कराता और जब वह माइक्रोफ़ोन से स्टेज के किनारे तक लौटता, जो क़रीब तीन फ़ीट ऊँचाई का था, तो वह किनारे से एक इंच के चौथाई भाग तक आता और खड़ा हो जाता।

समय के साथ सप्ताहांत के दौरान लोग उसके पास आते और कहते, "हाय डिक, तुम कैसे हो?" वह उनका नाम लेकर उनसे हाथ मिलाता और कहता, "आपसे मिलकर अच्छा लग रहा है।"

एक सुबह डिक और उसकी पत्नी डी कुछ बच्चों को सीएटल से बाहर एक टूर पर ले गए। शाम को उनमें से एक नन्हें बच्चे ने अपने पिता से

कहा, "डैडी, आज सुबह हमने बहुत मज़ा लिया, पर एक बात मेरी समझ में नहीं आई। पूरे समय डी ही कार क्यों चलाती रही?"

बच्चे पूरे दिन उनके साथ रहे, पर यह नहीं जान पाए कि डिक अंधा था!

हमारी क्षमता क्या है? हममें से किसी को भी अपनी क्षमता पहचानने के लिए ज़िंदगी में कठिन पल आने देने की राह देखने की ज़रूरत नहीं है।

कवि रॉबर्ट ब्राउनिंग ने कहा था, "मेरा काम ख़ुद को दोबारा बनाना नहीं, बल्कि ईश्वर ने जो कुछ बनाया है, उसे बेहतरीन बनाना है।

यहाँ तक कि आपकी शारीरिक संरचना के ज़रा से वर्णन आपको इस कथन की सच्चाई बता देते हैं, "मैं डर और आश्चर्य से भरपूर बना हूँ।" (साम, 139:14, एन आई वी)। आनुवांशिक जीववैज्ञानिकों ने अब इस बात के संकेत दिए हैं, कि हमारे शरीर की प्रत्येक कोशिका में हमारे जीवन के अनुभवों का पूरा आनुवांशिक इतिहास होता है। इस सूचना को अगर छापा जाए, तो इनसाइक्लोपीडिया के तीस अंक भर जाएँगे!

अब ईश्वर के शब्दों की सच्चाई पर विचार करें, "तुमने मेरे शरीर के सभी नाज़ुक अंदरूनी हिस्से बनाए और उन्हें मेरी माँ के गर्भ में एक साथ बुन दिया। मुझे हैरानी भरे ढंग से जटिल बनाने के लिए धन्यवाद! इसके बारे में सोचना भी हैरानी भरा है। आपकी कारीगरी चमत्कारी है, और मैं इसे अच्छी तरह से जानता हूँ। जब मैं गहन निर्जनता में आकार ले रहा था, आप भी वहाँ थे। आपने मेरी पैदाइश से पहले से मुझे देखा था और मेरे साँस लेना शुरू करने से पहले आपने मेरे जीवन का हर दिन तय कर दिया था। मेरा हर दिन आपकी किताब में दर्ज है!" (साम, 139:13-16, टी एल बी)

ईश्वर ने आपको अति प्राकृतिक क्षमता के साथ प्रतिभाशाली बनाया है!

4

दें और आप पाते हैं

सिद्धांत # 1: देने का सिद्धांत
"दें और आप पाएँगे।"

सुबह अगर आप जागकर तिरछी नज़र से घड़ी की तरफ़ देखें और बिस्तर से पैर चिपकाए हुए इस बात से अनजान बने बैठे रहें कि इन्हें ऊपर की तरफ़ उठाना है या ज़मीन पर रखना है, तो क्या हो? कल्पना करके ही मैं हैरान रह जाता हूँ कि *अगर मेरे पैर ज़मीन को छुएँ या छत की तरफ़ उठ जाएँ!* आपको यह सब बकवास लग रहा होगा? यह सही है, क्योंकि हम जानते हैं कि हम सब पर एक नियम काम कर रहा है, चाहे हम इसे समझते हों या नहीं। गुरुत्वाकर्षण एक तथ्य है, चाहे आप इस पर विश्वास करें या न करें। आप इसे छू नहीं सकते, सूँघ नहीं सकते, चख नहीं सकते, सुन नहीं सकते, पर यह मौजूद है।

इसी तरह इंसान की प्रेरणा, सफलता और असफलता के क्षेत्र से जुड़े कुछ निश्चित सिद्धांत मौजूद हैं, जो आपके जन्म के समय से आपकी ज़िंदगी में काम कर रहे हैं और आपके मरने तक यह काम करना जारी रखेंगे। मैंने कई लोगों की ज़िंदगी में जिस त्रासदी को देखा है वह यह है कि उन्हें कभी किसी ने बताया ही नहीं कि इस तरह के कोई सिद्धांत हैं या उन्हें यह समझाया ही नहीं गया कि उनके लाभ के लिए इन सिद्धांतों का इस्तेमाल कैसे किया जा सकता है।

इन सिद्धांतों के काम करने के तरीक़े को समझें और आप ज़िंदगी में जो भी बनना चाहते हैं, उस राह पर ख़ुद को सबसे आगे रखने में इनका इस्तेमाल करें। जीवन को उसकी पराकाष्ठा तक जीने में ही सार्थकता है!

उस समय मैं और सूज़न सर्किल 'ए' रैंच चला रहे थे, जहाँ हम 11 से 18 वर्ष के बच्चों को शानदार ज़िंदगी जीने का फ़ॉर्मूला सिखाते थे। हमने देखा कि ये युवा लोग घर जाकर इन सिद्धांतों को अपनाते और ख़ुद को एक अलग नज़रिये से देखते। ये सिद्धांत किसी भी उम्र, हर आर्थिक, शैक्षणिक और सामाजिक पृष्ठभूमि वाले लोगों पर लागू किए जा सकते हैं। ये सार्वभौमिक हैं। इक्लीज़ीएस्ट्स 7:13 में हमने पढ़ा है, "उस तरीक़े को देखो, जिसमें सृष्टिकर्ता ने चीज़ों को रचा और पंक्तिबद्ध किया है। प्रकृति के विरुद्ध मत लड़ो" (टी एल बी)। ग्लेन ब्लैंड ने अपनी शानदार किताब *सक्सेस* में इसी तथ्य पर टिप्पणी करते हुए कहा है, "जो लोग आपके मुक़ाबले अधिक योग्य हैं, आप उन्हें नहीं हरा सकते। मैंने कोशिश की और असफल रहा; इसलिए आप उनके साथ मिलकर चल सकते हैं, ताकि उनके स्वाभाविक नियम आपके लिए काम करें, आपके विरुद्ध नहीं! ...आप इन नियमों के ढाँचे के भीतर रहकर काम कर सकते हैं और तब सफलता और ख़ुशी आपके हाथ में होंगी" (पृ. 43)।

मुझे ग़लत न समझें। मैं यह नहीं कह रहा हूँ कि मैंने सभी सिद्धांतों को पूरी तरह सीख लिया है, ना ही मैं यह कहता हूँ कि शानदार ज़िंदगी जीने के लिए आपको इन सभी विचारों को अपनी ज़िंदगी में आज़माना होगा। बहरहाल, ये सिद्धांत मौजूद हैं। ये काम में आते हैं और अगर आप इन्हें समझने की कोशिश करेंगे और इन्हें अपनाएँगे तो पाएँगे कि आपकी ज़िंदगी ख़ुशनुमा एहसासों से भर गई है। अगले उत्साह भरे कुछ अध्यायों में हम सफल जीवन के 10 मुख्य सिद्धांतों पर चर्चा करेंगे। हर सिद्धांत के साथ एक संक्षिप्त कथन आएगा। इन सिद्धांतों और सार को अभी से अपने दिमाग़ में बैठाना शुरू करें। ये आपकी ज़िंदगी बदल देंगे!

देने का सिद्धांत

इनमें से पहला सिद्धांत देने का है। संक्षिप्त में इसे "दें और आप पाएँगे" कहते हैं। लोग इस सिद्धांत को अलग-अलग तरीक़े से व्यक्त करते हैं :

क्रिया और प्रतिक्रया का नियम, विकर्षण और आकर्षण का नियम, कारण और प्रभाव का नियम। बाइबल इसे बोने और काटने का नियम कहती है।

अगर आप मक्का बोते हैं, तो भुट्टा ही पाएँगे। मैंने भुट्टे के बीज से मूली उगते कभी नहीं देखी। अगर आप नफ़रत का बीज बोते हैं, तो आप क्या पाते हैं? अगर आप प्यार का बीज बोते हैं, तो क्या होता है? हज़ारों लोगों की भीड़ के बीच ऐसे सवाल किए जाना काफ़ी मज़ेदार होता है। ऐसी भीड़ में कॉलेज के प्रोफ़ेसर तक शामिल होते हैं, जो हमारी हर बात भुट्टा, जौ, नफ़रत, प्यार वगैरह को दोहराते हैं। यह दोहराव तब तक चलता है, जब तक कि हम पैसे तक नहीं पहुँच जाते। ख़ुद को ही जाँच लें। अगर मैं आपसे पूछूँ कि आप दस डॉलर का बिल बोते हैं, तो क्या पाते हैं? एक सेमिनार में कोई सहपाठी चिल्लाया था, "गंदी दौलत।" किसी दूसरे ने कहा था, "मूर्ख, तुम्हें अपने दिमाग़ की जाँच करानी चाहिए!"

मैं बाल्टीमोर जाने वाली फ़्लाइट में था और कुछ पढ़ते हुए अपने जीवन के मानसिक हिस्से को पोषण देकर समय का आनंद उठा रहा था। आधे रास्ते तक मैं उस किताब से चिपका रहा, जिसका नाम सामने से साफ़ नज़र आया। मेरी बग़ल में बैठे हुए व्यक्ति ने टिप्पणी की, "दिलचस्प किताब" और हमारी बातचीत शुरू हो गई।

मुझे उनके साथ बात करने में मज़ा आ रहा था। वे अपने अधिकतर जीवन में एक बिज़नेसमैन रहे थे, पर पिछले तीन वर्षों से मंत्रालय में जाने से पहले उन्होंने कॉर्पोरेट जगत से हाथ खींच लिए थे। वे अफ़्रीका में एक मिशनरी बनने के लिए बाइबल कॉलेज में गए। वे लोगों के बीच, अपने मिशन के प्रचार और उनसे सहायता माँगने के लिए, दुनिया भर में प्रतिनिधि के रूप में काम करते थे। मेरी उनसे मुलाक़ात से पहले, उन्हें परिवार सहित अफ़्रीका जाने के लिए पैसे रवानगी से ठीक दो दिन पहले ही मिले थे।

मैंने कहा, "क्या यह आश्चर्यजनक नहीं है कि ईश्वर ठीक हमारी ज़रूरत के वक़्त मदद करता है?" इसके बाद हमने कुछ मिनटों तक जीवन के उन अनुभवों के बारे में चर्चा की, जब ज़रूरत के वक़्त काम हो गया हो।

इस बीच अचानक ही मेरे भीतर से एक आवाज़ आई, "उन्हें सौ डॉलर

दो।" उस नन्हीं-सी आवाज़ पर मेरी पहली प्रतिक्रिया थी, 'मैं उनके बारे में ज़्यादा नहीं जानता। यह कैसे माना जा सकता है कि वे जो बता रहे हैं, करते भी हैं या नहीं?' विचार फिर उभरा, "उन्हें सौ डॉलर दो।" मैंने ख़ुद से कहा, "एक मिनट रुको, उन्होंने अभी बताया है कि उन्होंने रविवार की रात को ही अपने लिए ज़रूरी धन पा लिया है" जब हम बाल्टीमोर में उतरे, तो मैंने अपने नए साथी से कहा, "मुझे नहीं मालूम कि आप इस बारे में कैसा महसूस करेंगे। हम पहले कभी नहीं मिले हैं, पर कोई मुझसे बार-बार यह कह रहा है कि आपको सौ डॉलर की ज़रूरत है और मैं यह धन आपको देना चाहता हूँ।" मैंने रक़म निकालकर उन्हें सौंप दी। और उन्हें हक्का-बक्का छोड़कर प्लेन से उतर गया। मैंने उन्हें पहले कभी नहीं देखा था और दोबारा फिर कभी उनसे मिलने के आसार नहीं थे।

इस घटना के एक हफ़्ते बाद ही मैं अपने एक व्यापारी दोस्त के लिए भाषण देने देश के बाहर जा रहा था। उसने कहा था कि वह कोई पारिश्रमिक देने का वादा नहीं कर सकता, यहाँ तक कि वह मेरे सफ़र का ख़र्च तक उठाने की स्थिति में नहीं था, पर जब उसने बताया कि उसे मदद की ज़रूरत है, मैंने कहा, "मैं वहाँ आ जाऊँगा।" मैंने छह घंटे का एक सेमिनार किया और वापस घर आ गया। इसके एक हफ़्ते बाद ही मेरे सफ़र का ख़र्च पूरा करने वाला चेक घर आ गया और इसके बाद बारह सौ डॉलर का चैक उस भाषण के एवज़ में मुझे मिला, जिसके बारे में मुझसे कोई वादा नहीं किया गया था।

"ज़रा रुकें," आप कह रहे होंगे कि "क्या आप यह बताना चाह रहे हैं कि आपने उस एक सौ डॉलर के बदले में बारह सौ डॉलर पाए, जो आपने उस प्रतिनिधि को दिए थे?" ठीक है, सिद्धांत यही है कि आप जो देते हैं, वही पाते हैं। कभी-कभी यह आपके पास बड़े नाटकीय अंदाज़ में वापस आता है। किसी दूसरे समय में जब आप अपने उपहार को भूल जाते हैं, (जो प्रशंसनीय है) और जब आप इसे कहीं अधिक मात्रा में वापस पाते हैं, तो ख़ुश हो जाते हैं। बाइबल कहती है, "अगर आप देते हैं, तो आप पाएँगे भी! आपका उपहार आपके पास और ज़्यादा पैमाने में लौटेगा। रुकें, औरों के लिए मिलकर जगह बनाएँ और चल पड़ें। छोटा या बड़ा,

देने के लिए जो भी मात्रा आप इस्तेमाल करते हैं; वही आपके पास वापस लौटने में इस्तेमाल होगी" (ल्यूक 6:36)।

देने का पहला मूल आधार

अगर देने का सिद्धांत सच है, जिसे मैं सच मानता हूँ, तो उससे जुड़े ये तीन कथन भी सही हैं। ये इस शक्तिशाली सिद्धांत का आधार बनाते हैं। विश्वास का पहला आधार यह है : पाने के लिए कुछ देना नहीं पड़ता जैसी कोई सच्चाई नहीं है। मुफ़्त लंच की कोई अवधारणा नहीं है। बहरहाल, हम रोज़ाना उन दिलकश विचारों से घिरे रहते हैं, जो हमें यह बताने की कोशिश करते हैं कि हम बिना कुछ दिए बहुत कुछ पा सकते हैं।

एक महिला को एक पत्र मिला, जिसमें लिखा था कि वह पाम स्प्रिंग में किसी जगह पहुँचे और साथ में आया कूपन लौटाए, तो उसे एक इनाम मिलेगा। पत्र में कहा गया था कि वह दस हज़ार डॉलर तक जीत सकती है। वह महिला 95 डिग्री तापमान पर बिना एयरकंडीशन के दो घंटे तक कार चलाकर वहाँ पहुँची और अपना "इनाम" पाया : एक घटिया कैमरा, जिसमें भद्दी तस्वीरें थीं। बहरहाल, वह बहुत दूर आ चुकी थी, सेल्समैन ने उसे बताया कि उसे एक शानदार ज़मीन देखनी चाहिए, जो वह बहुत कम क़ीमत में ख़रीद सकती है और उसके पास इसके सिवा कोई चारा ही नहीं था!

संवाद के क्षेत्र में ऐसे कई लुभावने संदेश भरे पड़े हैं, जो हमें यह मानने के लिए उकसाते हैं कि हम बिना दिए कुछ पा सकते हैं। ये मासूम खेल हमारे विचारों को उस दिशा में ले जाने की राह दिखाते हैं, जहाँ ज़्यादातर जवाब ज्ञान या प्रतिभा पर नहीं, बल्कि क़िस्मत पर आधारित होते हैं। संदेश साधारण है : अगर हम क़िस्मत वाले हैं; तो ज़िंदगी हमें सही पते तक ले जाएगी और हम एक सफ़र, एक कार या ऐसा ही कुछ भी जीत सकते हैं।

बिना कुछ दिए पाने के इस दर्शन से पूरा लास वेगास पटा पड़ा है, जैसे कि यह हमारी ज़िंदगी के दूसरे कई क्षेत्रों में छाया हुआ है। ज़िग ज़िगलर कहते हैं, अजीब यह (या पाखंड) है कि ज़िम्मेदार लोग "मुफ़्त लंच नहीं" और "आप कुछ दिए बग़ैर कुछ पा नहीं सकते" के दर्शन से सहमत रहते

हैं, पर वैध जुए, घुड़दौड़, कुत्तों की दौड़ और राज्य की लॉटरियों के पक्ष में रहते हैं। कोई आश्चर्य नहीं है कि युवा इस बारे में भ्रमित रहते हैं कि उनके मम्मी-पापा वास्तव में किस पर विश्वास करते हैं।" (*सी यू एट द टॉप*, पृ. 304)। यह एक व्यापक दर्शन है, जो राजनीतिक और धार्मिक क्षेत्रों में भी प्रवेश पा चुका है, लेकिन अवचेतन मस्तिष्क कुछ पाने के लिए न देने की वास्तविकता को स्वीकार नहीं करेगा।

मुझे कई बार कुछ लोगों के ऐसे हैरत भरे कॉल आते हैं, जो सोचते हैं कि मैं 'ज़मीनी व्यापार' के बारे में सुनना चाहता हूँ। एक साथी ने मुझे फ़्लोरिडा से फ़ोन किया और कहा, "मैं इस क्षेत्र में एक नया कार्यक्रम ला रहा हूँ। मैंने आपको इसीलिए फ़ोन किया, क्योंकि आप एक अच्छे बिज़नेसमैन हैं और शायद इसमें दिलचस्पी लें।"

ओह, मैंने सोचा *कि अब कोई काम की चीज़ आई।*

उसकी योजना के बारे में उत्सुकता से मैंने पूछा, "मुझे इस बारे में और बताएँ। आप क्या बेचते हैं?" उसके जवाब पर हँसी रोक पाना मेरे लिए मुश्किल हो गया "हमारे पास एक जाल है।"

मैंने कहा, "मैं जानता हूँ, पर आप बेचते क्या हैं?" स्पष्ट रूप से कहूँ, तो मैं हैरान था कि उसने शुरुआत में ही इतनी आसानी से अपने घपले का प्रदर्शन कैसे कर दिया।

"अच्छा, आप देखें, हम एक जाल बेच रहे हैं।"

मैं उस पर विश्वास नहीं कर पा रहा था, "मैं यह जानता हूँ, पर उत्पाद क्या है?"

मैंने एक बढ़िया चूहे पकड़ने के जाल बनाने के बारे में सुना, पर मैं निश्चित नहीं था कि उसका क्षेत्र विस्तृत है। हम रैंच में बिल्लियाँ रखते हैं।

पर मेरा साहसी कॉलर डटा रहा, "यह इस तरह का अकेला जाल है, जो सिंक के अंदर रहता है। अब तक के जालों में बेहतरीन। भाई, यह चीज़ अब तक की लाजवाब चीज़ होगी। आप इसे खींचकर बाहर निकाल सकते हैं, साफ़ कर सकते हैं; फिर खींच सकते हैं और फिर लगा सकते हैं। कोई समस्या ही नहीं है।"

"यह वाक़ई उत्साहजनक है," मैंने सपाट लहज़े में कहा। "आप अगले

महीने ग्राहक को क्या बेचने जा रहे हैं?"

वह चहका, "कंपनी कई नए उत्पादों पर काम कर रही है। देखिए आपको सिर्फ़ इसमें शामिल होना है और बस, पैसे की बरसात होने देना है।"

वह मुझसे वही बरसों पुराने कुछ पाने के लिए कुछ न देने के दर्शन का वादा कर रहा था; उसने मुझे आश्वस्त किया कि मुझे कुछ भी नहीं बेचना होगा। मुझे सिर्फ़ इतना करना था कि अपने मौजूदा बिज़नेस एसोसिएट्स को काम पर लगाऊँ और बस बैठकर चाँदी काटूँ।

मैंने ऐसा ही किया। मैंने कहा, "अगर आपने कुछ बहुत अच्छा पा लिया है, तो आप ख़ुद ही क्यों नहीं जाते और अपना बिज़नेस शुरू कर लेते? किसी भी दूसरे व्यक्ति के बिज़नेस में भर्ती होने की कोशिश न करें।"

मज़ेदार बात यह है कि मैंने हमारे क्षेत्र में इस कंपनी के बारे में कभी नहीं सुना था। आधुनिक ज़माने में क़ालीन पर बैठकर भीख माँगने वाले ये लोग या तो किसी दूसरे मार्ग पर चल पड़े होंगे अथवा आसपास ही लुढ़क गए होंगे।

हर जगह यही दर्शन अपनी पैठ बनाए हुए है। किसी कंपनी के पर्सनल ऑफ़िसर ने एक युवती से कहा था, "आप कुछ हफ़्तों के लिए काम करने क्यों नहीं आ जातीं? तब तक मैं भी आपकी क़ाबिलियत देख लूँगा और आप भी बेरोज़गारी का हर्ज़ाना पा सकती हैं।"

राजनीतिक क्षेत्र में हमसे वादा किया जाता है कि अगर हम सही आदमी को वोट देंगे, तो हमें बिना अतिरिक्त क़ीमत के अतिरिक्त सेवाएँ मिलेंगी।

टीवी के विज्ञापनों में एक टूथपेस्ट के ट्यूब की क़ीमत के लिए जीवन भर सुकून भरे सामाजिक अनुभव का वादा किया जाता है।

देने का दूसरा मूल आधार

कहा जाता है कि देने वाले तीन प्रकार के होते हैं : चकमक पत्थर, स्पंज और शहद का छत्ता। चकमक पत्थर से कुछ पाने के लिए आपको उस पर चोट करनी होती है, तब आप चिंगारी पाते हैं। स्पंज में से पानी निकालने के लिए आपको इसे दबाना पड़ता है। जितना ज़्यादा आप इसे दबाते हैं,

उतना ज़्यादा पानी आपको मिलता है, पर शहद का छत्ता अपनी ही मिठास से बह निकलता है।

हम सभी शहद के छत्ते की तरह हैं, क्योंकि हममें से हर एक के पास देने के लिए कुछ है।

देने के सिद्धांत का दूसरा मूल आधार यही है : हमारे पास देने के लिए हमेशा कुछ-न-कुछ होता है।

यहाँ मेरी या आपकी ग़रीबी जैसी कोई बात नहीं है। अगर हम एक ऐसे ब्रह्मांड में रहते हैं, जहाँ एक सिद्धांत यह है कि आप देते हैं, तो पाते हैं और एक जाना-माना आधार यह भी है कि कुछ न पाने के बदले कुछ देने जैसी कोई चीज़ नहीं है, तब तार्किक रूप से भी यह कहा जा सकता है कि हमारे पास पाने के बदले देने के लिए कुछ तो ज़रूर है। इसी क्रम में यह भी सच है कि हमारे पास देने के लिए हमेशा कुछ-न-कुछ होता है अथवा यह एक पक्षपाती ब्रह्मांड है।

आप सोच में पड़ सकते हैं। *आप सोच सकते हैं कि यह सही नहीं है, क्योंकि मेरे पास देने के लिए कुछ नहीं है। मेरे पास कोई बड़ी प्रतिभा या क्षमता नहीं है। मैं बोल नहीं सकता। मेरे पास ज़्यादा पैसे नहीं हैं। मैं एक गृहिणी मात्र हूँ। मैं एक इलेक्ट्रीशियन ही हूँ। मैं केवल एक प्लम्बर हूँ। मैं एक छात्र भर तो हूँ। मैं केवल एक बूढ़ा, सेवानिवृत्त, ठुकराया हुआ इंसान हूँ।* एक मिनट ठहरिए! आप 'केवल मात्र' कुछ भी नहीं हैं। आप ईश्वर द्वारा रची गई एक ख़ूबसूरत, अनूठी और अद्भुत रचना हैं, जिसे अपनी सोच के मुताबिक़ कुछ भी कर पाने की योग्यता और क्षमता से नवाज़ा गया है! आपके पास देने के लिए हमेशा ही कुछ है।

हम अपनी क्षमताओं के संचयगृह से क्या दे सकते हैं? हम सभी के पास अलग-अलग उपहार हैं : कुछ लोग पेंटिंग कर सकते हैं, गा सकते हैं या लिख सकते हैं। दूसरों के पास कुछ बनाने, हाथों की कारीगरी या गणित समझने जैसी प्राकृतिक योग्यताएँ हैं। बहरहाल, एक ऐसी चीज़ भी है। जो हम सब दे सकते हैं : हर कोई तारीफ़ भरा एक शब्द दे सकता है। पृथ्वी नामक इस ग्रह पर रहने वाले मेरे और आप जैसे इंसान प्रशंसा के बल पर सफल होते हैं। हम तारीफ़ से बनते हैं और आलोचना से नष्ट हो जाते हैं। प्रोवर्ब्स के लेखक ने कहा है, "मीठे शब्द शहद के समान

आनंददायी और सेहतमंद होते हैं" (प्रोवर्ब्स 16:24 टी एल बी)। रचनात्मक आलोचना एक ऐसा अंदाज़ है, जो नष्ट करने के समान ही ग़लतियाँ ढूँढ़ने में मददगार होता है। जो व्यक्ति हरदम पक्षी की तरह रटता रहता है, "अब मुझे केवल मदद करने से मतलब है।" वह प्रार्थना करने वाले व्यक्ति से कहीं ज़्यादा एक शिकारी पक्षी हो सकता है।

आप जो भी देते हैं, वही पाएँगे। अगर आप तारीफ़ करते हैं, तो तारीफ़ पाएँगे, जो आपको सशक्त बनाती है। जब आप आलोचना कर रहे होते हैं; तो आप ख़ुद को नष्ट करने की प्रक्रिया में होते हैं।

माँ कहती है, "कीथ, तुमने वाक़ई मेरी मदद की। मैं सोच भी नहीं सकती कि तुम्हारी मदद के बिना मैं ख़रीदारी कैसे कर पाती।" इस पर कीथ ऐसे व्यवहार में जवाब देता है, जिससे प्रशंसा प्रकट होती है।

अगर माँ कहती, "कीथ, तुम एक आलसी मददगार हो। किराने का सारा सामान लादे-लादे मेरी कमर टूट रही है।" कीथ इस आलोचना को मन में रख लेता और अगली बार मौक़ा मिलते ही वह इसे अपनी छोटी बहन पर थोप देता : "तुम किसी भी काम में अच्छी नहीं हो। तुम कमरे की सफ़ाई करने में मेरी मदद क्यों नहीं करतीं?"

नब्बे दिन की चुनौती

मैं जब भी किसी सेमिनार में नब्बे दिन की चुनौती देता हूँ, तो तीव्र प्रतिक्रियाएँ मिलती हैं। चुनौती यह है : अगले नब्बे दिनों तक अपने जीवनसाथी की सारी आलोचनाओं को एक किनारे कर दें। अगर आप शादीशुदा नहीं हैं, तो इस चुनौती को उस व्यक्ति पर अपनाएँ, जिसके साथ ऐसा कर पाना आपके लिए मुश्किल हो। यह भाई, बहन, माता-पिता अथवा आपको रोज़गार देने वाला, कोई भी हो सकता है, जिसने आपकी रोज़मर्रा की ज़िंदगी को नर्क बना रखा हो। वह जो भी हो, तीन महीनों के इस अंतराल में केवल आलोचना को ही नज़रअंदाज न करें, बल्कि उसकी अच्छाई को देखें और तारीफ़ करें।

एक चर्च कॉन्फ्रेंस में मेरे द्वारा यह चुनौती देते ही किनारे पर खड़ी एक युवती सीधे मेरी तरफ़ देखते हुए आगे आई। मैंने उम्मीद की कि वह अपने से पहले की पंक्तियों को तोड़े बिना वहीं रुक जाएगी। वह सामने से

पाँचवीं पंक्ति में थी, जब वह मेरी तरफ़ उँगली उठाकर चीख़ पड़ी, "इधर देखिए, मि. रॉस, अगर मैं ऐसा करती हूँ, तो मैं उससे बातचीत तक नहीं कर पाऊँगी।"

वह गंभीर थी। मैंने कहा, "ओह! एक मिनट रुकें। आपके पति में कुछ तो अच्छा ज़रूर होगा, नहीं तो आप सारी दुनिया को छोड़कर उससे शादी नहीं करतीं। मैं यह सब एक सैद्धांतिक कथन के तौर पर नहीं कह रहा था, पर वह सारे हथियार छोड़कर सोच में पड़ गई और बोली, "ठीक है, मुझे यह सही लग रहा है।"

एक बार एक दंपति ने मुझसे कहा, "स्किप, हम तुम्हें बताना चाहते हैं कि तुम्हारा सेमिनार हमें पसंद आया और हमने नब्बे दिन की चुनौती स्वीकार करने का निश्चय किया।

मैंने मुस्कुराते हुए कहा, "यह बड़ी अच्छी बात है। मैं हमेशा बहुत ख़ुश होता हूँ, अगर लोग इसे अपनाने का एक प्रयास करते हैं।"

पति ने तेज़ी से कहा, "आपको एक बात जाननी चाहिए" "हमने आपकी चुनौती को शुरू में मात्र डेढ़ घंटे के लिए अपनाया था, पर अब तक हम चार बार ऐसा कर चुके हैं!"

वे मेरी ख़ुशनुमा प्रतिक्रिया की आशा में थे, "आप जितने ज़्यादा समय तक जारी रखने की इच्छा करते हैं, हम उतने ही अच्छे संबंध बना पाते हैं। अगर आप इसे दोबारा शुरू नहीं करते, तो सारी प्रक्रिया के साथ हमारी वास्तविक समस्याएँ पैदा होती हैं।"

एक महिला कठोर मुखमुद्रा लिए मेरे पास आई और बोली, "देखिए, मैं अपने पति की आलोचना नहीं करूँगी, पर क्या मैं इस बारे में सोच सकती हूँ?"

नहीं, मुझे अफ़सोस है, इस तरह से बात नहीं बनेगी। आलोचनात्मक सोच आलोचना करने के समान और कभी-कभी तो इससे भी गई-बीती होती है, क्योंकि आप मन में द्वेष पालते हैं और यह पनपता रहता है।

एक व्यक्ति अपना अलग ही नियम बनाना चाहता था, "स्किप, मैं नब्बे दिनों तक आलोचना को मन में छिपाकर रखूँ और 91वें दिन अपनी पत्नी को सब बोल दूँ, तो चलेगा?" नहीं।

नब्बे दिनों के लिए सारी आलोचना छोड़ दें।

मेरे एक अन्य मित्र ने अपने घर की तस्वीर कुछ इस तरह से पेश की : "मैं सवा छह बजे घर पहुँचा और मुझे डिनर तैयार होने की उम्मीद थी, क्योंकि 6.45 बजे मुझे घर से निकलना था और पूरा एक घंटा ड्राइव करने के बाद एक मीटिंग में भाग लेने पहुँचना था। मैंने सुबह पाँच बजे से पूरा दिन ऑफ़िस में जमकर काम किया था। बस, काम पूरा कर घर के लिए निकलना और फिर काम पर निकलने के लिए घर पहुँचना था। मेरे पास एक कौर खाने और कपड़े बदलने के लिए चंद मिनट थे। मैं किचन में पहुँचा और पता चला कि डिनर बनना तो दूर, उसकी तो शुरुआत तक नहीं हुई है। क्या आप अब भी यही कहते हैं कि मुझे अपनी पत्नी से कुछ नहीं कहना चाहिए?"

यही सही है! कोई आलोचना नहीं।

अच्छे पक्ष को देखें। तारीफ़ में एक शब्द कहें। यह आपकी ज़िंदगी बदल देगा। अगर आप 36 दिनों तक इस चुनौती पर चलें और फिर एक दिन चूक जाएँ, तो क्या करना है? फिर इसी चुनौती पर पहले ही दिन शुरुआत करें। इस चुनौती को लगातार 90 दिनों तक अपनाएँ।

एक दंपति ने इस चुनौती को स्वीकार करना तय किया और पाँच दिन के बाद ही उनके छह साल के बेटे ने आकर पूछा, "मम्मी, डैडी को क्या हुआ है?" उसने कहा, "क्यों? तुम क्या कहना चाहते हो?"

"मैं नहीं जानता," बेटे ने कहा, "पर वे बदल गए हैं।"

उसने अपने बेटे को 90 दिनों की चुनौती के बारे में बताया और नन्हा उत्साह से भर गया तथा उसने अपने सारे भाई-बहनों को बता दिया कि मम्मी-डैडी क्या कर रहे थे। उन सभी ने 90 दिनों के लिए किसी भी आलोचना से बचने का निश्चय किया। उन्होंने मुझे एक पत्र भेजकर बताया कि इतने वर्षों में पहली बार पूरा परिवार एक साथ था।

हमारे युवा सर्किल 'ए' कैंप में शामिल हो चुके युवाओं में से एक ने हमें लिखा : "अगर आपको मेरी याद नहीं है, तो मैं वही हूँ, जिसने अपनी बाँह पर चोट लगा ली थी। मैं आपको यह बताना चाहता हूँ कि हमने वहाँ एक्स-रे करवाया और परीक्षण करने वालों का कहना है कि यह पहले से

काफ़ी अच्छा है। मुझे अभी तक अपना ख़र्च नहीं करना पड़ा है। मेरा एक ख़्वाब पहले ही सच हो गया है। मुझे एक स्केटबोर्ड मिला है। और जहाँ तक अपने परिवार में किसी एक के प्रति अच्छी सोच रखने की चुनौती का मामला है... मैंने दो को चुना है क्योंकि मैं अपने दिमाग़ को एक के लिए तैयार नहीं कर पाया। मैंने एक के ऊपर तो इसे आज़माना भी शुरू कर दिया है।"

लगातार नब्बे दिनों तक प्रशंसा करें और यह आपकी ज़िंदगी बदल देगा। आप जो देते हैं, वही पाएँगे और तारीफ़ पाने की प्रक्रिया में आप प्रोत्साहित होंगे और एक बेहतर इंसान बन जाएँगे।

देने का तीसरा मूल आधार

हमारे आधार का अंतिम तत्व यही है : आप हमेशा पाने की उम्मीद का साथ देते हैं। इस तरह की कुछ ख़तरनाक अवधारणाएँ आजकल लोगों द्वारा बताई जा रही हैं, जो आपको यह भरोसा दिलाते हैं कि अगर आप देते हैं, तो पाएँगे। आप कहेंगे, "आपने भी अभी ऐसा ही कहा, क्या ऐसा नहीं है?" नहीं, मैंने जिस तरह समझा है, उस हिसाब से देने और पाने के लोकप्रिय दर्शन का पैमाना कुछ अलग है। देने और पाने की बात बताने वाले लोग आपको यह सिखाते हैं कि आप किसी व्यक्ति को कुछ ख़ास चीज़ उस व्यक्ति से कुछ परिणाम पाने के लिए देते हैं। यह जीवन का शक्ति हस्तांतरण है। यह किसी का ख़्याल रखने का नपा-तुला प्रयास है। यह थोड़े समय तक काम आ सकता है। बहरहाल, यह एक लालच भरा, स्वार्थी दर्शन है और अपने भागीदारों को केवल नुक़सान पहुँचा सकता है।

देने का सिद्धांत यह है कि आप बार-बार यह जाने बिना देते हैं कि यह कब और कैसे आपके पास लौटेगा, पर आपको यह उम्मीद रहती है कि आख़िरकार आप कुछ पाएँगे ज़रूर। जब यह आपके पास आए, तो इसे खुले दिल से स्वीकार करें।

कई लोग देने में बड़े कुशल होते हैं, पर पाने की कला में नहीं होते। मैंने एक बच्चे, एक किशोर और एक कॉलेज स्टूडेंट के रूप में इस मामले में संघर्ष किया है। मैंने चर्च में ऐसे लोगों की ज़िंदगी को क़रीब से देखा है, जो ख़ुद तो बढ़-चढ़कर देते हैं, दूसरों की सेवा करने में सबसे पहले

उपलब्ध रहते हैं, पर दूसरों को उन्हें कुछ देने की अनुमति नहीं देते।

हममें से कई लोग यह ग़लती करते हैं : कोई आकर कहता है, "बड़ी सुंदर पोशाक है। अपनी आँखों में ज़रा संकोच के भाव लाकर आप कहते हैं, "यह तीन साल पुरानी है।" उन्होंने आपसे पोशाक की उम्र नहीं पूछी थी; वे केवल आपकी तारीफ़ कर रहे थे। "आप एक शानदार जवाब दे सकते थे।" आपका जवाब है, "अगर उन्होंने मुझ पर ज़्यादा ध्यान दिया, तो मुझे और बेहतर जवाब देना चाहिए।"

जब हम साधारण तारीफ़ों को ग्रहण करने के अनिच्छुक रहते हैं, तो हम देने और पाने के सिद्धांत के दायरे को समेट देते हैं। तारीफ़ को गरिमा के साथ धन्यवाद देकर स्वीकार करें और इसे अपने पास बार-बार आने का मौक़ा दें। यह ज़िंदगी का एक शानदार अनुभव है। आप जितनी तेज़ी से तारीफ़ करने की कोशिश करते हैं, यह उतनी ही तेज़ी से आप तक लौटती है।

एक दोस्त ने यह पत्र लिखा :

"आपके सेमिनार में आपने कई नियमों की चर्चा की, जिनमें से एक है देने का नियम। यह काम करता है। मैंने कई अवसरों पर इसका उपयोग किया है। सबसे ज़्यादा नाटकीय घटना कुछ इस तरह रही।

"कई हफ़्तों पहले हमारी कंपनी के प्रेसीडेंट ने एक घोषणा की; जिसके अनुसार कंपनी की आर्थिक स्थिति के मद्‌देनज़र इस वर्ष तनख़्वाह में कोई बढ़ोतरी नहीं की जानी थी। कंपनी की इससे पहले हुई बैठक का निर्णय जानकर मैंने यूनाइटेड वे नाम की संस्था को धन देने का निश्चय कर लिया था, जिस पर मेरा बहुत विश्वास था। हालाँकि मैं कंपनी में सबसे कम तनख़्वाह पाने वालों में से एक था, पर मैंने दूसरों से दोगुना पैसा इस संस्था को दिया!

"किसी ने मुझसे पूछा कि मैं इतना ज़्यादा देने की क़ूवत कैसे रखता हूँ। मैंने उसे बताया कि मैं धन गँवाने की स्थिति में नहीं हूँ। मैंने उन्हें देने या बोने और उगाने के नियम के बारे में बताया।

"इसके बाद दूसरे ही दिन मुझे मेरा कर्मचारी मूल्यांकन मिला और क्या आप विश्वास कर सकते हैं... उन्होंने मेरी तनख़्वाह बढ़ा दी! उस वर्ष बढ़ोतरी पाने वाला मैं अकेला व्यक्ति था।

"अच्छा, स्किप कुछ लोग कह सकते हैं कि मेरी तनख़्वाह बढ़ना मात्र संयोग था। हो सकता है, पर मैं मानता हूँ कि सिद्धांत काम करता है।"

यह सिद्धांत जीवन के हर क्षेत्र में प्रभावी रूप से काम करता है। इसे अपनी दी हुई चीज़ वापस पाने के लिए ईश्वर को रिश्वत देने के रूप में नहीं देखा जाना चाहिए। मेरे नज़रिये से देने का सिद्धांत एक भंडार के विकास के साथ शुरू होता है, जिसमें से हम एकदम अनजाने रूप में देते रहते हैं। जितना हम देते हैं, उससे ज़्यादा वापस पाते हैं। यह हमारे उसी भंडार में बढ़ता रहता है, जिससे हम देते हैं।

"देते रहना और समृद्ध रहना संभव है! यह भी संभव है कि धन को दबोच कर रखा जाए और हर चीज़ गँवा दी जाए। हाँ, उदार मनुष्य अमीर हो सकता है! दूसरों को पानी पिलाकर, वह ख़ुद तर हो जाता है" (प्रोवर्ब्स 11:24, 25, टी एल बी)।

देना और पाना

मैंने एक मुस्कुराहट दी, जो दूर तक चली गई
ज़िंदगी के परेशानियों भरे समंदर में।
और मेरी उम्मीद से कहीं बढ़कर लोगों ने
इसे वापस मेरी तरफ़ पहुँचा दिया।

मैंने फुसफुसाते हुए एक हाथ दिल पर रखा,
"ये बादल छँट जाएँगे।"
मैंने महसूस किया कि मेरी ज़िंदगी दुआओं से भरी थी।
उस पूरे दिन के हर घंटे में।

मैंने ख़ुशी से भरा एक विचार भेजा
जहाँ दुखों की जमावट थी,
और बहुत ही जल्द मैंने पाया,
मेरे भंडार में आनंद समा गया।

मैंने बुद्धिमानी से अपने ज़रा-से ख़ज़ाने को बाँटा,

मेहनत से कमाए चंद सोने के सिक्के;
पर आज वे खिलकर वापस लौटे हैं,
पहले से सौगुना होकर।

मैंने किसी एक की पहाड़ पर चढ़ने में मदद की,
एक छोटा-सा काम :
इसके बावजूद इसने बड़ा इनाम दिया,
एक नई दोस्ती की शुरुआत।

हर सुबह उठकर मैं सोचता हूँ,
मैं कैसे हासिल कर सकता हूँ,
मैं जानता हूँ कि पहले से सेवा कर,
पहले से दे कर मैं पाता हूँ।

– थॉमस गेन्स

5

अपने द्वार की पहरेदारी करो

सिद्धांत # 2: रोकने का सिद्धांत
"अनचाहे को छोड़कर चाहतों के लिए जगह बनाओ।"

जब मैंने पहली बार अनचाही चीज़ों को छोड़कर चाहतों के लिए जगह बनाने की अवधारणा को जाना, तो मैंने सोचा कि यह पागलपन है। कुछ पति, जो अपनी पत्नियों के द्वारा इस सिद्धांत को उनके वार्डरोब पर आज़माते हुए पाते हैं, वे मुझे पुराने सल पड़े कपड़े पहने होने की उम्मीद कर सकते हैं। पर ज़रा सुनिए।

कुछ वर्षों पहले मुझे कहा गया था कि मैं घर जाऊँ और अपनी अलमारी से हर उस कपड़े को निकाल फेंकूँ, जिसे मैंने पिछले एक साल से नहीं पहना। इसके पीछे अवधारणा यह थी कि जितने लंबे समय तक ये कपड़े आपकी अलमारी में टँगे रहेंगे, आपकी ऊर्जा, आपके नज़रिये पर नकारात्मक ऊर्जा देती रहेगी और नए कपड़ों को पाने की संभावना पर भी विराम लगाती रहेगी। जब मैंने इसे सुना तो सोचा, कितनी *मूर्खतापूर्ण* बात है। ज़िंदगी के उस मोड़ पर मेरे पास ज़्यादा कपड़े नहीं थे और मैं नए कपड़े ख़रीदने की क्षमता नहीं रखता था। बहरहाल, मैंने किसी भी तरह इस चुनौती को अपनाने का निश्चय किया और इस सोच के साथ अपनी अलमारी तक गया कि उसमें एक या दो शर्ट्स या एकाध टाई होगी। काम पूरा करने से पहले ही मैं चार बक्से भरकर कपड़े निकाल चुका था। उनमें से कुछ को तो मैंने चार या पाँच वर्षों से नहीं पहना था।

मेरे हाथ मेरे पसंदीदा स्पोर्ट कोट पर अटक गए थे। मैं इससे अलग कैसे हो सकता था? यह एक बहुत ही महँगा कोट था, एक ऐसी चीज़, जिसे पहनकर मैंने हमेशा ख़ुद को समृद्ध महसूस किया। निश्चित रूप से, वह आउट ऑफ़ स्टाइल हो चुका था, उसकी कॉलर फट रही थी और कोहनियाँ घिस गई थीं, पर मैं उस कोट के साथ भावनात्मक रूप से जुड़ा हुआ था। उसे पहनने के साथ अमीर होने, अच्छा दिखने, दूसरों को आकर्षित करने की भावनाएँ जुड़ी हुई थीं। मैंने सोचा कि अगर मैंने उस कोट को निकाल फेंका, तो मैं इन ख़ुशगवार लम्हों का एहसास दोबारा कभी नहीं कर सकूँगा। मैंने अपने साहस को मज़बूत किया और उस कोट को सैलवेशन आर्मी बॉक्स में भर दिया।

हम भौतिक चीज़ों के बजाय नज़रियों से कहीं ज़्यादा भावनात्मक जुड़ाव रखते हैं। हमने कई चीज़ों के बारे में कुछ आदतें विकसित कर ली हैं। यही आदतें हमारा नज़रिया बन चुकी हैं। हम अपने ख़ुद के, दूसरों के, रिश्तों के, अभिभावकों और बच्चों के बारे में भी एक नज़रिया रखते हैं। इनमें से कुछ नज़रिये तो इतने नकारात्मक हैं कि वे ज़िंदगी, कैरियर और शादी तक को बर्बाद कर देंगे। एक बार दिमाग़ में बैठ जाने के बाद ये अंदाज़ इन्हीं के समान सोच को आकर्षित कर ख़ुद को मज़बूत बना लेते हैं।

गणित के एक एम आई टी प्रोफ़ेसर नॉरबर्ट वीनर साइबरनेटिक्स के अध्ययन क्षेत्र में पहचाने जाने वाले अकेले वास्तविक मार्गदर्शक थे। 1947 में उन्होंने *साइबरनेटिक्स* नाम की एक किताब प्रकाशित की, जिसमें उन्होंने बताया कि तंत्रिकारूप में भी नकारात्मक सोच के पास अपने समान विचारों को आकर्षित करने की योग्यता रहती है। मस्तिष्क के आधुनिक शोध के साथ इस विचार को मिलाकर हम इसके काम करने की एक शारीरिक व्याख्या तैयार कर सकते हैं।

"कैलिफ़ोर्निया इंस्टीट्यूट ऑफ़ टेक्नोलॉजी के प्रोफ़ेसर रोजर स्पेरी ने यह प्रमाणित किया है कि न्यूरॉन्स (मस्तिष्क की कोशिकाएँ) 'व्यक्तिगत पहचान टैग, प्रकृति के अणुओं' को ग्रहण कर एक-दूसरे को पहचानने की योग्यता विकसित कर लेती हैं। ... इसके बाद ये न्यूरॉन्स इन पहचान टैग्स को स्थानांतरित कर अधिक से अधिक न्यूरॉन्स को अपनी आदतों से जुड़ी गतिविधियों में शामिल कर एक दोहराव भरा विचार बना लेते हैं"

(*साइकोफ़ीडबैक* : पृ. 76)।

दूसरे शब्दों में, नकारात्मकता नकारात्मक को और सकारात्मकता सकारात्मक को आकर्षित करती है।

नकारात्मक लोग फ़ज़ूल होते हैं

जीवन रूपी युद्ध के मैदान में जिस पहली चीज़ के विरुद्ध मैं लड़ाई छेड़ना चाहता हूँ, वह है लोगों की नकारात्मकता। अपने आप को, अपने जीवनसाथी अथवा अपने बच्चों के अलावा आपको हर ऐसे नकारात्मक व्यक्ति से दूर भागने की ज़रूरत होती है, जिसका नज़रिया आपको आँसुओं में डुबो देगा। एक बिज़नेसमैन ने मुझसे कहा, "आप समझ नहीं रहे हैं। मेरी नौकरी में नकारात्मक लोगों से घिरे रहने की ज़रूरत है।" सही है, ऐसी कई नौकरियाँ हैं, जिनके माहौल में नकारात्मकता पैदा होती है। सुनने में यह बात कठोर लग सकती है, पर अगर आप इनसे निपट नहीं सकते और इन नज़रियों को घर तक ले आते हैं, तो आपको ऐसी नौकरी छोड़ देने की ज़रूरत है।

ऐसे ही एक सेमिनार में मेरी बात सुनने के दो हफ़्ते बाद मेरे एक मित्र ने बताया कि उसने एक निर्णय लिया था। उसने कहा, "मैंने अपना पूरा बिज़नेस बेचने और पार्टनरशिप ख़त्म करने का फ़ैसला लिया। इससे मुझे हज़ारों डॉलर का नुक़सान होगा, पर मेरे पार्टनर के अंदर इतनी नकारात्मकता भरी है, जिसे मैं लंबे समय तक बर्दाश्त नहीं कर सकता।"

यह एक बड़ा क़दम है। बहरहाल, जो व्यक्ति ख़ुश, ज़िंदादिल, सकारात्मक लोगों के साथ रहता है, वह ख़ुद भी बेहतर इंसान बन जाता है। किसी ने कहा है, "एक व्यक्ति की असल पहचान उस संगत से होती है, जिससे वह बचता है।"

मैं सफल लोगों से बचकर रहने का आदी था। मैं सोचा करता था कि उनके पास समय नहीं होगा या वे मुझमें रुचि नहीं लेंगे। बहरहाल, मेरी ज़िंदगी में बदलाव आने के साथ मैं ऐसे लोगों के ज़्यादा-से-ज़्यादा संपर्क में आता गया, जिन्होंने कोई-न-कोई उपलब्धि हासिल की थी। मैंने पाया कि वे किसी भी अन्य व्यक्ति की अपेक्षा बात करने और अपने विचार बाँटने के ज़्यादा इच्छुक रहते हैं। यही एक वजह है, जिसने उन्हें आज इस

मुक़ाम तक पहुँचाया है। सफल लोगों की सफलता के पीछे एक बड़ा कारण उनके द्वारा लोगों की परवाह किया जाना है। वे उनके साथ समय बिताने के इच्छुक रहते हैं।

जब मैंने रोकने के इस सिद्धांत को ख़ुद पर आज़माना शुरू किया था, तब मेरे ऐसे कुछ दोस्त थे, जो "आप कैसे हैं?" जैसे साधारण सवाल का जवाब भी अपनी बीमारी और बदक़िस्मती की लंबी गाथा सुनाने के साथ दिया करते थे। मेरा पेट गुड़गुड़ाने लगता और अंदाज़ तिलमिलाने लगता। अंततः मैंने इस सिलसिले को यहीं रोकने और कमान अपने हाथ में लेने की ठान ली। एक दिन मैंने कहा, "देखो दोस्तो, मैं आप लोगों को पसंद करता हूँ और आपकी क़द्र करता हूँ, पर तीन में से एक चीज़ हो रही हैं, या तो आप मेरी रामकहानी सुनने आ जाते हैं या मैं आपकी रामकहानी सुनने आ जाता हूँ अथवा हम साथ बैठकर दुखड़ा रोने लगते हैं। हमारे पास यही तीन काम रह गए हैं।" सच्चाई का झटका अपना असर दिखाने लगा और मैंने अपनी बात जारी रखी, "मैं आपका सम्मान करता हूँ और आपके साथ समय बिताना पसंद करूँगा, पर मैं अभी ही यह बता रहा हूँ कि मैं आपकी ज़िंदगी के नकारात्मक अनुभव सुनने के लिए आपके पास नहीं आता हूँ। इस तथ्य से यह स्पष्ट हो गया है कि आप कोई भी सकारात्मक बात नहीं करेंगे, जहाँ मैं जा रहा हूँ, आप वहाँ नहीं हैं, इसलिए भले ही मैं आपसे प्यार करता हूँ, पर मुझे आपसे विदा लेनी होगी।"

ईसा मसीह ने अपने शिष्यों से कहा था कि अगर किसी गाँव या शहर के लोग उन्हें ना अपनाएँ या अच्छी ख़बर न सुनें, तो अपने पैरों की धूल झाड़ें और आगे बढ़ चलें।

किसी ने एक बार मुझसे कहा था, "अपने समुदाय में से एक बेहद सफल व्यक्ति को ढूँढ़ो, उससे समय लो और उसे डिनर के लिए बाहर ले जाओ। उनसे इस मुक़ाम तक पहुँचने की राह पूछो, उनके प्रेरणा स्रोत और तरीक़ों के बारे में उनसे सवाल करो।

वह मेरे अब तक सुने गए बेहतरीन सुझावों में से एक था। इससे मुझे दावतों पर अपनी क्षमता से ज़्यादा ख़र्च करना पड़ा, पर बाद के वर्षों में मैंने पाया कि यह निवेश कई बार वापस लौटा।

जॉर्ज वॉशिंगटन ने कहा था, "अगर आप अपनी प्रतिष्ठा को ऊँचा उठाना चाहते हैं, तो ख़ुद को अच्छी गुणवत्ता वाले लोगों से जोड़ें। इसके लिए बुरी संगत में रहने के बजाय अकेले रहना बेहतर है।"

आप और मैं अपनी ज़िंदगी में नकारात्मक लोगों को बर्दाश्त नहीं कर सकते हैं।

गहराई से देखें

वह दूसरा क्षेत्र, जिसके विरुद्ध हमें युद्ध छेड़ना है, हमारे देखने के दायरे से जुड़ा है। मेरा इरादा टीवी के शैतानों पर भाषण देने का नहीं है, क्योंकि यह हमारे समय में संवाद का एक बेहद महत्वपूर्ण साधन है।

टेलीविज़न अभिभावकों को एहसास हुए बगैर बच्चों में डर पैदा कर सकता है। चिल्ड्रन्स टेलीविज़न वर्कशॉप में एक शोधकर्ता ने 10 जनवरी, 1981 में *टीवी गाइड* के अंक में लिखा था, "किसी समय बच्चे बहुत खिले हुए नज़र आ सकते हैं, जबकि वास्तव में वे टीवी पर कुछ भयानक देखकर डर रहे होते हैं। वे थोड़ा सा ज़ाहिर करते हैं, पर अनुभवों के मामले में एकदम आपा खो बैठते हैं।" बाद में, जब बच्चा डर के मारे सो नहीं पाता, तब कहीं जाकर अभिभावकों को पता लगता है कि बच्चा वास्तव में क्या महसूस कर रहा था। टेलीविज़न एक भावनात्मक स्तर पर हमसे बात करता है। यह हमारी ज़िंदगी को बेहतर या बदतर के लिए प्रभावित कर सकता है।

कोई भी व्यक्ति प्रेम त्रिकोण, अवैध संबंधों, गर्भपात से पटे पड़े लंबे कार्यक्रमों को देखकर उनसे प्रभावित हुए बिना नहीं रह सकता। एक अख़बार ने तो रोज़ाना दिखाए जाने वाले सोप ऑपेरा के कुछ भाग या स्थिति से जुड़े कुछ अंश छापने का गंभीर प्रयास करते हुए पिछले हफ़्ते कुछ कार्यक्रमों में हुई घटनाओं की सूची बनाई। इसे दिमाग़ को सकारात्मकता देने के प्रयास में पढ़ें : "सूज़न ने जमकर शराब पी और बोर्ड मीटिंग में तूफ़ान मचाकर जिम को अपने शोषण के लिए जमकर लताड़ा क्योंकि उसने अपनी नशेड़ी पत्नी को मौत के मुँह में डाल दिया। जिम इससे इंकार नहीं कर सकता था। डॉन ने जॉयसी को अपनी स्विस बिज़नेस ट्रिप पर साथ चलने का सुझाव दिया और इस बात पर सहमति जताई कि उनके

साथ जाने की बात राज़ रखी जाएगी। डेविड ने बेयू को अपने घर या अपनी बेटी की ज़िंदगी में न आने की चेतावनी दी..."

ऐसे वाक़ये कभी ख़त्म नहीं होते। ख़ैर, वापस लिविंग रूम में लौटते हैं, जहाँ स्कूल से घर लौटकर बच्चे हाथ में कुछ लिए वह देख रहे हैं, जो माँ रोज़ देखती है। शादी, मोहब्बत, ईमानदारी और भावनात्मक स्थिरता के बारे में बच्चे का दृष्टिकोण मानवीय रिश्तों के उस उलझाव से घिरकर बन रहा है, जो एक पिक्चर ट्यूब परोस रहा है। इससे विचारों का एक ढर्रा शुरू हो रहा है, जो इसी बिंदु से उनके जीवन को प्रभावित करेगा।

मनोवैज्ञानिकों ने मुझे बताया कि वे चार अलग कार्यक्रम देख रहे चार भिन्न लोगों को ले सकते हैं - एक राज़, एक रोमांस, एक वृत्तचित्र और एक डरावनी कहानी। इन लोगों को इलेक्ट्रोड्स से जोड़कर उनके लार एवं पसीने का परीक्षण किया जाता है और उनसे दूर एक टेस्टरूम में यह बताया जा सकता है कि कौन क्या देख रहा है। वे चैनल बदल देते हैं और टेस्टिंग रूम से निगरानी कर रहा व्यक्ति बता देता है, "आपने अभी-अभी चैनल बदला है। 'ए' नाम का व्यक्ति रोमांस, 'बी' इस वक़्त डरावनी कहानी देख रहा है वग़ैरह-वग़ैरह...।" बगैर किसी ग़लती के वे बताने की स्थिति में होते हैं कि लोग कौन सा प्रोग्राम देख रहे हैं। हम पर्दे पर जो भी देखते हैं, उससे हमारी प्रतिक्रियाएँ तय होती हैं।

साथ ही, टेलीविज़न के विज्ञापन भी हमें कुछ निश्चित दिशाओं में ले जाते हैं। उनमें से कुछ हमें विज्ञापनदाताओं द्वारा परोसी गई सेवाओं या उत्पादों को ख़रीदने के लिए उकसाते हैं। बहरहाल, ऐसे कई लोग हैं, जिनके पास उनके रास्ते पर भरोसा करने के लिए हमें तैयार करने के प्रयास और ज़िंदगी का निश्चित दर्शन होता है।

विल्सन ब्रेयान के ने अपनी किताब *सबलिमिनल सिडक्शन* में लिखा है, "आधुनिक मीडिया की प्रभावशीलता का आधार एक भाषा के भीतर छुपी दूसरी भाषा है - इनमें से एक हमारी चेतन जागरूकता के स्तर पर चर्चा करती है, जबकि दूसरी भाषा अचेतन मस्तिष्क तक पहुँच जाती है। यह वह भाषा है, जो मानव की सूचनाओं को देखने की चेतन, अवचेतन या अचेतन योग्यता पर आधारित होती है" (पृ-11)।

कुछ समय पहले एक विज्ञापन थोड़े ही समय तक चलाया गया। वे इसे

ज़्यादा समय तक नहीं दिखा पाए, क्योंकि किसी ने इसकी असलियत को जान लिया था और इसे बंद कर दिया गया। यह फ्राइड चिकन का विज्ञापन था। इतनी ज़्यादा मासूमियत से भरा कि आप सोच भी नहीं सकते। इस विज्ञापन में एक अंतरिक्ष यात्री को अंतरिक्ष में चहलक़दमी करते हुए दिखाया गया था। वह अंतरिक्ष में फ्राइड चिकन के साथ क्या कर रहा था? कौन जाने? ख़ैर, वह अंतरिक्ष यात्री एक बहुत बड़े स्पेस कैप्सूल के ज़रिये अंतरिक्ष में उछाल भर रहा था, जिस पर बड़ी ही ख़ूबसूरती से यू.एस.ए. लिखा था। अचानक, उसके लाइफ़ सपोर्ट सिस्टम की नली टूट जाती है, संगीत बदल जाता है। कैमरा अंतरिक्ष यात्री पर टिक जाता है, जो बदहवासी से अपनी लाइफ़ सपोर्ट सिस्टम की नली ढूँढ़ने में लगा है। आप विश्वास नहीं करेंगे कि एक अतिरिक्त नली कहाँ से आ जाती है। बिल्कुल सही, यह चिकन ही है, जो अंतरिक्ष यात्री के लिए जीवन रक्षक वायु की व्यवस्था करता है।

असल नाटक अब शुरू होता है। कैमरा अपनी परिधि को बढ़ाता है और अंतरिक्ष यात्री अपनी ज़िंदगी बचाने के लिए चिकन पर झपटता है। इसी के साथ यू.एस.ए. में से यू. और ए. अक्षर हट जाते हैं और कैप्सूल के एक तरफ़ सिर्फ़ एस. दिखाई पड़ता है। अब लाइफ़ सपोर्ट कनेक्शन इतनी तेज़ी से फैलता नज़र आता है कि टेलीविज़न पर स्पेस कैप्सूल के एक तरफ़ कुछ चीज़ों का आभास होता है। जैसे-जैसे तस्वीर साफ़ होती है, तो स्क्रीन पर पहले ई और उसके बाद एक्स का आकार कुछ देर के लिए नज़र आता है। चेतन मस्तिष्क से कुछ ही लोग सत्य को समझ पाए, पर अचेतन मस्तिष्क ने पकड़ लिया कि यहाँ ज़िक्र सेक्स का हो रहा है।

मैं जानता हूँ कि इसका प्रभाव बड़ा गहरा है। अब यहाँ सेक्स के साथ फ्राइड चिकन क्या कर रहा है? मैं नहीं जानता। बहरहाल, अगर चिकन का कोई ब्रांड जीवन के इस गहन भावनात्मक और शारीरिक अनुभव से जुड़ जाता है, तो आप किसी भी दूसरे प्रकार के बदले इसे ही ख़रीदना पसंद करेंगे।

मीडिया एक्सप्लॉयटेशन (पृ.सं.-14,15) में लेखक लिखते हैं, "अनहोनी यह है कि लंबे समय तक, बार-बार और गहराई से जारी इस हमले से आर्थिक मूल्य व्यवस्था आख़िरकार पुनर्व्यवस्थित हो सकती है।"

फ्राइड चिकन के विज्ञापन पर विचार करते हुए के ने क्या कहा, "इन दमित इच्छाओं के इस्तेमाल के ज़रिये अमेरिकी मीडिया हर उस चीज़ का घोषित रूप से यौनकरण कर रहा है, जो मीडिया में परोसा या दिखाया जा रहा है, भोजन का यौनकरण शायद इस कड़ी की पराकाष्ठा है।"

अवचेतन विज्ञापन आपके दिमाग़ को बस में करने का एक बेहतरीन उपकरण है।

जब हमारे रैंच में लड़के-लड़कियाँ आते हैं, तो टीवी की कमी उन्हें कभी-कभार ही अखरती है। वे अपनी सकारात्मक गतिविधियों में इस क़दर व्यस्त रहते हैं कि कम-से-कम कुछ समय के लिए तो बुद्धू बक्से का संदेश उनके दिमाग़ से मिट जाता है।

कान बंद करना

आज हम ऐसे समय में रह रहे हैं, जहाँ हमारी ईमानदारी से कई चीज़ें स्पर्धा कर रही हैं। आवाज़ें हमारी पसंद से संघर्ष कर रही हैं और कई संचार केंद्रों से इन्हें सहायता मिलती सुनाई पड़ रही है। हम जिस तरह का संगीत सुनते हैं, वह हमारे दिमाग़, हमारे नज़रिये पर अपना आख़िरी प्रभाव छोड़ता है।

इतिहास पर नज़र डालें, तो संगीत ने निजी जीवन और राष्ट्रों में एक महत्वपूर्ण भूमिका निभाई है। ईसा के जन्म से कई वर्षों पहले जन्मे, हर समय के प्रमुख दार्शनिकों में से एक प्लेटो ने कहा था, "प्रचंडता को कोमलता में बदल कर संगीत दिमाग़ को शक्तिशाली बनाने के बजाय नपुंसक बना देता है। बौद्धिक वर्ग की राहत का कारण बन यह योद्धा को एक डरपोक सेवक में बदल देता है और आत्मा की सारी ऊर्जा तथा नसों की शक्ति को छीन लेता है।"

वृद्ध प्लेटो संगीत के उस बेहद सकारात्मक मूल्य को नहीं समझ सके, जिसे देश के बेहतरीन संगीतज्ञों में शामिल किंग डेविड ने समझ लिया था। "किंग डेविड ने अपने सेनापतियों को आदेश दिया था कि वे एक ऑर्केस्ट्रा के रूप में गायकों की व्यवस्था करें, जो युद्ध के समय तेज़ स्वर और जोश भरे गाने पूरे वाद्ययंत्रों के साथ बजाया करें" (2 क्रॉनिकल्स 15:16, टी एल बी)।

नियंत्रित प्रयोगों द्वारा वैज्ञानिक रूप से साबित किया जा चुका है कि आप एक पौधा लेकर उसके माहौल, पोषण और पानी को नियंत्रित कर सकते हैं, इसके बावजूद इसकी बढ़त उसके माहौल के संगीत से निश्चित होगी। एक मधुर संगीत वाले कमरे में यह बढ़ेगा। अच्छे शास्त्रीय संगीत वाले कमरे में यह फलेगा-फूलेगा और स्रोत की तरफ़ उसी तरह झुकेगा, जिस तरह पौधे प्रकाश की तरफ़ झुकते हैं। इसी पौधे को आदर्श माहौल में रख दें, पर संगीत शोर-शराबे वाला लगा दें, तो यह संगीत के स्रोत से दूर हो जाएगा और पीला पड़कर मर जाएगा।

युद्ध के देवता शनि के पुजारी और नशीली दवाओं के प्रेरक भी यह स्वीकार करेंगे कि लोगों को अपने जीवन दर्शन की तरफ़ आकर्षित करने के आधारभूत तरीक़ों में से एक रॉक म्यूज़िक के साथ शुरू होता है। कई रॉक संगीतकार तांत्रिक क्रियाओं और पूर्वी धर्मों से जुड़े हैं। इनमें से कुछ तो खुले रूप में शनि के पुजारी हैं, जो नर्क और शैतान के बारे में गाने गाते हैं।

हालाँकि रॉक म्यूज़िक के नकारात्मक प्रभाव के बारे में हाल ही के वर्षों में कई बातें लिखी गई हैं, पर चलन रुका नहीं है। ज़्यादातर प्रसिद्ध रॉक समूहों की जीवनशैली और संगीत एक ऐसी संस्कृति प्रतिबिंबित करते हैं, जो विद्रोह, क्रूरता और यौन जनित विकृतियों का सम्मिश्रण है।

किसी बुद्धिमान व्यक्ति ने कहा है, "किसी भी देश को उसकी भाषा सीखने के बजाय उसका संगीत सुनकर समझना ज़्यादा आसान है।" कुछ वर्षों पहले इटली के एक प्रमुख संगीतज्ञ पियेत्रो मैस्केग्नी ने कहा था, "आधुनिक संगीत कोकीन के समान ख़तरनाक है।" उसने उस वक़्त लगभग ठीक ही समझा था कि दोनों चीज़ें नज़दीक़ी तौर पर जुड़ी हुई हैं। यह अंदाज़ा लगाया गया है, कि तक़रीबन ९० फ़ीसदी रॉक म्यूज़िक नशीली दवाओं के प्रभाव में ही तैयार किया जाता है।

आप जिस तरह का संगीत सुनते हैं, उसे लेकर सचेत हो जाएँ। हमारे गर्मियों के सत्र के बाद कुछ किशोर घर गए और जमकर रंगरलियाँ मनाईं। उन्होंने बाद में दो हफ़्ते तक अच्छा संगीत सुना और समझा कि वे अपने लुभावने रॉक एल्बमों के संदेश को पचा नहीं सकते। हम इस बात पर लगातार ज़ोर देते हैं कि चुनाव एक व्यक्तिगत मामला है, पर अगर आपने

इसे सुनने का मन बना लिया है, तो कम-से-कम पूरी जानकारी के साथ यह काम करें कि इससे आपके दिमाग़ की प्रोग्रामिंग कैसी होने वाली है।

आपके कानों के लिए संगीत

आप किस तरह का संगीत सुनते हैं, जो लोग आपको बताते हैं या जब आप अपने मन की बात सुनते हैं? हममें से कई लोग पीछे से की जाने वाली वे बातें सुनते हैं, जो लोग कहते हैं। वे इन नकारात्मक बातों को ग्रहण करते हैं। अपने अवचेतन मन में इन्हें जगह देते हैं और अपनी अपर्याप्तता या मूल्यहीनता के एहसास को बल देने में उनका इस्तेमाल करते हैं। किसी भी ऐसे व्यक्ति का विरोधी संगीत न सुनें, जो कहता हो, "तुम ऐसा नहीं कर सकते।" ऐसे हर व्यक्ति को सुनना बंद कर दें, जो इस बात पर ज़ोर देता हो कि आपमें प्रतिभा या उद्देश्य या ऐसी कोई भी चीज़ नहीं है, जो आपके ख़ुद पर विश्वास करने के लिए ज़रूरी होती है। इन शब्दों को सुनें, जो आपकी आत्म-छवि को सँवारें; छवि निखारने वालों की सुनें और छवि बिगाड़ने वालों की तरफ़ से कान बंद कर लें।

अगर आप एक दयालुता भरा शब्द सुनते हैं,
  जो आपके किसी पुण्यात्मा परिचित द्वारा बोला गया हो,
यह उसके हृदय को सूर्य के प्रकाश से भर सकता है,
  यदि आप उसे इस बारे में बता भर देते हैं।
अगर किसी ने विनम्रता के साथ,
  आपके मार्ग पर आगे बढ़ने में आपकी मदद की है,
तो उस मददगार को ढूँढ़ें,
  उसे थामें और उसे सब कुछ बताएँ।*

ग्रेट बेब रूथ एक ऐसा व्यक्ति था, जिसने हर नकारात्मक आवाज़ को

---

*1972 में थॉमस नेल्सन के लिए क्लिंटन हॉवेल द्वारा संपादित *'लाइंस टु लिव बाय'* से लिया गया।

सुनने से इंकार कर दिया था। उसे होम-रन किंग के रूप में जाना जाता था, जिसने किसी भी अन्य के मुक़ाबले में ज़्यादा रन बनाए थे, हालाँकि उसका होम रन का रिकॉर्ड टूट चुका था, पर उसका स्ट्राइक-आउट रिकॉर्ड अभी भी बरकरार था। यह उसके बैट को स्विंग होने नहीं देता था!

एक दिन बेब का सामना खेल के अंत में एक बड़ी उत्तेजनापूर्ण स्थिति से हुआ। यह आख़िरी खेल था, जो पेनेन्ट ड्राइव के लिए खेला जा रहा था। खेल की अतिरिक्त पारियाँ ली जा चुकी थीं और दर्शक तनावग्रस्त थे। आख़िरकार विरोधी टीम ने एक रन बना लिया। वे यांकीज़ से आगे हो गए और तभी बेब को पाँचवीं बार प्लेट मिली।

वह उस दिन चार बार स्ट्रक कर चुका था। उसने प्लेट को थामा ही था कि तेरहवें नंबर की स्थिति पर दो व्यक्ति बाहर और एक अंदर चला आया। अगर वह स्ट्रक कर लेता, तो खेल ही ख़त्म हो जाता, अगर वह एक हिट मारकर एक रन बना लेता, तो यह गेम बराबर हो जाता। अगर वह एक होम रन ले पाता, तो यांकीज़ जीत जाते। हज़ारों प्रशंसक इस दृश्य को देखने के लिए हाथों को इस तरह बाँधकर खड़े हो गए, मानो हाथ न होकर स्टील बाँधे हों। तब खेल का वह यादगार लम्हा ग़ुज़रा, जिसे कभी भी भुलाया नहीं जा सकता। नो बॉल मिल गई और दो स्ट्राइक्स का मौक़ा भी। क्या यह उसका पाँचवाँ स्ट्राइक आउट हो सकता है? अगली पिच पर बॉल उछाल दी गई और वह दूर एक पार्क में जा गिरी। एक होम रन! यांकीज़ जीत गए और मैदान में लोगों की भीड़ लग गई।

रिपोर्टर भागे और पूछा, "बेब, तुम क्या सोच रहे थे?" ग्रेट बेब रूथ मुस्कुराया और बोला, मैं वही सोच रहा था, जो हमेशा सोचता हूँ... एक मात्र चीज़, जिसके बारे में मैं सोचता हूँ। मैं एक होम रन बनाने के बारे में सोच रहा था।"

उसने अपनी शक्तियों को एकाग्र किया और अपनी कमज़ोरियों को अपने बेहतरीन प्रदर्शन पर हावी हाने का मौक़ा नहीं दिया।

एक प्रतिष्ठित अमेरिकन यूनिवर्सिटी ने अपने कुछ बेहद सफल ग्रेजुएट्स का सर्वेक्षण किया और पूछा, "आप क्या सोचते हैं। जीवन में सफलता अपनी शक्तियों पर एकाग्र होने से मिली है या अपनी कमज़ोरियों को पहचानकर उनमें सुधार करने से?"

बिज़नेस और दूसरे व्यवसायों में प्रमुख स्थान बना चुके इन लोगों में से ज़्यादातर ने जवाब दिया, "हमने कभी अपनी कमज़ोरियों पर ध्यान नहीं दिया, हमने केवल अपनी शक्तियों को केंद्र बनाया।"

न प्रतिबंध, न जलन, बस उपेक्षा

हमें अपनी किताबों पर उतना ही ध्यान देना चाहिए, जितना हम अपने साथियों और पसंदीदा संगीत पर देते हैं। एक झलक में ही किसी व्यक्ति द्वारा पढ़ी जाने वाली किताबें देखकर आप बता सकते हैं कि उसकी मानसिकता कैसी है।

कुछ लोग उपन्यास पढ़ने में समय लगाते हैं क्योंकि उसमें बताई गई कल्पनाएँ उन्हें उनकी कामकाजी दुनिया से एक अलग ही समय और चमत्कारों की दुनिया में ले जाती हैं। कुछ उपन्यास बेहद अच्छे होते हैं, पर कुछ ऐसे भी होते हैं, जिन्हें आपके अवचेतन मस्तिष्क की दहलीज़ को कभी भी पार नहीं करना चाहिए। बेस्ट सेलर की सूची में शामिल कई किताबें ज़िंदगी की एक ऐसी छवि बनाती है, जो गई-बीती होती है। एक बार एक व्यक्ति ने मुझसे कहा, "स्किप; तुम्हें यह किताब पढ़नी चाहिए।" जब मैंने शीर्षक सुना, तो कहा, "नहीं, धन्यवाद, मुझे नहीं पढ़ना।" "पर यह बेस्ट सेलर सूची में टॉप पर है और हर कोई इसे पढ़ रहा है।" मैंने कहा, "मुझे इसकी परवाह नहीं है। मुझे इस किताब में निहित दर्शन के बारे में पता है और मैं अपने अवचेतन मस्तिष्क में इस तरह का कूड़ा-करकट भरने से इंकार करता हूँ।"

मेरी एक मित्र ने मुझे बताया कि वह अपनी छुट्टियों के ट्रिप पर हाल ही का एक बेस्ट सेलर नॉवेल ले गई थी, ताकि कई घंटे पढ़ने का लुत्फ़ उठा सके। जल्दी ही उसने पाया कि वह किताब में बताए गए विकृत मानव व्यवहार के तत्वों के बीच उलझी हुई है और उसके विचार किताब के द्वारा दूषित किए जा रहे हैं। हालाँकि इसके साथ ही किताब में एक कहानी गूँथी गई थी, पर उसने होटल में जान-बूझकर यह किताब छोड़ दी और जब वे लोग चले, तो उसने महसूस किया कि उसके दिमाग़ पर चढ़ा नकारात्मकता का पर्दा हट गया है। प्रोवर्ब्स कहती हैं, "एक अविश्वसनीय संदेशवाहक ज़्यादा परेशानियाँ खड़ी कर सकता है। भरोसेमंद

संवाद उन्नति की राह दिखाता है" (प्रोवर्ब्स 13:17, टी एल बी)।

हमें इन "अविश्वसनीय संदेशवाहकों" के विरुद्ध युद्ध छेड़ना चाहिए : साहित्य के वे छपे हुए काग़ज़, जिन्हें हम दिमाग़ में घुसने देते हैं, नकारात्मकता से घिरे लोग, जो हमें नष्ट करने को तैयार रहते हैं, संवाद की वह दृश्य छवियाँ, जो वर्तमान में हमें घेरे हुए हैं और संगीत के वे शब्द, जो जीवन के सकारात्मक अनुभवों को कम करने की ताक में रहते हैं। सिर्फ़ इसके बाद ही हम *शानदार ज़िंदगी* जीने की तरफ़ एक और सजीव सिद्धांत को अपना पाएँगे।

हमें अपने अवचेतन मस्तिष्क में जाने वाली सामग्री पर नियंत्रण रखने की ज़रूरत है। ऐसा इसलिए ज़रूरी है क्योंकि हम अपने मस्तिष्क को जो कच्चा माल उपलब्ध कराते हैं, उससे इसकी प्रदर्शन की क्षमता सीमित होती है। कुछ लोग कह सकते हैं, "ठीक है, पर आपके द्वारा बताए गए कई क्षेत्र अब बहाना साबित हो चुके हैं और मुझे किसी तरह से प्रभावित नहीं करते।" मैं समझता हूँ कि अवचेतन मस्तिष्क में जाने वाली सामग्री की पहरेदारी की ज़रूरत के लिए एक समर्पित कार्यक्रम से बचने की इच्छा ज़िम्मेदार है। बहरहाल अवचेतन मस्तिष्क, सभी व्यावहारिक उद्देश्यों के लिए यह नहीं जानता कि यथार्थता और बहाने में क्या फ़र्क़ है। उसके लिए यह एक साधारण कच्चा माल है, जिसे आपके जीवन के अनुभव तय करने में इस्तेमाल किया जाना है।

रोकने का सिद्धांत यही कहता है, "अनचाहे को छोड़कर अपनी चाहतों के लिए जगह बनाएँ।"

6

अपने सपनों को हक़ीक़त में बदलें

सिद्धांत # 3ः निर्माण का सिद्धांत

"तय करें कि आप क्या चाहते हैं, उसे स्पष्टता और विशिष्टता के साथ परिभाषित करें और लिख लें।"

प्रिय ईश्वर,

मैं यह चीज़ें पसंद करूँगा।

एक नई साइकिल

एक तीन नंबर का केमेस्ट्री सेट

एक कुत्ता

एक फ़िल्म कैमरा

एक पहला बेसमैन दस्ताना

यदि मेरे पास ये सभी चीज़ें नहीं आ सकतीं, तो मैं चाहूँगा कि इनमें से अधिकांश मुझे मिल जाएँ।

आपका सच्चा सेवक,

एरिक

पी.एस. मैं जानता हूँ वहाँ कोई सांता क्लॉस नहीं है।*

---

*1966 में साइमन एंड शस्टर, इंक., न्यूयॉर्क के लिए एरिक मार्शल और स्टुअर्ट हेम्पल द्वारा लिखित *चिल्ड्रंस लेटर टु गॉड* से लिया गया।

बच्चे स्वप्नदर्शी और अभिलाषी होते हैं। अभिभावकों, साथियों और संसार की वास्तविकताओं द्वारा उनकी कल्पनाओं के पर कतरे जाने से पहले ही वे कल्पना की चादर से जादू बुनने के योग्य हो जाते हैं। एक नन्हा बच्चा ख़ुद को आग के इंजन की सवारी करते हुए, पानी का छिड़काव करते हुए और राहत कार्य के लिए सीढ़ियाँ चढ़ते हुए देख सकता है। एक नन्ही बच्ची ख़ुद को डैडी वारबक्स के सभाग्रह में नाचते हुए और सभी सेवकों को अपना अनुसरण करते हुए देख सकती है।

शेक्सपियर ने कहा था, "हम उन्हीं चीज़ों से बनते हैं, जिनसे सपने बनाए जाते हैं।" इसके बावजूद कई लोग इसीलिए सपने देखना छोड़ देते हैं, क्योंकि सपनों के सच होने पर से उनका भरोसा उठ गया होता है। अथवा कुछ ऐसे लोग भी हैं, जो कोई काम किए बिना दिन में सपने देखने वाले बन जाते हैं।

निर्माण का सिद्धांत एक चाहत भरी सोच या दिवास्वप्न न होकर वह है, जिसे मानव उद्योग के क्षेत्र में "ज्वलंत इच्छा" कहा जाता है। यह वह नज़रिया है, जो कहता है, "मैं इसकी परवाह नहीं करता कि यह कैसे होगा; मैं इसे करूँगा।"

यह उस तरह की इच्छा है, जो 1927 में लिंडबर्ग ने की थी। वह अटलांटिक को एक इंजन वाले प्लेन से पार करने वाला पहला व्यक्ति था। यह वह इच्छा है, जिसने कमज़ोर पैरों और ग़रीब पृष्ठभूमि वाले एक लड़के को सदी का महान ट्रैक एथलीट बनने के लिए प्रेरित किया - जेस ओवेंस। यह वह इच्छा थी, जो एक व्यक्ति के मन में 1871 में हुई महान शिकागो फ़ायर की राख से उठी थी और जिसने एक ऐसा स्कूल बनाने की इच्छा की थी, जो युवाओं को बाइबल की जानकारी दे और पूरे विश्व में इसकी शिक्षाओं का प्रसार करे - ड्वाइट एल. मूडी।

वे सपने, जो इन ज्वलंत इच्छाओं को चिंगारी दिखाते हैं, उन लोगों के द्वारा इस्तेमाल किए जा सकते थे, जो दुष्ट और जीवन के नैतिक ढाँचे के प्रति अनादर की भावना रखते हैं। जर्मनी के शाही दस्तावेज़ ने इन सिद्धांतों का इस्तेमाल लोगों को यह राज़ी करने में किया कि वे मास्टर रेस के अनुरूप; विशुद्ध और बिना किसी कमज़ोरी या अपूर्णता के शासन करने के लिए चुने गए थे। वे लोगों को अपनी इच्छा के अनुरूप अनैतिक कार्य

करने, लक्ष्यों को परिभाषित करने और उनका पालन करने में लगा सकते थे। यह एक शक्तिशाली सिद्धांत है।

आज मुझे ख़ुद के बेसबॉल दस्ताने दे दो

मैं उस वक़्त बारह साल का था, जब मैंने ज्वलंत इच्छा को पहली बार महसूस किया। एक रविवार की सुबह चर्च में हमारे संडे स्कूल डिपार्टमेंट के अधीक्षक ने घोषणा की, "अगले तीन महीने में जो बच्चा बाइबल के सबसे ज़्यादा अध्याय पढ़ेगा, उसे एक ख़ूबसूरत तोहफ़ा मिलेगा।" यह एक बड़ा सौदा था। फिर भी मैं उत्तेजित नहीं था। मैंने पढ़ना शुरू नहीं किया, क्योंकि उन्होंने हमें तोहफ़ा दिखाया नहीं था। जब वह डिपार्टमेंट के भीतर जाने लगे, तो वह मेरे सपनों की चीज़ थामे हुए थे। यह सबसे ज़्यादा शानदार बेसबॉल दस्तानों में से एक थे, जो मैंने तब तक देखे थे। मैं इन्हें हर हाल में पाना चाहता था।

यह स्वाभाविक सी बात है कि उस चर्च के पादरी का बेटा होने के नाते मैं उन दस्तानों को वहाँ इकट्ठे हुए किसी भी दूसरे बच्चे के मुक़ाबले ज़्यादा नज़दीक से देख सकता था। इसी बीच एक दिन एक दादी माँ जैसी ममता से भरी महिला मेरे पास आई और बोली, "क्या तुम जॉन पॉल को जानते हो? वह मेरा पोता है। वह तुम्हारे ही स्कूल में जाता है और वह कहता है कि वह हमेशा तुम्हें ही देखा करता है क्योंकि तुम जो भी करते हो, वह हमेशा सही रहता है।" मैंने कहा, "बहुत-बहुत धन्यवाद" और वहाँ से खिसक लिया। लोग हमेशा देखते थे कि पादरी का बेटा क्या कर रहा है। जब मैं चर्च की शॉर्टस्टॉप टीम में खेला करता था, मैं निश्चित रूप से जानता था कि सारी नज़रें मुझ पर ही टिकी होती थीं। मुझे मेरी एथलेटिक वीरता के कारण नोटिस नहीं किया जाता था और बॉल ख़ुद ही राह ढूँढ़ते हुए मेरे आसपास आ जाती थी। मेरे पास चूक जाने के बड़े ही तर्कपूर्ण बहाने हुआ करते थे - घास का एक तीखा पत्ता या एक छोटा पत्थर मेरी राह में आ गया। बहरहाल, एक सुबह मैंने जाना कि मैं नन्हीं रुकावटों का सहारा क्यों नहीं ले सकता था।

जिस सुबह मैंने बेसबॉल दस्तानों को पुरस्कार के रूप में देखा था, मैं जान गया कि मेरे पास जवाब था। वे दस्ताने बहुत बड़े थे, और चमड़े के

फीते से सारी उँगलियाँ एक साथ बँध जाती थीं। मैं जानता था कि अगर मैं वे दस्ताने पहनकर शॉर्टस्टॉप खेलता हूँ, तो ये वहाँ पहुँचकर सब कुछ निगल लेंगे। इन उँगलियों से बचकर कोई बॉल नहीं जा सकेगी! मुझे उन्हें पाना ही था।

मैंने अपनी ज़िंदगी के लिए पढ़ना शुरू किया। मेरे लिए यह बात कोई मायने नहीं रखती थी कि इन तीन महीनों के दौरान मुझे क्या करना था : मैं स्कूल जाने से बहुत पहले तड़के ही उठ जाता था; स्कूल में छुट्टी और लंच टाइम में मैं एक कोने में बैठ जाता और बाइबल पढ़ा करता। हर रात तीन महीने तक लगातार मैं पढ़ता रहा। कभी-कभी तो मैं बाइबल पढ़ते हुए ही सो जाता और लाइट जलती रह जाती। मेरी माँ बाइबल मेरे सिर के नीचे से निकालती। मैं सोचा करता कि इस लगन और मेहनत का परिणाम मुझे ज़रूर मिलेगा!

जब वह प्रतियोगिता संपन्न हुई, तब तक मैं किसी भी अन्य बच्चे के मुक़ाबले बाइबल के कई अध्याय दोबारा पढ़ चुका था और मैंने दस्ताने पा लिए।

ओहियो से मिशिगन आने से कुछ वर्ष पहले मेरी पत्नी सूज़न कुछ पुराने बक्सों को देखने के बाद उन दस्तानों को लेकर आई, "क्या ये वही हैं?" उसने चमड़े का एक झुर्रीदार, छोटा-सा टुकड़ा लटकाते हुए पूछा। यह आश्चर्यजनक था कि जिस चीज़ को एक समय में हम चाहते थे, उसी के बारे में अब हमारा नज़रिया कितना अलग हो गया। हमने निश्चय किया कि हम इन दस्तानों को काँसे में ढलवाकर ज्वलंत इच्छा के उस अनुभव की यादगार के रूप में बचाकर रखेंगे।

आपकी ज्वलंत इच्छा क्या है?

हम वास्तव में क्या चाहते हैं? हममें से कइयों में इच्छाएँ होती हैं, पर विभिन्न कारणों से हम उनका सामना करने से डरते हैं। हममें से कुछ इसलिए डरते हैं क्योंकि हम यह नहीं सोच पाते कि हम ऐसा कर सकते हैं। दूसरे लोग इच्छाओं पर एक बंदिश लगा देते हैं, क्योंकि वे सोचते हैं कि इच्छाएँ करना ग़लत है। हममें से कुछ अन्य यह नहीं मानते हैं कि हमारे पास इसके लिए कोशिश करने की हिम्मत है। हममें से कुछ इसलिए

डरते हैं क्योंकि हम हर चीज़ से डरते हैं!

मैंने अपने बिज़नेस एसोसिएट्स के अलावा भी ऐसे कई लोगों से सलाह-मशविरा किया है, जो अपनी ज़िंदगी में किसी भी तरह की ज्वलंत इच्छा की मौजूदगी से ही इंकार करते हैं। मैंने पाया कि अक्सर यह मौजूद रहती है पर यह कहना ज़्यादा आसान है कि "ऐसा कुछ नहीं है, जिसे हम वास्तव में चाहते हों," बजाय यह स्वीकार करने के कि सपने और लक्ष्य हैं तो, पर हम उन्हें हक़ीक़त बनाने पर भरोसा नहीं करते। एक सपने के अस्तित्व की जानकारी इसे यथार्थ में बदलने के लिए प्रयास करने की ज़िम्मेदारी के साथ जुड़ी होती है।

अगर हमारी ज्वलंत इच्छा एक वस्तु, एक पूर्णता या एक प्रतिभा के लिए है, जो हमें परिवार और मानवता का लाभ दिलाते हैं और किसी भी जीवित प्राणी के लिए नुक़सानदायक नहीं हैं, तो यह हक़ीक़त में तब्दील हो सकती है। हम कोशिश करने से डरते क्यों हैं? कुछ लोग कोशिश करने से डरते हैं, क्योंकि वे असफल होने से डरते हैं। असफल हुए, तो क्या हुआ? उठो और फिर कोशिश करो!

हम लक्ष्य केंद्रित प्राणी हैं। हम पूर्णता के लिए जारी रहने के लिए बनाए गए हैं। फिर से कोशिश करने का विकल्प एक सुखद अनुभव नहीं है। लक्ष्यरहित, सपनों और इच्छा से शून्य व्यक्ति मनोवैज्ञानिक रूप से मृत्यु की स्थिति में पहुँच जाता है। हेनरी वार्ड बीचर ने इसे इस तरह कहा है : "किंतु अगर कोई मनुष्य उस बिंदु पर पहुँच जाता है, जहाँ वह इस क़दर संतुष्ट हो जाता है कि वह कहता है, 'मैं कुछ भी और नहीं जानना चाहता या कुछ भी और नहीं करना चाहता अथवा कुछ भी और नहीं बनना चाहता,' तो वह उस स्थिति में होता है, जहाँ उसे एक ममी बन जाना चाहिए! - सभी भयानक चीज़ों में ममी सबसे ज़्यादा भयानक है और ममीज़ से भी ज़्यादा भयावह वे लोग हैं, जो गलियों में चलते और बोलते हैं।"

सफल व्यक्ति हमेशा असफलता का जोखिम उठाने की इच्छा रखता है।

टाय कॉब बेसबॉल के महानतम खिलाड़ियों में से एक था। अपने कैरियर के दौरान उसने किसी भी अन्य के मुक़ाबले सबसे ज़्यादा बेसेस चुराए और एक रिकॉर्ड क़ायम किया, जो दशकों तक अविजित रहा।

बहरहाल, एक अन्य खिलाड़ी था, जो टाय कॉब के मुक़ाबले बेहतर बेस चुराने वाला था। उसका नाम मैक्स कैरी था और उसने एक सीज़न में 53 बेसेस के लिए प्रयास किया, जिसमें से 51 में उसे सफलता मिली थी, एक आश्चर्यजनक 96 फ़ीसदी रिकॉर्ड। टाय कॉब का प्रतिशत मात्र 71 था। बहरहाल, जिस वर्ष उसने रिकॉर्ड क़ायम किया, उसने 144 बार प्रयास किया था और 96 बेसेस चुराए थे। चूँकि उसमें कड़ी कोशिश करने और असफलता का अवसर लेने की इच्छा थी, वह बेसबॉल की किंवदंती बन गया। सुरक्षित खेलने वाले मैक्स कैरी का नाम शायद ही कभी याद किया जाता हो।

हमारे विकास का एकमात्र रास्ता हमारी क्षमताओं का विस्तार करते रहना है। इन आरामदेह क्षेत्रों से बाहर निकलें; वे काम करें, जो हमने पहले कभी नहीं किए। उन ज्वलंत इच्छाओं को महसूस करने से न डरें।

एक युवक की कहानी हमें इस बारे में बताती है, जो दार्शनिक सुकरात के पास गया और बोला, "सुकरात, आप जो जानते हैं, मुझे पढ़ाइए।" महान शिक्षक ने उस युवा की तरफ़ देखा और कहा, "क्या तुम वाक़ई वह सब जानना चाहते हो, जो मैं जानता हूँ?"

"ओह, हाँ गुरूजी, मैं जानना चाहता हूँ," छात्र ने जवाब दिया।

"मेरे साथ कुछ वक़्त टहलने चलो," सुकरात ने कहा। इस तरह वे कुछ देर चुपचाप टहलते रहे। जाने-माने दार्शनिक ने अपनी बाँह से युवक के कंधों को घेर लिया और उसे कच्ची पगडंडी पर और एक झील के उथले किनारे पर ले चले। युवक ने सोचा कि उसे पढ़ाने का दार्शनिक का तरीक़ा काफ़ी निराला है, पर आख़िर वह सुकरात थे, इसलिए छात्र ने तय किया कि जो हो रहा है, होने दिया जाए।

वे पानी में लगातार चलते रहे, अब पानी उनकी एड़ियों तक, इसके बाद घुटनों और कूल्हों तक आ गया और आख़िरकार वे कंधों तक पानी में डूबे खड़े थे। अचानक ही युवक के कंधों पर टिकी बाँह उसकी गर्दन पर सरककर जकड़ गई और उसे पानी के नीचे खींच लिया। यह छात्र को सिखाने का बेहद हैरानी भरा तरीक़ा था। पर आख़िरकार वे सुकरात थे, इसीलिए उसने सब कुछ स्वीकार किया। उसने पानी के भीतर जाने से पहले गहरी साँस भर ली थी, इसलिए शुरुआती पंद्रह से बीस सेकंड तक

वह परेशान नहीं हुआ, पर तीस सेकंड के बाद वह हैरान हुआ कि सुकरात उसे कब ऊपर आने देंगे। उसने सुकरात को यह जताने के लिए एक संकेत भी दिया कि वह काफ़ी समय तक डूबा रह चुका है और बाहर आना चाहता है। कुछ और सेकंड्स के बाद युवक ने अपनी पूरी शक्ति के साथ लड़ना शुरू कर दिया। उसने पैर मारना, नोंचना और खरोंचना शुरू किया, पर पकड़ मज़बूत थी और उसने अपनी शक्ति खो दी। इसी क्षण, सुकरात उसे खींचकर पानी से बाहर ले आए और किनारे पर खींचकर उसे बचाने की कोशिश में लग गए।

जब उसकी साँस में साँस आई, तो उस क्रोधित और भ्रमित छात्र ने हर समय के महान दार्शनिक के चेहरे की तरफ़ देखा और कहा, "यह सब क्या था?"

सुकरात ने उसकी आँखों में देखा और कहा, "मैं जो जानता हूँ, जब उसे तुम अपने जीवित रहने की इच्छा की तरह जानना चाहोगे, तभी जानोगे।"

यही वह इच्छा है, जिसे ज्वलंत इच्छा कहा जाता है!

आप जो जानना चाहते हैं, उसे तय करें। वह निश्चित न करें, जो किसी दूसरे ने आपके लिए चाहा हो, यह उनकी ज़िम्मेदारी नहीं है। आप क्या चाहते हैं? निर्माण के सिद्धांत का पहला क़दम यह तय करना है कि वह क्या है, जो आप चाहते हैं। क्या यह इतना महत्वपूर्ण है कि आपको एक ज्वलंत इच्छा के साथ प्रेरणा दे सकता है; क्या 'बेसबॉल दस्ताने' आपके जीवन की वह दृढ़ इच्छा होगी, जिसे आप पाने की योजना बनाएँ और उस पर अमल करें?

दूसरा क़दम : निर्माण का सिद्धांत

अनिश्चित परिभाषा अस्थिर परिणामों को ही उत्पन्न करेगी। यह तय करने के बाद कि आप क्या चाहते हैं, इसे स्पष्ट और विशेष रूप से परिभाषित करें। अगर आप एक नया घर चाहते हैं, तो घरों की तरफ़ देखें, उनके कुछ ब्लू प्रिंट्स लें, एक इंटीरियर डेकोरेटर से सलाह लें और अपने दिमाग़ में इसकी एक स्पष्ट तस्वीर बना लें। अगर आप एक नई कार चाहते हैं, तो इसका इच्छित मॉडल, रंग और साज-सज्जा तय कर लें।

आप क्या सोचते हैं कि सारे चैरिटीज़ और मिशनरी संस्थान अपने अपील पत्रों के साथ तस्वीरें क्यों भेजते हैं? जब आप भूख से बिलबिलाते बच्चे का चेहरा देखते हैं, तो आपके पास उस संस्थान को दान देने का एक स्पष्ट कारण होता है।

मानवीय अनुभव में स्पष्ट रूप से परिभाषित लक्ष्य की शक्ति भली-भाँति संरक्षित है। मेरी अपनी यात्राओं से इसकी ज़रूरत बताई जा सकती है। मैं हवाई जहाज़ से ढेरों यात्राएँ करता हूँ। मैं अक्सर आश्चर्यजनक रूप से सोचता हूँ कि उस एयरलाइनर के यात्री क्या करेंगे, जिसके उड़ान भरते समय इंटरकॉम पर कैप्टेन की आवाज़ में यह संदेश सुनाई पड़े :

"गुडमॉर्निंग, लेडीज़ एंड जेंटलमेन। मैं कैप्टेन जोंस फ़्लाइट डेक से आपसे बात कर रहा हूँ। मैं फ़्लाइट 123... या 321... 231 में आपका स्वागत करता हूँ! ख़ैर, यह बात कोई मायने नहीं रखती, क्योंकि मैं यह नहीं जानता हूँ कि हम आज कहाँ जा रहे हैं। कोई बात नहीं - मैं इतना भर सोचता हूँ कि हम उड़ान भरने वाले हैं ...उत्तर, दक्षिण या कुछ पूर्व की तरफ़। मैं निश्चित रूप से आशा करता हूँ कि मौसम अच्छा रहेगा और हमारे पास पर्याप्त ईंधन होगा। अवश्य ही, इन सबका पता लगाना ज़रा मुश्किल है क्योंकि हम नहीं जानते कि हम कहाँ जा रहे हैं, और अगर जानते भी हों, तो हम रास्ता नहीं जानते। जैसा कि आप देख सकते हैं कि हम बस उठकर चल पड़े हैं। यह एक बेहद ही अनौपचारिक सुबह होनी चाहिए, इसलिए बैठिए, आराम कीजिए और उड़ान का मज़ा लीजिए।"

मैं आपके बारे में नहीं जानता, पर मैं तो इस साथी के साथ नहीं जा रहा! उसके पास एक निर्धारित लक्ष्य नहीं है। वह कभी यह उड़ान पूरी नहीं कर सकेगा। मैं जितनी जल्दी हो सके, ऐसे प्लेन से बाहर निकलना चाहूँगा।

एक भद्दी कहानी? हाँ, मैं ऐसी ही आशा करता हूँ। पर मैं सोचता हूँ कि यह एक चौंकाने वाला तथ्य होगा, अगर हमें पता चले कि कितने ही लोग ठीक इसी तरीक़े से ज़िंदगी जी रहे हैं। आपको अपनी इच्छाओं और सपनों को केवल जानने की ही नहीं, बल्कि उनकी पूर्णता के लिए विस्तार से विशिष्टताएँ जानने की भी ज़रूरत है।

दक्षिणी कैलिफ़ोर्निया में मेरा एक मित्र है, जो एक घर लेना चाहता था। वह अच्छा-ख़ासा बिज़नेस चला रहा था, पर जिस घर को वह

ख़रीदना चाहता था, वह उसकी पहुँच से बाहर दिखाई पड़ रहा था। बहरहाल किसी वर्ष की पहली अक्टूबर को उसने उसी घर के पते पर तीन सौ लोगों को एक हाउसवौर्मिंग पार्टी में आमंत्रित किया। यह पार्टी आमंत्रण के एक साल बाद होनी थी। उसने न तो रियल इस्टेट एजेंट से बात की थी, न ही धन की व्यवस्था की थी और न ही उस घर को ख़रीदने का प्रयास किया था।

जब उसने इस मामले में बातचीत शुरू की, तो वह लोन के लिए बैंक गया, और उसे कहा गया, "माफ़ कीजिए, आप इसके मानदंड पर खरे नहीं उतरते हैं।" उसने कहा, "क्या मैं आपको एक पत्र लिखकर यह बता सकता हूँ कि मैं क्यों यह लोन लेने के लायक़ हूँ?" बैंकर ने कहा, "ज़रूर।" उसने वह सारे कारण लिखे, जिससे बैंक को उसे पैसा देना चाहिए और एक शानदार बात हुई। उसे लोन मिल गया। हालाँकि इसमें एक साल लग गया, पर पहली अक्टूबर को, उसके आमंत्रण पत्र भेजने के ठीक एक साल बाद ही वह अपने नए मकान में पार्टी मना रहा था।

अगर वह उस घर को नहीं ख़रीद पाता, तो क्या करता? मैं नहीं जानता। आप देखिए, उसने अपने लक्ष्य को स्पष्ट रूप से परिभाषित किया और उसे पा लिया।

तीसरा क़दम : निर्माण का सिद्धांत

पहला क़दम, अपनी चाहतों को तय करें। दूसरा क़दम, इसे स्पष्ट रूप से परिभाषित करें। तीसरा, इसे लिख डालें।

आप अपनी इच्छा को लिखते हैं या नहीं, क्या इससे वाक़ई कोई फ़र्क़ पड़ता है? हाँ, वास्तव में ऐसा होता है। मैं हर चीज़ ऐसी नहीं जानता, जो लिखने के कारण ही हुई हो, पर यह तरीक़ा काम करता है। हो सकता है कि यह आपके ध्यान को केंद्रित करता हो, हो सकता है कि जब आप इसे परिभाषित करने के बिंदु पर आते हैं, तो यह आपके विचारों की रूपरेखा तय करने में स्पष्ट और विशिष्ट भूमिका निभाता हो। शायद यह मस्तिष्क की कोशिकाओं के तंत्रिकीय बंध पर भी असर डालता है।

आपके लिए अगली चुनौती ये है : एक 3x5 इंच का कार्ड लें और उस पर उन दस चीज़ों की सूची लिख लें, जिन्हें आप अगले साल तक पाना

चाहते हैं। इस बात पर ध्यान न दें कि वह चीज़ें कैसे पाई जा सकेंगी, बस उन्हें लिख डालें। शायद उनमें से कुछ आपकी ज़िंदगी के मानसिक अनुभव या आध्यात्मिक, बिज़नेस, शारीरिक, सामाजिक या पारिवारिक लक्ष्य से जुड़ी हों। अपनी लिस्ट को ज़िंदगी के छह बड़े क्षेत्रों के बीच संतुलित करें। इस प्रक्रिया में ज़िंदगी के जिस हिस्से पर आप प्रभाव डालना चाहते हैं, उससे संबंधित लक्ष्य लिख लें।

मैं समझता हूँ कि इस प्रक्रिया पर विश्वास करने की मुश्किल से परिणाम में अंतर आ सकता है। जब मैंने इस प्रक्रिया को अपनाना शुरू किया था, तब मैंने भी इस क्षेत्र में एक चुनौती का अनुभव किया था। मैंने कहा, "मैं एक बुद्धिमान व्यक्ति हूँ। मुझे अपने लक्ष्य लिखने की ज़रूरत नहीं है।"

मुझे कहा गया, "उन्हें लिख डालो।"

"मैंने आठ साल तक उच्चतम शिक्षा पाई है और मेरे पास तीन डिग्रियाँ हैं। मैं अपने लक्ष्य याद रख सकता हूँ।"

"उन्हें लिख डालो।"

"मैं विश्वास नहीं करता कि इससे कोई अंतर हो सकता है।"

"उन्हें लिख डालो।"

"पर यह कैसे काम करता है?"

"उन्हें लिख डालो।"

"पर मैं..."

"उन्हें लिख डालो!"

आख़िरकार मैं समझ गया कि वे क्या कहना चाहते हैं - अपने लक्ष्य लिख डालो।

दूसरों के साथ भी विश्वास की ऐसी ही समस्या आ सकती है। हाल ही के एक सेमिनार के बाद एक महिला मेरे पास आई और बोली, "स्किप, मैंने आपके पाँच सेमिनारों में भाग लिया है और यह मेरे लिए उस तरह काम नहीं कर रहे, जैसा मैंने सोचा था।"

उससे कुछ सवाल पूछने के बाद आख़िरकार मैं समस्या तक पहुँच गया, "क्या आपने अपनी ख़्वाहिशों को लिखने में वक़्त लगाया है?" उसने कहा,

"अरे नहीं, मैंने ऐसा नहीं किया। हर समय आपने एक 3x5 इंच का कार्ड लेकर लिखने की बात कही, पर मैंने एक बार भी ऐसा नहीं किया।"

आपके पास लिखने के लिए जो भी हो, उसे इसी वक़्त निकालें और दस चीज़ें लिख डालें। कार्ड साथ में रखने लायक़ होना चाहिए, ताकि आप हर वक़्त उसे अपने साथ रख सकें। भले ही आप अपनी शर्ट की कॉलर फाड़ लें, पर उन्हें लिख डालें! जब आप अपनी ज़िंदगी से जुड़े कई क्षेत्रों में से अपने लक्ष्य लिखें, तो उन्हें इस तरह लिखें, जैसे कि वे सदाबहार यथार्थ हों। इस तरह के जुमलों के इस्तेमाल से बचें : मैं ऐसी उम्मीद करता हूँ," "मैं करूँगा;" इसके बजाय कहें, "मैं करता हूँ," "मेरे पास है," "यह अभी है।" वर्तमान काल का उपयोग करें।

जब आप उन दस चीज़ों के नाम लिख लें, जिन्हें आप अगले साल तक पाना चाहते हैं, तो उसे हर सुबह और हर रात को पढ़ें - हर सुबह और हर रात। हमारे युवा रैंच में, जब भी लड़के लड़कियाँ मुझे देखते, वे अपने आप कह उठते, "हर सुबह, हर रात, हर सुबह, हर रात।"

सर्किल ए रैंच में पूरे देश भर से युवा हमारे साथ दो हफ़्ते बिताने आए थे। हम शानदार ज़िंदगी जीने की अवधारणा सिखाने के लिए लगातार पाँच सत्र चला रहे थे। हर सुबह दो घंटे मैं उन्हें सिद्धांतों के बारे में बताता था। इसके बाद हम कुछ पुनर्रचनात्मक समय और प्रोजेक्ट्स पर काम करते थे। कुछ युवाओं और उनके अभिभावकों की तरफ़ से जो रिपोर्ट्स आईं, उनसे मैं और सूज़न उत्साहित थे। वास्तव में, कुछ बच्चों ने कैंप छोड़ने से पहले ही इन सिद्धांतों को अपना लिया था और उन्हें काम करते पाया था।

कैंप के आख़िरी दिन हमने एक छोटी-सी क्विज़ आयोजित की। इसका पहला भाग इस बात से जुड़ा था कि हमने पिछले दो हफ़्तों में किस बारे में चर्चा की। दूसरे हिस्से में युवाओं को ऐसी दस चीज़ें लिखने का समय दिया गया था, जिन्हें वे अगले साल तक पाना चाहते हैं। इस ख़ास सत्र के दौरान, एक लड़के ने अपनी इच्छित दस चीज़ें लिखीं और मैंने उसे कहा कि वह अब से हर सुबह और हर रात उन्हें पढ़ना शुरू करे।

वह नन्हा साथी अगले दिन अपने घर जाने के लिए एयरपोर्ट तक गया, और रैंच से बहुत देर से निकलने के कारण उसकी फ़्लाइट चूक गई।

हमारे स्टाफ़ के लोग उसे रैंच में वापस ले आए। दोपहर में वे उसे एक दूसरी फ़्लाइट के लिए ले गए, पर वह भी चूक गई। अगले दिन उसने अपनी तीसरी फ़्लाइट भी मिस कर दी। रैंच पर तीसरी बार वापस आने पर उसने कहा, "सुनिए, यह सिद्धांत वास्तव में काम करता है। अपने कार्ड में जो पहली चीज़ मैंने लिखी थी, वह यही है, 'मैं स्किप के रैंच में वापस लौटूँगा।' मैं दो दिन से घर जाने के लिए निकलने के बावजूद नहीं जा सका हूँ और तीन बार फिर यहाँ वापस आ चुका हूँ!"

हमारे पास ऐसे भी बच्चे हैं, जिनके रिपोर्ट कार्ड में ए और बी श्रेणी दी गई है क्योंकि उन्होंने खुद ही कार्यक्रम शुरू किया और कहा - "यह वही है, जो मैं चाहता हूँ, यही मेरे पास है, और यही मैं हूँ।"

एक व्यक्ति ने मुझे लिखा : "मेरे पास मेरे काड्र्स हैं और मैं उन्हें पढ़ रहा हूँ। मैंने अपनी सात साल की बेटी को भी इसमें जोड़ने में सफलता पाई है। उसने अपने कार्ड में लिखा है : क्रेयोला मार्कर्स, मोतियों वाली सोने की चेन, हीरे की अँगूठी, केनोपी बेड, स्कर्ट, ग्रे जैकेट, डार्सी कपड़े, स्टीरियो और बेबी क्लॉथ्स। आप देख सकते हैं कि मैं एक स्वप्नदृष्टा को प्रोत्साहित कर रहा हूँ। उसने अपने 13 वर्ष के भाई को भी बताया, "यह वाक़ई काम करता है!" उसने अपने मार्कर्स और सोने की चेन पा ली है।

एक अन्य युवा ने अपने कार्ड में लिखा था कि वह एक ख़ास टेप रिकॉर्डर ख़रीदना चाहता था। उसके पास धन नहीं था, पर उसने पूरा विवरण लिखा था कि उसे किस तरह का टेप चाहिए। उसे अंदाज़ा था कि इसकी क़ीमत कितनी होगी। रैंच छोड़ने के दो दिन पहले उसके पास एक महिला का फ़ोन आया। उसने कहा, "तुमने कुछ समय पहले मेरे लिए काम किया था, और मैंने तुम्हें इसका मेहनताना नहीं दिया था। अगर तुम आ सको, तो मैं तुम्हें 15 डॉलर दूँगी।" अगले दिन एक अन्य पड़ोसी ने इसी तरह का संदेश भेजा! कुछ दिनों बाद किसी का कॉल आया और उसने कहा, "मेरे पास तुम्हारे लिए काम है। अगर तुम इसे करते हो, तो मैं तुम्हें 10 डॉलर दूँगा।" अचानक ही उसके पास टेप रिकॉर्डर ख़रीदने के लिए पर्याप्त धन आ गया। वह युवक हर दिन, हर रात उस कार्ड को पढ़ता रहा। उस वक़्त उसके माता-पिता एक सफ़र पर गए हुए थे। उनकी अनुपस्थिति में युवक उस स्टोर रूम में गया, जहाँ उसके अभिभावकों ने

ठीक उसकी इच्छा के अनुरूप एक टेप रिकॉर्डर देखा था। उसने कार्ड पर अपनी इच्छा लिखने के दस दिन के भीतर उसे पूरा कर लिया!

अब मैं आपके सामने यह चुनौती रखता हूँ कि आप ऐसी दस चीज़ों के नाम लिखें, जिन्हें आप अगले साल तक हासिल करना चाहते हैं। इस बारे में चिंता न करें कि यह कैसे हो पाएगा। इसका हिसाब लगाने की कोशिश भी न करें। बस, उन्हें लिख डालें और हर सुबह, हर रात इसे पढ़ें और आप पाएँगे कि यह आपके साथ भी दूसरों के समान ही काम करने लगेगा। हमने इस किताब में इसी जगह आपके लक्ष्य लिखने के लिए जगह छोड़ने पर बहस की थी, पर एक 3x5 इंच के कार्ड पर लिखने से उन्हें साथ रखना आसान होगा, इसलिए एक कार्ड उठाएँ और अभी ही लिख डालें!

अब जबकि आपने अपनी सूची बनाकर एक कार्ड पर लिख ली है, तो यहाँ आपके पूरे दिन के बारे में विचार करने के लिए कुछ मूल बिंदु दिए गए हैं :

अगर आप अपने सपनों को हक़ीक़त में बदलना चाहते हैं, तो सोते न रहें।

ईश्वर ने हमें गरुड़ की तरह आकाश में ऊँचे उड़ने की इच्छा से बनाया है, पर हममें से कई गौरैया की तरह फुदकते रहते हैं।

अगर आप कोई चीज़ पाकर संतुष्ट हो गए हैं, तो उस व्यक्ति के लिए जगह छोड़ें, जिसने ऐसा नहीं किया है।

"टूटी हुई उम्मीद दिल को बीमार कर देती है, पर जब सपने अंततः सच हो जाते हैं, तो ज़िंदगी ख़ुशगवार हो जाती है" (प्रोवर्ब्स 13:12, टी एल बी)।

7

कलाकार हमारे भीतर है

सिद्धांत # 4ः दृश्य कल्पना का सिद्धांत
"अपनी चाहतों की दिमाग़ में एक स्पष्ट तस्वीर बनाएँ, इसे भावनाओं से जीवंत करें और थामे रहें।"

हमारे समय के महान लेखक हमें लिविंग रूम की कुर्सी से उठाकर विदेशों, अन्य युगों और ऐसे लोगों की हैरतअंगेज़ संस्कृति में ले जाने में सक्षम हैं, जो हमारे अनुभव से बाहर की बात है। मानव ज्ञान के इन क्षेत्रों की ये यात्राएँ हमारे जीवन को समृद्ध कर सकती हैं या हमारी भावनाओं को दूषित भी कर सकती हैं। यह प्रभाव हमारे द्वारा चुनी गई पुस्तकों और उनके लेखकों पर निर्भर करता है। वे कल्पना करने की उस शक्ति को जानते हैं, जो हम पर हावी हो जाती है।

आपके भीतर भी कल्पना की वह शक्ति मौजूद है, जो आपको आपकी इच्छाओं को पूरा करने लायक़ बनाती है। सबसे पहले अपनी चाहतों की दिमाग़ में एक स्पष्ट तस्वीर बनाएँ, पर यही पर्याप्त नहीं है। अपने सपनों के घर या अपनी चाही गई यात्रा अथवा अपने द्वारा गोद लिए जाने वाले बच्चे की कल्पना कर लेना ही पर्याप्त नहीं है। आपको इन्हें भावनाओं से सँवारने की ज़रूरत है। ख़ुद को इस तस्वीर में सक्रियता से स्थापित करें।

सूज़न और मैं अपने एक बिज़नेस एसोसिएट्स जोड़े के साथ बहामास

की यात्रा पर जा रहे थे। साथी की पत्नी उस यात्रा को लेकर काफ़ी उत्साहित थी, क्योंकि यह उसकी ज़िंदगी का पहला मौक़ा था, जब वह घर के आसपास के बजाय इतनी दूर जा रही थी।

जब हमने बताया कि हमारी अगली बिज़नेस ट्रिप हवाई की हो सकती है, तो उस महिला ने तय कर लिया कि वह भी जाना चाहती है। उसने दिमाग़ में एक तस्वीर बनाना शुरू कर दी और इसमें भावनाएँ जोड़ दीं। यही वह रास्ता था, जिससे वह यह यात्रा कर सकती थी। हमारा समूह क्रिसमस के दूसरे दिन हवाई की यात्रा के लिए निकल रहा था। उसने क्रिसमस की सुबह अपने परिवार की तस्वीर बना ली कि सुबह बच्चे अपने उपहारों को खोलने के लिए दौड़ते हुए सीढ़ियाँ उतर रहे हैं। बच्चे उपहारों के लिए बेहद उत्साहित हो सकते हैं, पर उनमें लगेज की कोई जगह नहीं है। बहरहाल, माँ के दिमाग़ की आँखों ने एक तस्वीर फैलाई, जिसमें उसके बच्चे पेड़ के नीचे रखे बड़े से पैकेज को खोलने के लिए भाग रहे हैं, वे पैकेज का कवर हटाते हैं और एक सूटकेस मात्र पाते हैं। नतीजा, लटके हुए चेहरे! बहरहाल, वह उन्हें सूटकेस खोलते देखती रहती है, जिसमें एक नोट पड़ा है, जो कहता है, "जितनी तेज़ी से पैकिंग कर सकते हो, कर डालो, क्योंकि सोलह घंटों में हम हवाई के लिए निकल रहे हैं।"

यह भावनाओं से भरपूर कल्पना थी! उसने इसमें कल्पना की थी कि वह, उसके पति और तीनों बच्चे प्रशांत महासागर के ऊपर से उड़कर हवाई में उतर रहे हैं और इसके बाद वे वाइकिकी की लहरों में खड़े हैं, जहाँ प्रशांत महासागर की नर्म, ख़ुशबूदार हवाएँ उसके बालों को सहला रही थीं। उन्होंने वहाँ सूर्यास्त देखा, जो डायमंड हेड के पीछे डूबता हुआ महसूस हुआ।

ख़ैर, वे हमारे साथ हवाई गए और यह वाक़ई एक शानदार समय था!

आइंस्टीन ने कहा था, "जानकारी के बजाय कल्पना ज़्यादा महत्वपूर्ण है।" नेपोलियन का भरोसा था, "मानव जाति उसकी कल्पनाओं से शासित होती है।" "कल्पना हर चीज़ बनाती है; यह ख़ूबसूरती, न्याय और ख़ुशी रचती है, जो इस दुनिया में सब कुछ है" (पास्कल)।

कल्पना में चौतरफ़ा शक्ति है। हम बेहद रचनात्मक लोग हैं। इसके बावजूद हममें से ज़्यादातर लोग अपनी रचनात्मक योग्यता को दबाए बैठे हैं।

अपनी रचनात्मकता को उभारें

अलग-अलग उम्र के लोगों की रचनात्मकता का स्तर खोजने के लिए एक सर्वेक्षण कराया गया। सभी जाँचों के बाद आँकड़ों ने यह बताया कि 40 की उम्र के दो प्रतिशत पुरुष एवं महिलाएँ बेहद रचनात्मक थे। परिणाम में बताया गया कि युवा लोगों से घुलने-मिलने के कारण 35 वर्ष के 2 प्रतिशत महिला-पुरुष बहुत ज़्यादा रचनात्मक हैं। तीस साल की उम्र के 2 प्रतिशत लोग बेहद रचनात्मक थे। यह सर्वेक्षण सात साल के बच्चों के वर्ग तक पहुँचने तक जारी रहा। उनमें से दस फ़ीसदी बेहद रचनात्मक थे। बहरहाल, बाद के अध्ययनों ने बताया कि पाँच वर्ष के 90 प्रतिशत बच्चे बेहद रचनात्मक थे। पाँच से सात साल की उम्र में हममें से 80 फ़ीसदी लोग एक छवि, एक तस्वीर, एक नज़रिया विकसित कर लेते हैं कि हम रचनात्मक नहीं हैं और हम ईश्वर द्वारा दिए गए साधन के इस ख़ास हिस्से के लिए इंकार करना शुरू कर देते हैं।

मैं आपको यह बता देना चाहता हूँ कि जब हम कल्पना के सिद्धांत की बात करते हैं, तो हमारी रचनात्मक क्षमता, हमारी कल्पनाशीलता बेहद महत्वपूर्ण हो जाती हैं।

हमारी कल्पनाशीलता की योग्यताओं की शक्ति क्या है? हम ख़ुद को जितना समझते हैं, उससे कहीं ज़्यादा सक्षम, प्रतिभाशाली और योग्य होते हैं। यह हमारे भीतर ही कहीं तैयार रहता है और बस बाहर निकलने की राह की प्रतीक्षा कर रहा होता है।

एक व्यक्ति ने एक दिन एक रियल इस्टेट एजेंट को बुलाया और कहा, "मैं इस मकान में रहते-रहते थक गया हूँ। मैं चाहता हूँ कि आप आएँ और मेरे सपनों के घर की तस्वीर जान लें।" वह एजेंट आया और उस आदमी के सपनों के घर का विवरण ले लिया। उसने अपने द्वारा इच्छित कमरों, मकान के लिए ज़मीन, कमरों का आकार और वास्तुशिल्प के प्रकार की सूची बना ली।

एजेंट ने सभी विशेषताएँ नोट कीं और चला गया। कुछ दिनों बाद ही क्लाइंट ने अपने एजेंट को फ़ोन किया और चीख़ते हुए कहा, "मैं बेहद उत्साहित हूँ! मैं जिस तरह का घर चाह रहा था, मुझे ठीक वैसा ही घर मिल गया है।"

एजेंट ने कहा, "मुझे इसके बारे में बताएँ।"

उस व्यक्ति ने कहा, "मैं तुम्हें पढ़कर सुनाता हूँ। यह मेरे सामने अख़बार में है।" इसके साथ ही उसने इच्छित कमरों, ज़मीन, ख़ाली जगह जैसे हर विवरण को विस्तार से सुनाते हुए कहा, "मैं जो चाहता था, वह सब मिल गया।"

एजेंट ने कहा, "माफ़ कीजिए! क्या आप मेरे साथ मज़ाक़ कर रहे हैं?"

"बिल्कुल नहीं, मैं अपने सपनों के घर के बारे में ही पढ़ रहा हूँ। क्या आप मेरे लिए यह मकान ढूँढ़ सकते हैं?"

एजेंट ने कहा, "मैं निश्चित रूप से ढूँढ़ सकता हूँ। मैंने इसे नोट कर लिया है।"

ख़रीदार ने एजेंट से कहा कि वह तुरंत आ जाए और उस ख़ास संपत्ति को दिखाने ले जाए। जब एजेंट पहुँचा, तो उसने कहा, "आइए, मैं तैयार हूँ। चलिए चलें।"

एजेंट ने अपने क्लाइंट की तरफ़ देखा और उसे गंभीर देखकर बोला, "हमें कहीं भी जाने की ज़रूरत नहीं है। आपने जो विज्ञापन पढ़ा था, वह मैंने आपके इसी मकान के लिए लिखा था। आप अपने सपनों के घर में अभी ही रह रहे हैं।"

हम उस हैरान आदमी के जैसे ही हैं। कई बार हम अपनी योग्यताओं और क्षमताओं पर ख़ासतौर से रचनात्मक कल्पना के क्षेत्र में संदेह करते हैं। अगर हम किसी तरह से देख सकते कि वाक़ई हम क्या हैं, तो हम समझ पाते कि हमारे भीतर पहले से ही कितनी ज़्यादा प्रतिभा भरी है। हमारे भीतर यह देखने की रचनात्मक योग्यता पहले से ही है कि हम क्या चाहते हैं। हमें इस योग्यता को कहीं बाहर तलाश नहीं करना है।

अपनी कल्पनाओं का अभ्यास करें

हाल ही के मस्तिष्क शोध और मानव प्रेरणात्मक अध्ययनों में से एक वाक़ई उत्साहजनक खोज सामने आई है, जो बताती है कि व्यावहारिक उद्देश्य के लिए किया गया एक काल्पनिक अनुभव यथार्थ चीज़ों के समान ही होता है।

हाईस्कूल की कुछ बास्केटबॉल टीमों को उनकी फ़्री थ्रो शूटिंग योग्यता जाँचने के लिए चुना गया। बहरहाल, जाँच कार्यक्रम शुरू होने से पहले जाँचकर्ताओं ने टीमों से फ़्री थ्रो मारने को कहा और तब उनका प्रतिशत रिकॉर्ड किया गया। वे 100 में से कितने फ़्री थ्रो प्राप्त कर सके?

इसके बाद उनमें से दो टीमों को दो हफ़्तों तक हर दिन पाँच घंटे के लिए बास्केटबॉल के मैदान में उतरने को कहा गया, "हम यह चाहते हैं कि आपमें से प्रत्येक हर दिन फ़्री थ्रो शूटिंग का अभ्यास करे और 100 में से अपने शॉट्स का प्रतिशत सुधारे।" इन सभी साथियों ने दो हफ़्ते तक हर दिन पाँच घंटे तक अभ्यास किया।

दो टीमों को प्रयोग के नियंत्रण पक्ष में रखा गया। वे दो हफ़्ते तक बास्केटबॉल को हाथ तक नहीं लगा सकते थे।

दो अन्य टीमों से कहा गया, "रोज़ाना दो घंटे बास्केट्स शूट करें और इसके बाद बाक़ी समय में बैठकर सिर्फ़ कल्पना करें कि आप बास्केट्स शूट कर रहे हैं।" इन साथियों ने कुछ समय अभ्यास के बाद बैठकर अपनी कल्पना में बास्केट्स शूट करने का अभ्यास किया।

आख़िरी समूह को कहा गया कि वे अपनी कल्पनाओं में बार-बार अभ्यास करने के अलावा कुछ न करें। इसके साथ ही उन्हें यह भी बताया गया कि वे इस प्रक्रिया को भावुकता से कैसे जोड़ सकते हैं। उन्हें कल्पना करने के लिए कहा गया कि वे फ़्री थ्रो लाइन पर खड़े हैं। बॉल गेम ख़त्म हो चुका है। अंतिम बज़र बज चुका है। परिणाम आपके पक्ष में नहीं है पर आपको बज़र के साथ फ़ाउल मिला है। आपकी टीम एक पॉइंट से पीछे है। आपके हाथ में दो फ़्री थ्रोज़ आते हैं। अगर आप दोनों थ्रोज़ शूट कर लेते हैं, तो आपकी टीम जीत जाती है। आप लीग के चैम्पियंस बन जाते हैं और खेल ख़त्म हो जाता है। महसूस करें कि आप लाइन पर हैं; आप रेफ़री से बॉल लेते हैं, उसे ज़मीन पर उछालते हैं, ख़ुद को शांत रखने का प्रयास करते हैं। जब आप व्यवस्थित हो जाते हैं, तो आपको महसूस होता है कि आपने बॉल उछाल दी है और आप देखते हैं कि आपकी कल्पना के मुताबिक़ बॉल नेट में झूल रही है। भीड़ उछल पड़ती है और मैच टाई हो गया है। आपके पास एक और फ़्री थ्रो है। आपको पेट में ऐंठन का एहसास होता है; आप इतने ज़्यादा उत्तेजित हैं कि ख़ुद को मुश्किल से

सँभाल पा रहे हैं। अगले थ्रो के साथ ही बॉल फिर नेट पर झूल रही है। आप जीत चुके हैं। कानों को बहरा कर देने वाला हो-हल्ला मच जाता है। भीड़ दौड़कर मैदान में उतर आती है और आप चंद कंधों की सवारी कर रहे होते हैं। आप हीरो बन गए हैं! आपने चैंपियनशिप जीत ली है!

दो हफ़्तों तक इन लड़कों ने अपनी कल्पनाओं में अभ्यास किया। इस अवधि के बाद सभी टीमों की फ्री थ्रो शूटिंग योग्यता का परीक्षण किया गया। यह पाया गया कि जिन टीमों ने चौदह दिनों तक लगातार हर दिन पाँच घंटे अभ्यास किया, उन्होंने अपनी योग्यता में क़रीबन एक फ़ीसदी का इज़ाफ़ा किया। जिन टीमों को हर दिन दो घंटे खेलने और बाक़ी समय कल्पना में बास्केट्स शूट करने के लिए कहा गया था, उन्होंने भी अपनी योग्यता में एक प्रतिशत वृद्धि की।

बहरहाल, जिन टीमों को अपनी कल्पनाओं में भावना भरना सिखाया गया था, उन्होंने अपनी फ्री थ्रो शूटिंग में $4\frac{1}{2}$ प्रतिशत वृद्धि की!

कल्पनाशीलता के साथ भावनाओं का मेल काम करता है।

किसी भी स्पष्ट या धुँधले दिन में कल्पना महान होती है

जो अदृश्य को देख लेते हैं, वे असंभव कर दिखाते हैं। जब अदृश्य लक्ष्यों की कल्पना की जाती है और उसमें उत्साह, भावनाओं और विशेष विवरण का समावेश किया जाता है, तो कल्पना के सिद्धांत की शक्ति बढ़ जाती है।

मेरी एक लेखिका मित्र कहती हैं कि वे कल्पना करती हैं, कि किसी बुक स्टोर में एक खिड़की पर उनकी किताब सबसे आगे जमी है, उसका आकर्षक कवर पास से ग़ुज़रते लोगों का ध्यान खींच रहा है। वह किताब में सबसे नीचे अपना नाम लिखा देखती हैं, जो यह बताता है कि वह इस किताब की लेखिका हैं। वे एक पत्र को खोलने के बाद मिली उत्तेजना की कल्पना करने लगती हैं, जो कहता है, "आपने जो कुछ कहा, उसके लिए धन्यवाद। आपकी किताब मेरे लिए बहुत मायने रखती है।"

जब हम रोज़मर्रा की चुनौतियों का सामना करते हैं, तो वे हमें कल्पना करना सिखाती हैं कि हम कहाँ जा रहे हैं और क्या चाहते हैं। हमारी यही कल्पना हमें आगे बढ़ने की प्रेरणा देने का एक और तरीक़ा साबित होगी।

जेम्स न्यूमैन ने अपनी किताब *रिलीज़ योर ब्रेक्स* में इसी से संबंधित एक सैनिक बिल की कहानी का ज़िक्र किया है, जो कोरिया युद्ध में गंभीर रूप से घायल हो गया था। कई हफ़्तों तक बिल हॉस्पिटल में बेड पर लकवाग्रस्त पड़ा रहा था। वह अपनी आँखें और जबड़े के अलावा कोई भी अन्य माँसपेशी हिला पाने के क़ाबिल नहीं था। अगर वह पढ़ना चाहता, तो नर्स उसके बिस्तर पर एक रैक लगाकर उस पर किताब अटका देती थी। कुछ समय बाद बिल को एक विचार सूझा। वह हमेशा से टाइप करना सीखना चाहता था। इसलिए उसने टाइपिंग की किताब माँगी और टाइपराइटर के की-बोर्ड पर हर अक्षर की स्थिति याद करने में लग गया। अपनी कल्पना में वह देखता कि उसकी उँगलियाँ सही कीज़ को छू रही हैं और काग़ज़ पर शब्द उतरते जा रहे हैं। हॉस्पिटल के उस बिस्तर पर एक भी माँसपेशी को हिलाए बिना बिल रोज़ाना 15 से 20 मिनट तक टाइपिंग का अभ्यास करता रहा।

गहन शारीरिक उपचार के बाद बिल अपनी बाँहें और हाथ घुमाने की स्थिति में आ गया। अंततः वह हॉस्पिटल के ऑफ़िस में गया और उसने पूछा कि क्या वह कुछ मिनटों के लिए टाइपराइटर का इस्तेमाल कर सकता है। उसने मशीन में एक पेपर शीट लगाई और टाइप करने लगा। छूकर टाइप करने की अपनी नई प्रतिभा के पहले ही प्रयास में उसने बिना किसी ग़लती के 55 शब्द एक मिनट में टाइप किए। आप देखिए, अपनी दृश्य कल्पना में उसने किसी भी ग़लती का अभ्यास नहीं किया था!

दृश्य कल्पना दृश्य के आध्यात्मिक क्षेत्र के समान नहीं है। बहरहाल, कुछ परिस्थितियों में वे बेहद नज़दीक से संबंधित हो सकती है, जब दिल की इच्छाएँ विशेष रूप से परिभाषित हो जाती हैं और वस्तुएँ बेहद स्पष्ट रूप से नज़र आने लगती हैं कि एक व्यक्ति उन उपलब्धियों पर केंद्रित होने के योग्य हो जाता है, तब ऐसी स्थिति बनती है। उदाहरण के लिए, प्रसिद्ध डच महिला; कोरी टेन बूम जब रेवेंसब्रक में जेल में थीं, तो वे अपनी बहन बेट्सी से एक घर के बारे में बातें करती थीं, जहाँ वे युद्ध के बाद रहना चाहती थीं। उन्होंने एक ऐसी ख़ूबसूरत जगह की दृश्य कल्पना की, जहाँ बगीचे के बीच बड़े, भव्य कमरे हों, जहाँ युद्ध के कष्टों से दुखी लोग अपने ज़ख़्मी शरीर और आत्मा को फिर दुरुस्त कर सकें।

उन्होंने अपनी बातचीत में लकड़ी के पॉलिश किए हुए बैनिस्टर के साथ बनी सीढ़ियाँ, लकड़ी के फ़र्श और लंबी खिड़कियों तक की चर्चा की, जहाँ से कमरों में भरपूर रोशनी आ रही हो।

जेल कैंप से रिहा होने के कुछ ही समय बाद कोरी को हॉलैंड के बेहद ख़ूबसूरत शहरों में से एक में एक बेहद बड़े मकान के इस्तेमाल का निमंत्रण मिला। यह ठीक वैसा ही था, जैसा दृश्य कल्पना में उन्होंने देखा था।

एक तस्वीर में भावनाएँ

अगर आप कोई चीज़ पाना चाहते हैं, तो उसकी तस्वीरें काटें और अपने फ्रिज, बेडरूम के आइने या अपने डैशबोर्ड पर चिपका दें। कई लोग ऐसा करते हैं और फिर भी दृश्य कल्पना के सिद्धांत की शक्ति को प्राप्त नहीं कर पाते, क्योंकि वे भावना नाम के एक महत्वपूर्ण तत्व की उपेक्षा कर देते हैं। एक अवसर पर जब मैंने इस बारे में कहा, तो एक महिला ने मुझे बताया कि उसने दृश्य कल्पना में वास्तविक भावनाएँ भरने का निश्चय किया है। हमारे बिज़नेस में 'याट प्रोग्राम' नाम का एक प्रलोभन है। जब लोग उपलब्धि के एक ख़ास स्तर तक पहुँच जाते हैं, तो कंपनी अपने ख़र्च पर उन्हें एक ख़ूबसूरत समुद्री जहाज़ में यात्रा करने भेजती है। यह महिला उसी यात्रा को करने की इच्छुक थी। इसलिए उसने उस समुद्री जहाज़ की एक तस्वीर अपने रेफ्रिजरेटर और दूसरी अपने बाथरूम के आइने पर लगा ली। उसने अपने पूरे घर में ये तस्वीरें लगा लीं, ताकि वह जहाँ से भी ग़ुज़रे, उसकी नज़रें इस पर पड़ती रहें। इसके बाद उसने अपने पति के साथ इस यात्रा की दृश्य कल्पना करना शुरू की। रोमांस फिर से जी उठा था, वे बड़े से कैरेबियाई चंद्रमा के नीचे डेक पर बैठे थे और कटिबंधीय ख़ुशबूदार हवाओं की गर्माहट का मज़ा ले रहे थे। उसके पास वे कपड़े थे, जिन्हें वह पहनना चाहती थी, सभी तरह के पकवान थे, जिन्हें वह खाना चाहती थी। अब दृश्य कल्पना का सिद्धांत पूरी तरह काम कर रहा था।

"पर स्किप," उसने अपने सपने का विवरण देने के बाद कहा, "मुझे याट ट्रिप की कल्पना करना बंद करना पड़ा।"

मैंने पूछा, "आपने ऐसा क्यों किया?"

"क्योंकि मैंने ठीक वैसे ही तस्वीर में भावनाएँ भरीं, जैसे आपने बताई

थीं, पर मुझे अपने घर का काम करते वक़्त समुद्री बीमारी शुरू हो गई थी!"

मेरे एक अच्छे दोस्त और बिज़नेस एसोसिएट फ्रैंक ने अपने बुलेटिन बोर्ड पर मासेराती कार की तस्वीर लगा रखी थी और वह बोला कि जब वह बिज़नेस में एक निश्चित लक्ष्य पा लेगा, तो वह यही कार ख़रीदेगा। वह तस्वीर एक स्पोर्ट्र्स कार मैग्ज़ीन *रोड एंड ट्रैक* से ली गई थी और फ्रैंक इसे हर दिन देखा करता था। वह ख़ुद को उस कार में बैठकर गलियों में ड्राइव करते देखने की कल्पना करता और खिल उठता। जब वह अपने नए इनाम वाले स्तर पर पहुँच गया, तो उसने कार का ऑर्डर दिया। बहरहाल, जब कार उसके घर पहुँची, तो इसका रंग ग़लत था। सही कार के लिए कड़ी मेहनत करने के बाद वह उससे जुड़ी हर मनचाही विशिष्टता पूरी करना चाहता था।

डीलर ने फ्रैंक को बताया कि उसके शोरूम पर ठीक उसी रंग की मासेराती है, जैसी वह चाहता है, पर शोरूम वहाँ से 1,000 मील दूर है। उसे कार पर समान वारंटी देने का वादा किया गया। विचार-विमर्श के बाद फ्रैंक उस कार को देखने के लिए राज़ी हो गया। यह शानदार थी। उसने उस कार को घर लाने का निश्चय किया। बाद में उसने पाया कि यह *ठीक वैसी ही कार* थी, जिसकी तस्वीर मैग्ज़ीन में प्रकाशित हुई थी और महीनों पहले उसके सपनों में आकर बस गई थी।

दृश्य कल्पना का सिद्धांत यही है : आप जो चाहते हैं, उसके बारे में दिमाग़ में एक तस्वीर बनाएँ (एक लाल मासेराती!), इसमें भावनाएँ जोड़ें (फ्रैंक, इसे ख़ुद को चलाते हुए महसूस करो) और इस पर डटे रहें (भले ही आपके पास ग़लत रंग पहुँचा दिया गया हो)।

एक आविष्कारक अपने आविष्कार को उसके पुर्ज़ों के अपनी जगह बैठ जाने से पहले ही देख लेता है।

एक अभिनेता किसी दृश्य को अभिनीत करने से पहले ही मंच पर कल्पना में देख लेता है।

एक वास्तुशिल्पी ड्राफ़्टिंग टेबल को छूने से पहले अपने दिमाग़ में उस इमारत की तस्वीर बना लेता है।

एक छात्र अंतिम वर्ष की तैयारी करने के दौरान ही औनर सोसायटी रॉल में अपना नाम देख लेता है।

प्रोफ़ेशनल गोल्फ़ सर्किट में धन जीतने वालों में अग्रणी जैक निकलॉस कहते हैं कि हर शॉट से पहले वे इसे अपने दिमाग़ की आँखों से देख लेते हैं। वह ख़ुद को बॉल पर शॉट मारते हुए देखते हैं, अपने पैरों और सिर की स्थिति, पीछे का झुकाव, क्लब हेड की बॉल पर मीटिंग... उनका सर झुका होता है और वह बॉल के छायाचित्र देखने में जुटे रहते हैं। बॉल हरियाली को छूती है, कप की तरफ़ लुढ़कती है और अगले शॉट के लिए लाइन पर होती है। निकलॉस हर शॉट को इसी तरह से देखते हैं। संभव है कि यह मात्र संयोग हो कि वे प्रोफ़ेशनल गोल्फ़ सर्किट के अग्रणी धन विजेता हैं या फिर ऐसा भी हो सकता है कि दृश्य कल्पना का सिद्धांत वास्तव में काम आता है।

क्या ये सिद्धांत आपके लिए काम करेंगे? वे ही विचार आपके लिए काम करेंगे, जिनसे आप काम लेना शुरू कर देते हैं।

एक कल्पना के बिना कोई भी राष्ट्र नष्ट हो जाएगा, एक मूल्यवान लक्ष्य कुम्हला जाएगा और ईश्वर का एक रचनाशील बच्चा हार जाएगा।

आप जो भी चाहते हैं; उसकी एक स्पष्ट तस्वीर बना लें, इसमें भावनाएँ जोड़ें और इसे थामे रहें।

8

इसके अस्तित्व को शब्द दें

सिद्धांत # 5: नियंत्रण का सिद्धांत
"आपको किसी चीज़ के बारे में निर्णय लेना होगा और यह आपमें ही बस जाएगी" (जॉब 22:28, के जे वी)।

मैं अपने पढ़ने के कमरे में इन शब्दों को लिखने बैठा हूँ और इसी के साथ मेरी नज़रों में कई एकड़ में फ़सल कटाई के लिए तैयार दिख रही है। इन खेतों में अनाज की प्रचुरता शब्दों की शक्ति का एक प्राकृतिक साकार चित्रांकन है। एक बार अनाज ज़मीन पर पड़ जाए, तो प्रक्रिया शुरू हो जाती है, जो आख़िरकार फ़सल की कटाई पर थमती है। हम उन शब्दों की भी फ़सल काटते हैं, जिन्हें हम बोते हैं। किसी ने कहा है, "एक बार बोले गए शब्द कभी वापस नहीं लौटते।" जब हम उस प्रक्रिया के बारे में बात करते हैं, जो शब्दों को यथार्थ बनाती है, तो हम एक ऐसे क़दम के साथ व्यवहार कर रहे होते हैं, जिसका न सिर्फ़ कुछ परिणाम होता है, बल्कि यह हमारी ज़िंदगी को चौतरफ़ा प्रभावित करने की शक्ति रखता है।

शब्दों में लोगों को आगे बढ़ाने की शक्ति होती है। इमर्सन ने कहा है, "भाषण में शक्ति है : भाषा फुसला सकती है, रूपांतरित करवा सकती है और बाध्य कर सकती है।" मेरी लाइब्रेरी में ऐसी कई किताबें हैं, जिनमें ग़ुज़रे ज़माने के पुरुषों और महिलाओं द्वारा बोले गए यादगार शब्द रिकॉर्ड हैं। कई बार हम लोगों को उनके द्वारा कही गई बातों के कारण याद

रखते हैं। कुछ को नीचे देखें :

"डर के अलावा हम किसी भी दूसरी चीज़ से नहीं डरते हैं।"
"मुझे स्वतंत्रता दे दो या मुझे मौत दे दो।"
"यह न पूछें कि आपका देश आपके लिए क्या कर सकता है, बल्कि यह पूछें कि आप अपने देश के लिए क्या कर सकते हैं।"
"मेरे पास एक सपना है।"
"मानव संघर्ष के मैदान में बहुतों के द्वारा नहीं, बल्कि कुछ के द्वारा कइयों पर शासन किया गया है।"
"अपना चेहरा सूरज की तरफ़ रखो, और आप अपनी छाया नहीं देख सकते।"
"दुनिया छोटी बातों को ही याद करेगी, लंबे समय तक यह नहीं याद रखा जाएगा कि यहाँ क्या कहा गया है, बल्कि यह कभी नहीं भुलाया जाएगा कि इसका प्रभाव क्या हुआ है।"
"मैं विश्व का प्रकाश हूँ। जो मेरा अनुसरण करता है, वह कभी भी अँधकार में नहीं टहलेगा।"

आपने कैसे किया? क्या आपने रूज़वेल्ट, पैट्रिक हेनरी, जॉन कैनेडी, मार्टिन लूथर किंग, विंस्टन चर्चिल, हेलेन केलर, अब्राहम लिंकन, नाज़रेथ के जीसस को पहचाना? निश्चित रूप से यहाँ शब्दों की वह प्रोत्साहन भरी शक्ति काम करती है, जो इतिहास को बदल डालने की शक्ति रखती है। बहरहाल, जब हम नियंत्रण का सिद्धांत देते हैं, तो यह हमारे लिए अहम् बात नहीं होती है।

यह अध्याय जॉब की ओल्ड टेस्टामेंट में से लिए गए एक सारांश कथन के साथ शुरू हो रहा है : "किसी चीज़ के बारे में आप निर्णय करेंगे और यह आप में ही बस जाएगी।" संभव है कि किंग जेम्स ने यह नहीं पढ़ा होगा, इसलिए मुझे एक नए सुधरे हुए अनुवाद के बारे में आपको बताने दें (इसे रॉस अनुवाद भी कहा जा सकता है) : "आप अपने मुँह से जो भी बोलेंगे, वह होकर रहेगा, इसलिए ध्यान रखें कि आप क्या कहते हैं!" हम *आपके शब्दों* की ही बात कर रहे हैं। इसके लिए आपको दुनिया का

जाना-माना वक्ता बनने की ज़रूरत नहीं है। हम एक ऐसी प्रक्रिया के बारे में बता रहे हैं, जो ज़िंदगी बदलने वाली शक्ति को एक सकारात्मक या नकारात्मक दिशा में मोड़ सकती है।

सेनेका ने एक बार कहा था, "भाषा मस्तिष्क का सूचीपत्र है।" ईसा मसीह ने इसे इस तरह कहा है, "हृदय के सारे उद्‌वेगों को मुख व्यक्त करता है।" आपको करना यह है कि आप इस बात पर ध्यान देना शुरू करें कि आप क्या बोलते हैं। बोले गए शब्द आपके मस्तिष्क में एक छवि बनाते हैं और मस्तिष्क में बनी यही छवि हक़ीक़त में तब्दील हो सकती है।

जीवन के सभी छह महत्वपूर्ण क्षेत्रों पर बहस करते हुए हम उन मौजूदा समस्याओं के बारे में बोलते हैं, जिन्हें हम बिल्कुल पसंद नहीं करते। हमारे द्वारा बोले गए शब्दों की शक्ति हमारी इच्छा के अनुरूप स्थिति तैयार कर सकती है या उन परिस्थितियों से बचा सकती है, जिनसे हम बचना चाहते हैं।

बचपन में मैं परिस्थितियों के अनुरूप बीमारी का बहाना बनाने में निपुण था। मैं उस वक़्त नहीं समझता था कि मैं क्या कर रहा था, पर परिणाम हमेशा मेरी इच्छा के अनुरूप होता था। अगर मैं किसी दिन स्कूल नहीं जाना चाहता, तो एक रात पहले ही मैं उसके लिए माहौल बना लेता। रात को ही मैं बेहद परेशान दिखने लगता, कंधे लटका लेता और कहता, "माँ, मुझे अच्छा नहीं लग रहा है... मेरा सिर भी दुख रहा है। मुझे पक्का मालूम है कि मुझे फ़्लू या ऐसा ही कुछ हो रहा है।"

अगली सुबह तक मेरी बीमारी के लक्षण बरक़रार रहते। आख़िरकार इस पूरी बहानेबाज़ी से मैं इतना माहिर हो गया था कि मैं सबको चला देता था।

आपने किसी को यह कहते हुए सुना है, "मैं वज़न कम नहीं कर सकता। मैंने ऐसे हर आहार का प्रयास किया है, जिससे वज़न घटे, पर मैं इसे कम नहीं कर पाया, बल्कि वज़न बढ़ा हुआ पाया है?"

उससे यह महत्वपूर्ण सवाल पूछें, "क्या आप यही चाहते हैं?"

"निश्चित रूप से मैं ऐसा नहीं चाहता," तुरंत जवाब मिलेगा। फिर ऐसा क्यों कहते हैं? आपके शब्दों की शक्ति इसे अस्तित्व दे सकती है और सच बना सकती है।

अपने भविष्य को व्यक्त करें

मेरे पिता बेहद बुद्धिमान थे। वे ज़्यादा पढ़े-लिखे नहीं थे, पर बुद्धिमान थे। वे शब्दों की प्रोत्साहित करने की शक्ति से वाक़िफ़ थे। जब वे 14 वर्ष के थे, तभी से उन्होंने उपदेश देना शुरू कर दिए थे और अपनी मृत्यु से कुछ वर्ष पूर्व तक यह जारी रहा था। हमारे देश में ऐसे हज़ारों लोग हैं, जो बेहतर पाने के लिए इसलिए बदलने को तैयार हुए, क्योंकि मेरे पिता का संदेश उन तक पहुँचा और उसने उनके जीवन को प्रभावित किया।

पर मुझे शक है कि मेरे पिता हम जैसे भुलक्कड़ों में से एक हो जाते थे। ख़ासतौर पर स्वयं के भविष्य के लिए हमारे अपने शब्दों की शक्ति पहचानने में वे चूक जाते थे। मेरे पिता के पास कभी भी बहुत ज़्यादा धन नहीं रहा और न ही उन्होंने ढेर सारा धन कमाने में रुचि ली। मंत्रालय से सेवानिवृत्त होने के बाद उन्होंने अपने समय को स्टॉक मार्केट की गुत्थियाँ सुलझाने में लगा लिया। वे अच्छे थे। एक हफ़्ते मैंने उन्हें कई स्टॉक ट्रांज़ेक्शंस का कॉल करते महज़ इसलिए पाया, ताकि उनके एक दोस्त को पाँच दिनों में ढाई लाख डॉलर की कमाई हो सके। बहरहाल, मेरे पिता अपने सुझावों को ख़ुद कभी भी अमल में नहीं लाते थे। “क्यों पिताजी? आप अपने रिटायरमेंट के इतने वर्षों में उन पाँच दिनों की तरह आसानी से धन का पहाड़ खड़ा कर सकते थे। आपने निवेश क्यों नहीं किया?”

इसकी वजह वे नहीं जानते थे। इसके कुछ ही वर्षों के बाद मैंने उन्हें बाज़ार में कुछ पैसा बनाते देखा, वास्तव में साल के शुरुआती छह महीनों में उन्होंने इतना धन कमा लिया था, जितना वे अपनी ज़िंदगी के किसी भी पूरे एक साल में नहीं कमा पाए थे। अगले आठ महीनों में ही उन्होंने सारी दौलत गँवा दी। हज़ारों का उधार लिया, उसे भी खो दिया और थोड़े ही समय बाद वे चल बसे।

“क्यों, स्किप?” आप कहते हैं, “ऐसा क्यों हुआ और आपने यह कहानी क्यों सुनाई?” मैं और मेरे पिता काफ़ी नज़दीक थे। मैं उन्हें बहुत ज़्यादा चाहता था। यह कहानी उनकी ख़ुशगवार यादों में से एक नहीं है, पर यह एक *शक्तिशाली* सबक़ है। अपनी पूरी ज़िंदगी के दौरान मेरे पिता बार-बार यही कहते रहे, “मेरे जीवन का सबसे बड़ा डर यह है कि मैं कंगाली में मरूँगा।” उनके पास कई क्षेत्रों में महान चीज़ें पाने की प्रतिभा

थी, पर वे धन विहीन और कर्ज़ में डूबकर मरे, ठीक वैसे ही, जैसे वे कहा करते थे।

डॉ. डेविड स्टूप ने अपनी किताब *सेल्फ़ टॉक* में एक और क़िस्सा बताया है। "हाल ही में मैंने एक बेहद सफल बिज़नेसमैन से बातचीत की। उसने एक नया बिज़नेस शुरू किया था और कड़ी मेहनत करता था। आगे चलकर उसके काम का परिणाम सशक्त वृद्धि, एक बढ़िया प्रबंधन टीम और असीमित क्षमता के रूप में सामने आया। पर इसी के साथ बिज़नेस उसका ज़्यादा-से-ज़्यादा समय लेने लगा। इसके बाद एक महत्वपूर्ण बैठक की अध्यक्षता करते समय वह बेहोश हो गया। डॉक्टरों ने उसे बताया कि उसे तीन महीने के लिए सारी गतिविधियाँ छोड़नी होंगी और अगले छह महीने तक अपनी ख़ास देखभाल करनी होगी। जब हम बात कर रहे थे, तो उसने कहा, 'डेव, मैं एक साल से कहता आ रहा था कि बीमारी के अलावा और कोई मुझे रोक नहीं सकता।' उसने निश्चय कर लिया था कि बीमारी ही उसकी गति कम कर सकती है। उसने यह वाक्य अपने मन में बसा लिया था और हर समय यही शब्द सोचता या दोहराता रहता था। इस कथन पर उसका विश्वास जम गया था और जिस बात पर उसने भरोसा किया, वही सच हो गई" (पृ. 49)।

छोटी चीज़ें बड़े मायने रखती हैं

मुझे कई बार इस बात पर चुनौती मिल चुकी है कि हमारे द्वारा कही गई बेवक़ूफ़ी भरी छोटी-छोटी बातें एक अंतर पैदा कर सकती हैं या नहीं। मैं मानता हूँ कि यही दुनिया में सारे अंतर लाती हैं। वास्तव में, घटिया बातों या किसी ख़ास शब्द की शक्ति को जानने की अनिच्छा ही हममें से ज़्यादातर को अपनी ज़ुबान और ज़िंदगी पर नियंत्रण करने से रोकती है!

हम शब्दों को अपने मुँह से फिसल जाने देते हैं और उन पर लगाम न कसने से ही हम उनके प्रभाव को समझने में असफल हो जाते हैं। उदाहरण के लिए, "उसने मुझे बीमार कर दिया!" क्या वास्तव में उसने ऐसा किया? किसने तुम्हें बीमार किया? आप ख़ुद ही अपने आपको बीमार कर लेते हैं या अपनी ग़लतियों से बीमार पड़ते हैं, पर इसके लिए आप किसी दूसरे पर इल्ज़ाम नहीं लगा सकते।

शेक्सपियर ने अपने नाटक *मच एडो अबाउट नथिंग* में कहा है, "उसके पास सुमधुर घंटी की तरह बजने वाला दिल है और उसकी ज़ुबान इसे बजाती भर है, उसका दिल जो सोचता है, ज़ुबान उसे व्यक्त कर देती है।"

यह कहना कि कोई आपको बीमार कर देता है या ग़ुस्सा दिला देता है; आपके कथन में झलकेगा। धर्मवाक्य कहते हैं कि तलवार की धार से कइयों को मारा जा सकता है, पर ज़ुबान के वार से इससे कहीं ज़्यादा को मार गिराया जा सकता है।

आप किससे बात करते हैं?

"मैं हर काम में देर करता हूँ।"

"जब भी मैं अपना मुँह खोलता हूँ, तो कोई बेवक़ूफ़ी भरी बात निकल ही जाती है।"

"वह शिक्षक मुझे पसंद नहीं करते।"

"मैं इतना थक गया हूँ कि मुश्किल से हिल पा रहा हूँ।"

"मैं एक ग्राहक को एक बार ही सामान बेच सकता हूँ, पर वे कभी भी दोबारा ऑर्डर नहीं देते।"

"मैं इस ड्राफ़्ट के साथ यहाँ नहीं बैठ सकता, मेरी मौत निमोनिया से होगी।"

"मेरे बिज़नेस में किसी की भी रुचि नहीं है।"

"इस तरह के लोग मुझे पागल कर देते हैं!"

हर दिन हम ऐसे कई शब्दों को मुँह से निकलने देते हैं, जो ऐसी हर चीज़ से जुड़े होते हैं, जिन्हें हम कभी नहीं होने देना चाहते। मैंने जबसे बोले गए शब्दों की क्षमता को समझना और ऐसी चीज़ों के बारे में कहने पर ध्यान देना शुरू किया, जिसे मैं कभी होने देना नहीं चाहता, तो मेरी बातचीत में बदलाव आने लगा। जब मैंने लोगों को यह सिद्धांत सिखाना शुरू किया, तो यह सुनना काफ़ी मज़ेदार था कि कैसे लोग बोलते-बोलते अचानक रुक जाते। जैसे कि उन्होंने यह मान लिया है कि वे ख़ुद को ऐसा करने से रोक सकते हैं।

एक बार एक दंपति मेरे पास आए और बोले, "स्किप, हमारे सामने एक समस्या आ गई है। हम अपने बिज़नेस में लगातार हतोत्साहित हो रहे हैं, क्योंकि हमने अपने बिज़नेस में एक नए दंपति को बिज़नेस एसोसिएट्स के रूप में रखा और कुछ समय के बाद वे अपनी राह चल दिए। हम जानते थे कि हमें उनके स्थान पर किसी और को रखना है। यह बार-बार हो रहा है। हम जानते हैं कि यह हमारे साथ होता जा रहा है, पर हम नहीं जानते कि हम ग़लत क्या कर रहे हैं।"

मैंने उनसे जो पहला सवाल पूछा, वह यह था, "आपको इस समस्या के बारे में किसने बताया?"

उन्होंने एक-दूसरे की तरफ़ प्रश्न भरी निगाहों से देखा, कि क्या उन दोनों में से किसी ने किसी अन्य के साथ इसकी चर्चा की। इसके बाद दोनों ने लगभग साथ-साथ कहा, "अरे, हम अपनी बिज़नेस से जुड़ी समस्या किसी को भी नहीं बताते हैं।"

"मैं समझता हूँ," मैंने कहा। "पर इसके बारे में आप किससे बात करते हैं?"

शायद उन्होंने सोचा कि मैंने पहली बार उनकी बात नहीं सुनी, "हम किसी से भी इस बारे में चर्चा नहीं करते हैं। यह एक समस्या मात्र है। पर हमें लगता है कि आप ऐसे अकेले व्यक्ति हैं, जिससे हम इस पर बातचीत कर सकते हैं।"

"ठीक है, पर आपने इस बारे में बात किससे की?"

"स्किप, हमारी बात सुनिए। हम इस बारे में किसी से भी बात नहीं करते हैं।"

"मैं समझता हूँ, पर इस बारे में आप बात किससे करते हैं?"

"हम किसी से भी बात नहीं..."

उन्होंने छोर पकड़ लिया, "ओह, हम पूरे समय एक-दूसरे से इस बारे में बात करते रहते हैं।"

यह जोड़ा असामान्य नहीं है। पति और पत्नियाँ, माताएँ और पिता, बेटे और बेटियाँ, बिज़नेस पार्टनर्स, आपस में बार-बार अपनी समस्याओं पर चर्चा करते रहते हैं। किसी समस्या पर जितनी ज़्यादा बात होगी,

मामला उतना ही उलझेगा।

"अगर मैं 100 साल भी जी लूँ, तो भी महिलाओं को नहीं समझ सकूँगा!"

"मेरा बुड्ढा यह तक नहीं बता सकता कि वह आज कहाँ है।"

"बच्चे! मैं अपनी बेटी तक से बात नहीं कर सकता। पीढ़ियों का अंतर अविजित है। यहाँ तक कि हम समान भाषा तक नहीं बोलते हैं।"

"मेरा बॉस मेरे हर काम में टाँग अड़ाता है। वह हमेशा ज़्यादा-से-ज़्यादा काम चाहता है; वह वास्तव में ग़ुलामों का संचालक है।"

"बेटा, लोग इस्तेमाल होना ही तो पसंद नहीं करते। इस जगह पर ऐसा कोई भी कर्मचारी नहीं है जो मौक़ा पड़ने पर नीचता न दिखाए। हम क़िस्मत वाले हैं, अगर हम चार में से एक दिन का काम बढ़िया पा लें।"

"बॉब निश्चित रूप से उस दबाव को नहीं समझता, जो मैं यहाँ घर पर बर्दाश्त करती हूँ। और अगर वह समझता भी, तो शायद वह परवाह नहीं करता।"

और इसी तरह की अन्य बातें। क्या इनमें से कोई भी जानी-पहचानी लगती है? आप क्या कह रहे हैं?

मैं यह बताते हुए ख़ुश हूँ कि हमारी पहली घटना के जोड़े ने आपस में की जाने वाली बातचीत को बदल लिया और एक बेहद सफल बिज़नेस खड़ा करने में लग गए। वे यह कहने लगे, "हमारे नए बिज़नेस एसोसिएट्स जल्द सफल होने पर और एक दृढ़ लाभदाई संस्थान को जारी रखने पर विश्वास करते हैं।"

विश्वास भरे सकारात्मक वाक्य कैसे बनाएँ

इस बात से कोई फ़र्क़ नहीं पड़ता कि आप एक बिज़नेसमैन हैं या प्रोफ़ेशनल व्यक्ति, एक घर बनाने वाले हैं या छात्र, युवा हैं या वृद्ध; आप शायद हर दिन अपने आपको एक नकारात्मक आदेश दे रहे होते हैं। यह अगली कहानी मेरे और सूज़न के एमवे बिज़नेस से संबद्ध है, पर यह किसी भी तरह के काम पर लागू की जा सकती है।

जॉन और मैरी नामक दंपति न्यू जर्सी में हमारे बिज़नेस एसोसिएट्स हैं। वे हमारे बिज़नेस में उपलब्धि के एक विशिष्ट स्तर के लिए अर्हता

प्राप्त करने के तीसरे और अंतिम महीने में थे, जिसे सीधा वितरण कहा जाता है। इस स्तर तक पहुँचने के लिए हर महीने एक निश्चित मात्रा में व्यापार करना ज़रूरी है। उन्होंने दो महीने तक बढ़िया विक्रय किया था और अपनी सफलता की डोर को तीसरे महीने भी थामे हुए थे। उन्होंने मुझे कॉल किया और कहा, "हमें लगता है कि आप न्यू जर्सी आ रहे हैं। हम आपसे ज़रूरी बात करना चाहते हैं।"

मुझे हवाई जहाज़ से वहाँ जाने में दो घंटे लगते थे, इसलिए हमने मिलने की व्यवस्था की। जब वे आए, तो वे मुस्कुरा रहे थे, पर उनकी आवाज़ डूबी हुई थी। "विशिष्टता पाने का यह हमारा तीसरा महीना है। 21 दिन ग़ुज़र गए हैं और नौ दिन ही बचे हैं। हमारा बिज़नेस 350 डॉलर तक पहुँचा है और हमें इसे 7,200 डॉलर तक और बढ़ाना है।"

मैं जल्द ही उनका मतलब समझ गया। वे वास्तव में जो कह रहे थे, उसका मतलब था – *"मदद!"*

एक घंटे तक जॉन बोलता रहा और मैरी बीच-बीच में टिप्पणी करती रही। उन्होंने कहा, "हमारे संस्थान के लोग पिछले दो महीने से कड़ी मेहनत कर रहे हैं। हम उन्हें और ज़्यादा मेहनत करने के लिए नहीं कह सकते। अभी गर्मियाँ हैं और बहुत सारे लोग छुट्टी मनाने गए हुए हैं। आसपास फ़्लू फैल रहा है और जब यह प्रचंड रूप लेता है, तो वाक़ई आपको जकड़ लेता है। लोग हम पर आदतन भरोसा नहीं करते हैं। वे हमें मिलने का समय देने में कोई रुचि नहीं दिखाते।"

एक घंटे के बाद मैंने कहा, "अब मेरी बारी है। मेरे पास एक घंटा ही शेष है, इसलिए अब आप सुनें।"

अगले एक घंटे में मैंने उन्हें कुछ कथन कहे, जो उनकी कही गई बातों को सीधे काटते थे। मैंने उन्हें सात गहरे नज़रियों के बारे में समझाया, जिसका वे अपनी भाषा में इस्तेमाल कर रहे थे। उनके द्वारा इस्तेमाल किया गया हर वाक्य नकारात्मक था। मैंने सिर्फ़ एक वाक्य कहा, जो उनके विपरीत और सकारात्मक था।

उदाहरण के लिए, मैंने उन्हें यह बात कही, "आज का दिन बेहतरीन है, जहाँ लोग मेरे बिज़नेस को प्रायोजित करने के लिए तैयार हैं। मेरे आसपास हज़ारों की संख्या में लोग मेरी बात सुनने की प्रतीक्षा कर रहे

हैं। मैंने जब उनसे बात की, तो वे उत्साहित हो गए और मुझसे जुड़ गए। वे ठीक वही करते हैं जो मैं उनसे कहता हूँ और वे उन्नति करते हैं तथा बिज़नेस को बढ़ाते हैं। वास्तव में, उनमें से कुछ बिज़नेस के बारे में इतने ज़्यादा उत्साहित थे कि उन्होंने ख़ुद मुझे कॉल किया और पूछा कि मेरे बुलाने से पहले ही क्या वे बिज़नेस में शामिल हो सकते हैं।"

मैरी मेरी कही बातों को लिखती जा रही थी, पर जॉन थोड़ा नाराज़ हुआ और बोला, "लेकिन यह सही नहीं है। लोग मुझे कॉल नहीं कर रहे हैं।"

मैंने उन्हें कहा कि मैं इस बात की परवाह नहीं करता कि यह सच था या झूठ, बस इसे लिख डालो। हममें से कई लोग लंबे समय से आस्था के बारे में नकारात्मक कथन बोलते रहते हैं, जिन्हें हम चाहते नहीं हैं। जैसे : "मैं लोगों से डरता हूँ," "मैं लोगों के सामने बोल नहीं सकता।" "मैं सिगरेट पीना नहीं छोड़ सकता।"

चलने से पहले मैंने जॉन और मैरी से कहा कि वे उन सकारात्मक कथनों को रोज़ाना एक घंटे सुबह और एक घंटे रात में आइने के सामने ज़ोर-ज़ोर से पढ़ें। इसके बाद मैं वापसी के लिए प्लेन पकड़ने चल पड़ा।

अगले 11 दिनों तक मैंने उनके बारे में कुछ नहीं सुना। महीना ग़ुज़र गया और मैं नहीं जानता था कि उन्होंने अपना लक्ष्य हासिल किया या नहीं। अगस्त के दूसरे ही दिन जॉन ने मुझे कॉल किया और लगभग चीख़ते हुए कहा, "स्किप, मैं आपको यह बताना चाहता हूँ कि हमने अपने बिज़नेस में जो दो घंटे लगाए, वे सबसे ज़्यादा महत्वपूर्ण थे। वैसे हमारा बिज़नेस 11,850 डॉलर पर पहुँच गया है।"

जब हम सकारात्मक कथन कहते हैं और उन्हें बार-बार दोहराते हैं। तो हम उन पर भरोसा करने लगते हैं। जब हम उन पर भरोसा करने लगते हैं, तो हम उन्हें देखना शुरू कर देते हैं। कई लोग कहते हैं, "मुझे दिखाओ, मुझे देखने दो और तब मैं इस पर विश्वास करूँगा।" जीवन में उपलब्धि हासिल करने वाले कहते हैं, "मैं इस पर भरोसा करूँगा और तब मैं इसे देखूँगा।"

विश्वास का सिद्धांत, नियंत्रण के सिद्धांत से आंतरिक तौर पर घनिष्ठता से जुड़ा हुआ है और हम इस पर बाद के किसी अध्याय में बातचीत करेंगे।

मैं आपके कंधे पर बैठा हूँ

मैं कोई ऐसी राह चाहता हूँ, जिससे मैं आपके द्वारा कही गई बातों के महत्व का प्रभाव आपको समझा सकूँ। अगर हम किसी तरह एक हफ़्ते तक आपकी कही गई (ख़ुद से और दूसरों से भी) हर बात रिकॉर्ड कर आपको सुनवा सकें, तो यह आँखें खोलकर रख देने वाला अनुभव होगा। क्या आप सिर्फ़ वही कहते हैं, जो आप चाहते हैं। यहाँ तक कि एक एथलेटिक प्रतियोगिता को लेकर भी मैं जागरूक हो गया हूँ। पहले मैं कहा करता था, "कितनी गई-बीती सर्विस थी स्किप। तुम वाक़ई भद्दे हो। कितना ढीला शॉट था।" अब मैं कहता हूँ, "यह ठीक है रॉस। अब यह ठीक हो रहा है। तुम बेहतर कर रहे हो।"

मैं यह कहना चाहता हूँ कि हम जो भी कहें, हमें उसके प्रति जागरूक रहना चाहिए।

किसी ने मुझे बताया कि उसने एक नन्हे से स्किप रॉस को अपने कंधे पर बैठे हुए देखने की कल्पना शुरू की। जब भी वह कुछ ऐसा कहने लगता, जिसे उसे नहीं कहना चाहिए या कोई नकारात्मक वाक्य बोलता, नन्हा रॉस पूछ बैठता, "क्या यही आप कहना चाहते हैं?" अगर यह कल्पना आपकी मदद करती हो, तो इसे अपनाएँ।

एक दिन एक दोस्त ने मुझे फ़ोन करके कहा, "स्किप, यहाँ रोड आइलैंड में तुम्हारे ख़िलाफ़ प्रकरण दर्ज़ है।"

मैंने जानना चाहा कि प्रकरण किस तरह का है, तो उसने कहा, "एक ड्राइविंग दुर्घटना।"

"अरे दोस्त," मैंने कहा, "मैंने कभी भी रोड आइलैंड में ड्राइविंग की ही नहीं।"

उसने बताना शुरू किया और मैंने सोचा, *यह वाक़ई हैरतअंगेज़ चाल है,* पर मैं कहानी के अनुसार चलता गया। मेरे कॉलर ने कहा, "क्या तुम्हें हैरी याद है?" निश्चित रूप से, मुझे हैरी याद था। उसने एक सेमिनार में भाग लिया था, जो मैंने रोड आइलैंड में एक चर्च समूह के लिए किया था। उस सप्ताहांत पर हम केवल 40 लोग थे और हमने धार्मिक पृष्ठभूमि वाली इन अवधारणाओं पर चर्चा करते हुए शानदार समय बिताया था।

जब हमने नियंत्रण के सिद्धांतों पर चर्चा करना शुरू की, तो हैरी एकदम चैतन्य हो गया। शुरुआत में तो उसे मेरी बात पर यक़ीन नहीं था, पर जैसे-जैसे उसने सुनना शुरू किया, तो वह समझ गया कि मैं क्या कह रहा था।

मेरे कॉलर ने बताना जारी रखा, "हैरी हाईवे पर गाड़ी चला रहा था और अपनी आदत के अनुसार ख़ुद से बातें करता चला जा रहा था।" (क्या आप जानते हैं कि आप अपना 70 प्रतिशत समय ख़ुद से ही बात करते हुए बिताते हैं?) "और उसने कुछ ऐसा कहा, जिसके बारे में वह जानता था कि उसे यह नहीं कहना चाहिए था। अचानक ही, उसके कंधे पर बैठे हुए आप बोल पड़े, 'क्या तुम यही कहना चाहते हो?' जब वह मुड़ा और बोला 'नहीं,' तो वह अपनी सामने वाली कार में घुसता चला गया। क्या आप इस कल्पना की व्याख्या कर सकते हैं कि हाईवे पर गाड़ी चलाते हुए वह अपने कंधे पर बैठे नन्हे साथी के साथ बतियाते हुए चला जा रहा था?"

मैं नहीं जानता कि यह कहानी सही थी या मज़ाक़, पर कम-से-कम मेरे साथी के लिए यह इतनी मायने रखती थी कि उसने इतनी दूर मुझे फ़ोन करने पर पैसा लगाया।

एक दूसरे मौक़े पर सेमिनार के बाद दो लोग मेरे पास एक बिज़नेस का प्रस्ताव लेकर आए। मेरे पास उनकी बात सुनने का समय नहीं था, इसलिए मैंने उनसे पत्र में सब कुछ लिखने को कहा।

कुछ ही दिनों बाद मैंने उस अनूठे प्रस्ताव के बारे में उनका लंबा-चौड़ा विवरण पाया। आपने कभी ऐसी छोटी गुड़ियाएँ देखी हैं, जिनका धागा आप खींचते हैं, तो वे बोलने लगती हैं? किसी निर्माणकर्ता को एक एक्ज़ीक्यूटिव टेडी बियर बनाने का विचार आया था। जब आप उसकी डोरी खींचते, वह कहता, "आप विजेता हैं। टेडी जानता है। ख़ुद को टॉप पर देखो।"

यह उद्यमी एक ऐसी गुड़िया बनाने का प्रस्ताव लाए थे, जो बोले - "क्या तुम यही कहना चाहते हो? तो फिर ऐसा क्यों कहते हो?" यह भी कहलाया जा सकता था, "अपनी क्षमताओं को पहचानें।" बहरहाल, इस विचार का असल मज़ाक़ यह था कि गुड़िया की शक्ल मेरे जैसी

दिखने वाली थी!

मैंने उन्हें लिखा कि मैं इस बिज़नेस प्रस्ताव को नकार रहा हूँ। एक तो मैं ख़ुद को लोगों के कंधों पर बैठी हुई गुड़िया के रूप में नहीं देख सकता। इसके अलावा मैंने यह भी तय किया है कि मैं किसी दूसरे को अपनी डोरी नहीं खींचने दे सकता।

मैंने अपने सर्किल ए रैंच में हमारे साथ रही एक युवती का एक ख़ूबसूरत पत्र पाया। उसने बताया कि उसके स्कूल के बच्चे अब उसका कभी-कभी मज़ाक़ बनाते हैं, क्योंकि वह हर चीज़ में कुछ अच्छा ढूँढ़ने लगी है। यहाँ तक कि वह एक दिन अपनी टीचर्स के बीच 'कंधे पर बैठे नन्हे स्किप से बात करने के कारण' दिक्क़त में पड़ गई। उसने आगे कहा कि ये बातें कोई मायने नहीं रखतीं, क्योंकि उसने जीने का एक बेहतर तरीक़ा पा लिया है। उसकी ज़िंदगी के कई क्षेत्रों में परिवर्तन नज़र आने लगा है और उसका ग्रेड भी 'डी' और 'एफ़' से 'ए' और 'बी' हो गया है।

पर आपके क्या हाल-चाल हैं? आप हर समय क्या बात करते रहते हैं? ईमानदारी से और ग़ैर रक्षात्मक हुए आज ही अपने बोलने के तरीक़े का परीक्षण करें।

अगर किसी तरह से मैं आपको बता सकूँ कि किस तरह से आप शानदार बातचीत कर सकते हैं, तो मैं ज़रूर ऐसा करूँगा।

जो अपनी बातचीत में दक्ष होता है, वही अपने काम में निपुण होगा।

वही कहें, जो आप चाहते हैं। इसे अस्तित्व दें। नियंत्रण का सिद्धांत एक ज़िंदगी बदल देने वाली अवधारणा है।

9

ज़बर्दस्त ऊर्जा प्रवाहित होती है

सिद्धांत # 6: कार्य का सिद्धांत

"इसे अभी करें!"

कई बार मुझसे यह सवाल पूछा जाता है कि वास्तव में सफलता कैसे आती है। कोई कहता है, "क्या आप यही कहना चाहते हैं कि मैं जो भी करता हूँ, वह काम करने के इसी एक तरीक़े से निश्चित होता है, एक लक्ष्य निर्धारित करना, उसे लिख डालना, सही तरीक़े से इस पर बोलना और यह अपने आप ही आ जाती है? तो मैं सिर्फ़ बैठकर इस पूरे महान नाटक को होते देखना चाहता हूँ?"

मैंने पहले ही निर्माण, दृश्य कल्पना और नियंत्रण के महत्व की ओर संकेत किया है और मैं जिसके बारे में भी ऐसा कहता हूँ, उसे इस प्रभाव से अलग नहीं होना चाहिए, पर यही कहानी का अंत नहीं है। समय के साथ एक ऐसा मोड़ आता है, जब आपके लिए बढ़ना, हरकत करना, काम करना, प्रदर्शन, श्रम, परिश्रम का क्रम आता है। काम करना ही कुंजी है। शेक्सपियर ने कहा है, "कार्य ही बोलता है, अज्ञानी के कानों की अपेक्षा उसकी आँखें ज़्यादा सीखती हैं।"

दुनिया का बेहतरीन सपना, सपना ही रह जाता, अगर कोई इसे हक़ीक़त में बदलने के लिए कार्य नहीं करता। ज़िग ज़िगलर ने अपनी किताब *सी यू एट द टॉप* में कहानी सुनाई है; "याद रखो, दुनिया का

सबसे बड़ा लोकोमोटिव भी अपनी जगह पर हर आठ पहियों के सामने मात्र एक इंच का लकड़ी का टुकड़ा लगा देने पर खड़ा रह सकता है। यही लोकोमोटिव जब 100 मील प्रति घंटे की रफ़्तार से चलता है, तो यह लोहे से सुरक्षित कांक्रीट की पाँच फ़ीट मोटी दीवार को भी ढहा सकता है। जब आप काम करते हैं, तो यही जज़्बा आप में भी होना चाहिए" (पृ. 199)।

हमें अपने सपनों पर विश्वास करना चाहिए, पर साथ ही हमें उन्हें पाने के लिए काम भी करना चाहिए। क्लेमेंट स्टोन ने कहा है, "मुझे लगता है कि विश्वास करने के बजाय कुछ चीज़ ज़्यादा महत्वपूर्ण है। कार्य करना! यह दुनिया स्वप्नदर्शियों से भरी पड़ी है, पर उनमें से बहुत कम ऐसे हैं, जो आगे बढ़ेंगे और अपने नज़रिये को वास्तविकता में बदलने के लिए ठोस क़दम उठाना शुरू करेंगे।"

एक लक्ष्य को वास्तविकता में बदलने, एक सपने को हक़ीक़त में तब्दील करने के सबसे मुश्किल नज़रियों में से एक है शुरुआत करना। यह जड़त्व का नियम है। शुरुआत करना ही कठिन है, पर सूत्रों में इस आशय की कई सच्चाइयाँ बताई गई हैं, "शुरुआत करना काम को आधा कर डालना है।" अभी से शुरू करें। वह क्या है, जो आपका ध्यान पाने का इंतज़ार कर रहा है? इसे अभी करें! शायद मेरे द्वारा दी गई सलाह आपके पास पहले से ही हो, "कुछ करें, कुछ भी, भले ही यह ग़लत हो, पर आगे बढ़ें। यह बैठे रहने से अच्छा है।" सेल्स के क्षेत्र में हम इस समस्या का सामना बिल्कुल अपने दरवाज़े पर कर रहे हैं। किसी भी सेल्सपर्सन के लिए सबसे ज़्यादा मुश्किल से पार होने वाला दरवाज़ा उसका अपना होता है।

"पर अगर यह ग़लत क़दम बढ़ाना हुआ, तो क्या होगा?" आप कहते हैं, "जब तक मैं पक्के तौर पर जान नहीं लेता, तब तक मैं इंतज़ार करना बेहतर समझता हूँ।" परिणाम कार्य का किया जाना माँगते हैं और लक्ष्य केंद्रित लोग जानते हैं कि उनके लक्ष्यों को पाने का एकमात्र तरीक़ा कार्य करना और तुरंत कार्य करना है। लोग तब तक काम करने से बचते हैं, जब तक कि वे ये न जान लें कि अंतिम परिणाम क्या होगा। दूसरे शब्दों में, वे शुरुआत करने से पहले ही सफलता की गारंटी चाहते हैं। यह एकदम ग़लत तरीक़ा है... थॉमस एडीसन प्रयोग शुरू करने से पहले ज्वलनशील लैंप का राज़ नहीं जानते थे। अगर एडीसन कार्य न करते, तो

वे कभी भी एक बढ़िया लैंप नहीं बना सकते थे" (*द मिरैकल ऑफ़ मोटीवेशन,* पृ. 236)।

वर्तमान में एक प्रसिद्ध गाने का शीर्षक रखा गया है "कल।" आप एक बार उसकी धुन सुन लें, तो शब्दों को बार-बार दोहराना बेहद आसान है।

कई लोग अपनी ज़िंदगी "कल" में जीते हैं। स्कारलेट ओ हारा ने यह वाक्य बनाया है, "मैं इसके बारे में कल सोचूँगा," यह एक प्रसिद्ध नारा है।

क्या आपने कभी कहा है :

"मैं कल उसे कॉल करूँगा?" (संभवतः कल वह वहाँ न हो।)

"मैं कल से अपनी डाइटिंग शुरू करूँगा?" (शायद कल कोई आपको डिनर पर आमंत्रित कर ले।)

"किसी दिन मैं एक किताब लिखूँगा?" (किसी भी प्रकाशित लेखक का सबसे छोटा लेखन कार्य दो शब्दों में वर्णित होता है : "इसे करो।")

"एक दिन से कोई फ़र्क़ नहीं पड़ेगा?" (आपका प्रतिस्पर्धी कॉन्ट्रेक्ट पा सकता है।)

ऊर्जा को सबसे ज़्यादा बर्बाद करने वालों में एक है, टालमटोल करना। यह एक ऐसा चोर है, जो हमारे सपनों, हमारे उद्देश्यों और हमारी सफलता को चुरा लेता है। ओलिन मिलर ने *द शिकागो सन टाइम्स* में लिखा है, "अगर आप एक आसान से काम को मुश्किल बनाना चाहते हैं, तो इसे एक तरफ़ रख दें।" बहरहाल, ज़रूरतमंदी का ज्ञान, *तुरंत* काम करने की इच्छा एक ऐसी ऊर्जा पैदा करती है, जिसके बारे में हम जानते ही नहीं हैं कि वह हमारे अंदर मौजूद थी। हममें से कइयों के पास इस तरह का अनुभव होगा, जब हमने किसी काम को बड़े संघर्ष के साथ पूरा किया हो और जब वाक़ई काम ख़त्म होता है, तो हम महान उत्सुकता और प्रसन्नता से भर जाते हैं। यह ऊर्जा काम के लिए *सही समय* आने तक इंतज़ार करने में नहीं, बल्कि एक कार्य को तुरंत करने की प्रक्रिया में पैदा होती है और उस वक़्त एक अतिप्राकृतिक (सुपरनैचुरल) लग सकती है। हम ख़ुद से पूछ बैठते हैं, "मैंने यह कैसे किया?" वास्तव में, यह इसलिए हुआ क्योंकि आपने उस कार्य को छोड़े बिना पूरा किया और भगवान ने आपको वह ऊर्जा दी, जिसकी मौजूदगी के बारे में आप नहीं जानते थे।

चूँकि मैं नियंत्रण के सिद्धांत पर गहन भरोसा करता हूँ, इसलिए मैं इस तरह के शब्दों के इस्तेमाल से इंकार करता हूँ, "मैं बीमार हूँ" या "मैं अच्छा महसूस नहीं कर रहा हूँ।" बहरहाल, सूज़न जानती है कि जब मैं ठीक से कार्य नहीं कर पा रहा होता हूँ, तब भी किसी के हाल-चाल पूछने पर मैं यही जवाब देता हूँ, "काफ़ी अच्छा महसूस कर रहा हूँ।" एक मौक़े पर मैं स्वीकार करता हूँ कि मैं वाक़ई गंभीर चोट खा चुका था, पर यह उस विकल्प से बेहतर था, जिसका परिणाम एक दर्दनाक मौत हो सकती थी।

उस दिन मैं पूरी तरह "खोदता" रहा

हम जब पहली बार अपने गर्मी में चलने वाले रैंच प्रोग्राम को शुरू कर रहे थे, तो उस जगह पर बहुत सारा काम किया जाना बाक़ी था। इनमें से कुछ काम तो ऐसे थे, जिनके लिए मैं बिल्कुल तैयार नहीं था, क्योंकि मैं किसी फार्म पर नहीं रहा था। बहरहाल, उन सारे कामों को किया जाना था। हमने बड़े फार्म में काम करने वाला औज़ार ऑटोमैटिक बेलर ख़रीदा। यह इस तरह की मशीन थी, जो खरपतवार उखाड़ती थी, उसे इकट्ठा कर किसी मज़बूत धागे से बाँधकर बाहर फेंक देती। यह निश्चित रूप से एक पुराने शहरी लड़के के मुँह से बेलर की वैज्ञानिक व्याख्या थी। हमारे बेलर में एक ऑटोमैटिक किकर लगा था। खरपतवार के उखड़कर बेलर में पीछे ट्रे में इकट्ठे हो जाने के बाद यह 60 पाउंड वज़नी बेल को 10 फ़ीट हवा में उछाल देता। तब यह बेल बेलर के पीछे लगे खरपतवार इकट्ठा करने वाले वैगन में जा गिरती। यह इतना ऑटोमैटिक था कि किसी को भी हाथों से खरपतवार को खेत से उठाने की ज़रूरत नहीं थी।

एक दिन हम खेत पर काम कर रहे थे और किकर ठीक से काम नहीं कर रहा था। मैंने प्रमुख रैंगलर से कहा कि, "क्यों न तुम ट्रैक्टर चलाओ और मुझे पीछे जाकर देखने दो कि आख़िर गड़बड़ कहाँ है।"

मैंने सोचा कि मैं गड़बड़ी पकड़कर उसे रुकने का इशारा कर दूँगा। वह रुकेगा और मैं ट्रैक्टर के नज़दीक चला जाऊँगा। बहरहाल, मैंने एक ग़लती कर डाली। मैं उसे यंत्र बंद करने के लिए कहना भूल गया।

मैं किकर के सुरक्षात्मक पिंजरे के अंदर पहुँच गया और काम शुरू

कर दिया। मुझे अपने ऊपर आने वाली मुसीबत का एहसास तब हुआ, जब मैंने उस बड़ी मशीन की जानी-पहचानी आवाज़ सुनी। उस दिन मुझे पता चला कि मेरी प्रतिक्रया कितनी तेज़ हो सकती है। मशीन मेरे सिर से कुछ ही इंच की दूरी पर थी और ऐसी चोट कर सकती थी, जो मौत का कारण बन सकती थी। इस मशीन ने मुझे दाएँ घुटने के पास से दबोच लिया था। ठीक इसी वक़्त मैं उस पिंजरे से बाहर गिर पड़ा और एकदम सीधा होकर औंधा पड़ गया। मैं थोड़ी देर के लिए समझ खो बैठा और वहीं पड़ा रहा। तभी एक हैरानी भरी बात हुई। यह बड़ा ही ख़ूबसूरत चमकीला दिन था, पर चूँकि मैं ठीक दोपहर में गहरे नीले आसमान में डूब गया था, मैंने कुछ बेहद शानदार सितारों को अपने आसपास तैरते देखा। इतने ख़ूबसूरत सितारे मैंने अपनी ज़िंदगी में कभी नहीं देखे थे।

चालक साथी ने पीछे देखा और जान गया कि मैं गंभीर रूप से घायल हो गया हूँ और मुझे मदद की ज़रूरत है। वह मेरी तरफ़ दौड़ा और तभी उसे याद आया कि उसने ट्रैक्टर बंद नहीं किया है, इसलिए उसने मोटर की तरफ़ क़दम मोड़े, पर फिर रुककर वापस मेरी तरफ़ भागा। उसने बाद में मुझे बताया कि वह समझ नहीं पा रहा था कि उस निर्णायक समय में प्राथमिकता क्या है। उसने बताया कि मुझ पर जो बीती, उसे देखने में वह डर रहा था। मैं कुछ चक्कर खाते हुए खड़ा हुआ और बोला, "ब्रायन, मैं ठीक हूँ। मैं ज़रा पीछे की तरफ़ जाता हूँ और देखता हूँ कि शायद मैं ग़लती को पकड़ सकूँ।" मैं ईमानदारी से नहीं कह सकता कि मैं उठना, उस पैर में दर्द को भुलाना और खरपतवार निकालने में जुट जाना चाहता था, पर मैंने देखा कि बारिश आने वाली है और मैं जानता था कि यह खरपतवार उखाड़ना ज़रूरी था। मुझे इसे उसी वक़्त करना था।

अगले दो घंटे तक मैं बेलर के पीछे चलता रहा और अपने पैर को अकड़ने से बचाने की कोशिश में लगा रहा। जब ब्रायन चला गया, तो मैंने दो घंटे तक और काम किया जब तक कि काम पूरा नहीं हो गया। जब मैं घर लौटा, तो किसी ने पूछा, "तुम कैसा महसूस कर रहे हो?" मैंने कहा, "मैं ठीक हूँ।" मेरी छोटी बेटी किम ने देखा कि मैं सीढ़ियाँ नहीं चढ़

पा रहा हूँ और उसने पूरी घटना जानने की ज़िद पकड़ ली। मैं नियंत्रण के सिद्धांत पर भरोसा करता हूँ, जो कहता है कि, 'मैं ठीक हूँ' कह देना युद्ध को जीत लेना है। बहरहाल, काम करने का सिद्धांत भी मौजूद था। काम को पूरा किए बिना पूर्णता या ऊर्जा के प्रवाह का ज्ञान बेकार हो जाता। मैं खरपतवार को उगने देता और खेत बर्बाद हो जाता। मैं चोट को देखते हुए बिस्तर पकड़ सकता था और निश्चित रूप से डॉक्टर द्वारा मुझे हफ़्तों तक किसी भी काम को करने के लिए मना कर दिया जाता (बाद में डॉक्टरों ने बताया कि मैं ऐसा कर सकता था और शायद मुझे करना चाहिए था।), पर मैंने ज़िंदगी के तीन शक्तिशाली दोस्तों को साथ लिया : विश्वास, नियंत्रण और कार्य। खरपतवार को लंबे समय तक हमारे घोड़ों ने खाया और खेतों के लिए खाद तैयार की। अब मैं अपने उसी चोटिल पैर से दौड़ना, चलना, स्कीइंग, टेनिस खेलना या हर ज़रूरी काम कर लेता हूँ।

थकान दिमाग़ की एक स्थिति है

एक रात मैं घर आया और अपना एक सिद्धांत तोड़ दिया। मैंने सूज़न से कहा, "मैं वाक़ई थक गया हूँ।" हमें अगले दिन लंबी यात्रा पर निकलना था और सारी तैयारियाँ की जानी थीं। मेरी समझदार पत्नी सूज़न ने कहा, "देखो, तुम्हारे करने के लिए ख़ास कुछ नहीं है। तुम नीचे जाकर आराम क्यों नहीं कर लेते। मैं सामान पैक कर लेती हूँ और तुम जल्दी सोने जा सकोगे। हमें एयरपोर्ट पहुँचने के लिए तड़के 4:30 पर उठ जाना है।"

अचानक मुझे झटका लगा। मैं जानता था कि मैं आराम नहीं कर सकता था। मेरे इंतज़ार में पूरा टेबल भर काम पड़ा था। हम छह हफ़्तों के लिए बाहर जा रहे थे और वहाँ कुछ ऐसे काम थे, जो इंतज़ार नहीं कर सकते थे। (मैं जानता हूँ कि आप क्या सोच रहे हैं, "उसने चीज़ों को अब तक बिना किए क्यों छोड़ रखा था? क्या वह लेटलतीफ़ है?") अगर आप मेरे टेबल की स्थिति देख सकते, तो आपको अपने निर्णय को बदलना पड़ सकता था।

इसलिए मैं अपने ऑफ़िस गया, अपनी टेबल पर बैठा और उस रात नौ बजे तक काम करता रहा। एक घंटा ग़ुज़र गया, उसके बाद दूसरा

और तीसरा भी और तब कॉरेस्पांडेंस और बिलों का काम पूरा हुआ। सुबह के तीन बजे मैंने यह सोचकर काफ़ी अच्छा महसूस किया कि मैं पूरी रात जागा। 3:30 तक हर काम हो गया था। मैं ऊपर आया, बिस्तर पर कूद पड़ा और एक घंटे के लिए सो गया। पूरे पिछले दिन और अगली रात तक मैं काम के चक्कर में एक गेंद की तरह लुढ़कता रहा था।

मेरे पास यह ऊर्जा कहाँ से आ गई, जबकि कुछ घंटों पहले ही मैंने कहा था कि, "मैं वाक़ई थक गया हूँ?" क्योंकि मैंने एक काम छूटा हुआ देखा और इसे कर डाला। आपके पास भी ऐसा ही कोई अनुभव है, मैं निश्चित रूप से जानता हूँ और यह भी जानता हूँ कि आपके भीतर भी ऐसी ही ऊर्जा प्रवाहित हुई होगी।

गोथे ने इसी ऊर्जा प्रवाह के बारे में कहा था, "इस दिन को टालमटोल में गँवा दो, तो यही कहानी कल भी होगी और अगले दिन और देर होती जाएगी। अनिर्णय ज़्यादा विलंब लाता है और हर बीते हुए कल के साथ दिन और शोकपूर्ण होते जाते हैं। कार्य करो - इसी में साहस है, इसमें जादू है। जो भी तुम कर सकते हो या करने की सोचते हो, उसे शुरू कर दो। एक बार काम शुरू हो जाए, तो दिमाग़ चैतन्य हो जाता है। काम शुरू करो और वह पूरा हो जाएगा।"

टाइम बैंक

अगर कोई ऐसा बैंक हो, जो आपके लिए ख़ास अकाउंट रखता हो, तो क्या हो? हर सुबह मैनेजर आपको कॉल कर कहे, "गुड मॉर्निंग, हम आपके अकाउंट में 1,440 डॉलर डाल रहे हैं। शर्तें मत भूलिएगा। अनुबंध कहता है, 'पूरे दिन के दौरान आप जितना धन ख़र्च नहीं कर पाएँगे, उतना आपके अकाउंट से निकाल लिया जाएगा... कोई भी बैलेंस आगे के लिए नहीं बचाया जा सकेगा।' अपना धन ख़र्च करने के लिए आपका दिन शुभ हो।"

आप क्या करेंगे? आप उसी धन को ख़र्च करने में बड़ी तेज़ी से लग जाएँगे। आप हर दिन हर सौ डॉलर तक निकाल लेंगे और इसे बेहतर लाभ के लिए इस्तेमाल करेंगे।

हमारे पास वाक़ई ऐसा बैंक है और इसका नाम है *टाइम*। हर सुबह यह आपको 1,440 मिनट उधार देता है। यह कहता है कि इसका जो भी

हिस्सा निवेश करने में आप चूक जाएँगे, वह हमेशा के लिए चला जाएगा। उन मिनटों को कल में जोड़े जाने का कोई तरीक़ा नहीं है।

ईश्वर के कैलेंडर में कल नहीं पाया जा सकता।

कल सुनने में बेहद मासूम लगता है, पर यह सबसे ज़्यादा ख़तरनाक शब्द है।

कल एक ऐसी सड़क है जो उस शहर की ओर ले जाती है, जिसे **कभी नहीं** कहा जाता है।

भयावह जुड़वें

टालमटोल और असंतोष बड़े ही दुष्ट साथी हैं। बहुत से लोग, जो नाख़ुश हैं और अपनी चाही हुई उपलब्धि पाने में असफल रहे हैं, वे इस बात पर भरोसा करते हैं कि वे कल सफल और ख़ुश होंगे। पर कल भी आज के ही समान होगा क्योंकि वे अपनी ज़िंदगी में अब तक कुछ कर पाने में असफल रहे।

रातोरात सफलता पाने के उदाहरण काफ़ी कम हैं। एक बिज़नेस फलता-फूलता है और लोगों का ध्यान आकर्षित करता है, पर जिस चीज़ को अनदेखा कर दिया जाता है, वह उस बिज़नेस के संस्थापकों की मेहनत होती है, जिन्होंने अलग-अलग विचारों पर काम करने, आज़माने और प्रशिक्षण देने में कई वर्ष लगाए हैं। एक संगीतकार अपने संगीत से दर्शकों को झूमने पर मजबूर कर देता है और उसे एक नए स्टार की पदवी मिल जाती है। बहरहाल, "आज" वह इस महत्वपूर्ण जगह पर तब पहुँचा, जब उसने ऊबाऊ अभ्यास में कई वर्ष लगाए।

जीवन को प्रेरित करने वाला चार अक्षरों का शब्द

क्रिया की अवधारणा के भीतर कार्य करने का विचार निहित रहता है। अब मैं यह समझ गया हूँ कि *work* ही चार अक्षरों का वह शब्द है, जो कई लोगों को भयभीत करता है। मैं आपको डराना नहीं चाहता हूँ, पर शानदार ज़िंदगी के लिए काम करने की ज़रूरत होती है। काम के बारे में सही नज़रिया प्रेरणा, अनुशासन, ऊर्जा का प्रवाह और मानवीय अनुभव

के प्रति साउंड थैरेपी का एक महान अनुबंध लाता है। हेनरी फ़ोर्ड ने कहा था, "कार्य हमारे जीवन को चलाए रखने से ज़्यादा देता है, यह हमें हमारी ज़िंदगी से मिलवाता है।" जॉर्ज बर्नार्ड शॉ ने भी इसके समान ही दर्शन प्रस्तुत किया है, "मृत्यु के आगमन तक मैं पूरी तरह से इस्तेमाल हो जाना चाहता हूँ। मैं जितना ज़्यादा काम करूँगा, उतना ही ज़्यादा जिऊँगा। मेरे लिए ज़िंदगी एक छोटी मोमबत्ती नहीं है। यह एक चमकदार टॉर्च की तरह है, जिसे मैंने क्षण भर के लिए थामा है और मैं इसे भावी पीढ़ी के हाथ में सौंपने से पहले यथासंभव तेज़ चमकाना चाहता हूँ।" महान कंपोज़र्स प्रेरित होने के बाद काम करना शुरू नहीं करते, बल्कि वे इसलिए प्रेरित होते हैं क्योंकि वे काम कर रहे हैं। वे एक प्रेरणा का इंतज़ार करने में समय नहीं गँवाते हैं।

कुछ भी करने को न होने में आनंद और उत्साह नहीं है, ज़िंदगी का मज़ा ढेर सारा काम पास में होने और उसे करने में है। वास्तव में, ज़िंदगी में असीमित ऊर्जा पाने का महान राज़ यहीं पाया गया है। आप जो कर रहे हैं, उसमें ख़ुद को शामिल कर लें, उसमें लीन हो जाएँ, डूब जाएँ, ढेर सारी ऐसी चीज़ें अपनाएँ, जिनमें शामिल हो सकें और उन्हें करें।

थॉमस एडीसन ने एक बार कहा था, "मैं ख़ुश हूँ कि जब मैं युवा था, तब आठ घंटे के दिन की खोज नहीं हुई थी। अगर मेरी ज़िंदगी आठ घंटों में बंधी होती, तो मैं नहीं मानता कि मैं इतनी बड़ी खोज कर पाता। यह देश आज जितनी प्रतिष्ठा रखता है, वह न होती, अगर आज से 50 साल पहले के युवाओं ने अपनी तनख़्वाह से ज़्यादा का काम करने में संकोच किया होता।"

मधुमक्खियों को एक ग्राम शहद बनाने के लिए 125 फूलों के चक्कर लगाने पड़ते हैं : एक पाउंड शहद बनाने में 3,400,000 चक्कर लगाने पड़ते हैं!

लियोनार्दो द विंसी ने कहा था, "हे ईश्वर, आप श्रम की क़ीमत पर हमें सारी अच्छी चीज़ें देते हैं। काम ही वह बीज है, जिससे आपकी इच्छित सारी अच्छी चीज़ें पैदा होती हैं... जो व्यक्ति कड़ी मेहनत करने से डरता है, उसे ग़रीबी को अपनाने के लिए पूरी तरह तैयार रहना चाहिए।"

सेल्स के क्षेत्र में ज़्यादातर लोग असफल हो जाते हैं, क्योंकि वे लोगों

को सामान बेचने में असफल होने के बजाय उन्हें दिखाने में ही असफल हो जाते हैं।

ज़िंदगी में मनोवैज्ञानिक बेहतरी का आधार इसी के समान क्षेत्र में पाया जाता है। जॉर्ज शिन ने कहा है, "कार्य ही अचूक थैरेपी है। यह शक और डर, चिंता और परेशानी को मिटा देता है। यह असफलताओं और ग़लतियों पर काम करता है और उन्हें सकारात्मक प्रभावों में बदल देता है। यह समस्या को हल करने और रचनात्मकता के लिए दिमाग़ की क़वायद करवाता है। यह दबाव में सहारा देता है और विकल्प तलाशने और एक आधार योजना बनाने के लिए बुद्धि और अनुभव का प्रयोग करता है। यह बेहतरीन को हमारे सामने लाता है और कार्य ख़ुशी है" (*मिरैकल ऑफ़ मोटीवेशन*, पृ. 238)।

एक अनजान कवि ने इसे इस रूप में कहा है :

अगर आप अमीर हैं, काम करें।
अगर आप कई अन्यायपूर्ण ज़िम्मेदारियों से घिरे हैं, काम करें।
अगर आप ख़ुश हैं, काम जारी रखें।
ख़ाली बैठे रहना शक और डर को स्थान देता है।
अगर दुख आप पर हावी है और प्रियजन असत्य जान पड़ते हैं, काम करें।
अगर निराशा आ जाए, काम करें।
अगर विश्वास हिल जाए और वजह न रहे, बस काम करें।
जब सपने थर्रा जाएँ और आशाएँ मरती दिखें,
काम करें, जब आपकी ज़िंदगी संदेहों में हो, काम करें;
यही यथार्थ है।
आपकी तकलीफ़ें बेमायने हैं, काम करें।
विश्वास से भरपूर काम करें और विश्वास के साथ काम करें।
कार्य महानतम उपलब्ध उपचार है।
कार्य मानसिक और शारीरिक दोनों व्याधियों का उपचार करेगा।
काम करें।

क्या बात है! एक सही नज़रिये के प्रति कैसा शर्तरहित वादा है। मैं यह नहीं कह रहा कि कोई "काम के प्रति पागल" हो जाए या अपने आराम

के समय को लेकर "मन में पछतावा" महसूस करे। संतुलन ही कुंजी है। पर फिलहाल हम *क्रिया* के बारे में बात कर रहे हैं।

अब मुझे क्या करना चाहिए?

अभी आपके समय का बेहतरीन इस्तेमाल क्या है? वे कौन सी चीज़ें हैं, जो आपको करनी चाहिए थीं, पर नहीं हुई हैं? जब कल आएगा, तो जो हमने आज नहीं किया, उसके लिए हम भुगतेंगे या जो हमने किया, उसके लिए उदारता से इनाम पाएँगे।

वे पत्र, जिनका जवाब नहीं दिया गया।

वे बिल, जिनकी उपेक्षा की गई और भुगतान नहीं किया गया।

वह मित्र, जिसे आपने धन्यवाद नहीं दिया।

वह सबक़, जो शुरू ही नहीं हो पाया।

वह अभ्यास, जिसे भुला दिया गया।

वे फ़ोन कॉल, जो किए नहीं गए।

जिन चीज़ों को हमने एक किनारे रख दिया है, उन्हें ही करके हममें से हर एक को ऊर्जा का एक उत्साहजनक एहसास मिलेगा।

मेरे एक मित्र के ऑफ़िस में एक कार्ड है, जो सादगी से कहता है :

चल पड़ो. . .

आगे बढ़ो. . .

शुरू हो जाओ. . .

शुरू करो. . .

कार्य करो. . .

अभी!

बाइबल कहती है

मूल सिद्धांतों में ईश्वर के शब्द के अलावा कुछ भी स्पष्ट नहीं है। जेम्स की किताब में कहा गया है :

"इधर देखिए, वे लोग जो कहते हैं, 'आज या कल हम फ़लाँ-फ़लाँ

शहर जाएँगे, वहाँ एक साल रुकेंगे और लाभदायी बिज़नेस करेंगे।' आप कैसे जानते हैं कि कल क्या होगा? आपके जीवन की लंबाई सुबह की धुंध की तरह अनिश्चित है - अभी आप इसे देखते हैं, जल्दी ही यह ग़ायब हो जाएगी" (जेम्स, 4:13, 14, टी एल बी)।

यही समय है! इसे अभी करें!

10

देखने से पहले इस पर भरोसा करें

सिद्धांत # 7: विश्वास का सिद्धांत
"आस्था उन चीज़ों का सार है, जिनकी उम्मीद की जाती है, यह उन चीज़ों का प्रमाण है, जिन्हें देखा नहीं गया है" (हिब्रूज़ 11:1)।

जब मैंने शानदार ज़िंदगी के सेमिनारों में पढ़ाना शुरू किया था, तब मैं विश्वास के सिद्धांत पर विशेष रूप से नहीं बोलता था। इसका मतलब ये क़तई नहीं है कि मेरे पास इस पर करने के लिए कुछ नहीं था या मैं इस पर भरोसा नहीं करता था। वास्तव में यह ज़िंदगी के प्रति मेरी सारी प्राप्ति का आधार था। यह सिद्धांत मेरे लिए इतना आवश्यक और स्पष्ट था कि कई वर्षों तक मैं यह मानता रहा कि हर कोई इस सशक्त सच्चाई को जानता, समझता और अपनाता है।

इसके बाद मैंने पाया कि ऐसे कई लोग हैं, जो केवल सिद्धांतों की सूची बनाकर रट लेते हैं और बेहतरीन की आशा करने लगते हैं। केवल रटने की सीधी क्षमता, मूक भाग्य या अनुशासनात्मक अध्ययन के साथ वे अपने सपनों के सच होने की इच्छा करने लगते हैं। मैं जानता हूँ कि ऐसा करने वाले कइयों के लिए विश्वास एक पूर्ण आवश्यकता है। हमने जिन सिद्धांतों की सूची बनाई है, विश्वास उनका आवश्यक तत्व है। अगर आपको भरोसा नहीं है कि वे काम करेंगे, तो उन्हें अपनी ज़िंदगी में अपनाने का प्रयास करने का कोई मतलब नहीं है। ये सिद्धांत परीक्षण करने के लिए नहीं हैं, बल्कि आस्था में कमी से उनकी प्रभावशीलता नष्ट

हो जाएगी।

शब्दकोश में आस्था की परिभाषा ढूँढ़ने पर हम जो प्राथमिक अर्थ पाते हैं, वह है : "प्रभाव के बिना विश्वास करना; भरोसा।" यह विवरण ठीक उस परिभाषा के समान है, जिसे हमने इस अध्याय की शुरुआत में हिब्रूज़ से लिया था। जब हम विश्वास के बारे में बात करते हैं, तो उसे बाइबल के वर्णन से अलग रख पाना मुश्किल हो जाता है।

जब मैं और सूज़न होली लैंड में थे, तब हम जेरिको नामक एक शहर के अवशेषों के पास खड़े थे। मेरे जो दोस्त ओल्ड टेस्टामेंट की ज़्यादा जानकारी नहीं रखते, वे भी उस महान अध्यात्म की एक पंक्ति गुनगुना सकते हैं, जो कहती है, "जोशुआ ने जेरिको का युद्ध लड़ा।" (कुछ लोग "लड़ा था," कहने को प्राथमिकता देते हैं, पर मैं इसे हमेशा उसी रूप में गाता हूँ, जैसा इसे लिखा गया है क्योंकि इसमें बदलाव भद्दा लगता है।) उस दीवार को याद करें, जो ढह गई थी? जोशुआ के पास डायनामाइट या प्राचीन भारी शाखादार छड़ नहीं थी। उनके पास इनसे भी ज़्यादा मज़बूत कुछ था : जोशुआ के पास आस्था थी।

जोशुआ इज़राइल वासियों को भूमि की तरफ़ ले जा रहे थे, जिसे जीतने का उन्होंने वादा किया था, तभी ईश्वर ने उन्हें जेरिको शहर पर क़ब्ज़ा करने को कहा। उन्होंने जोशुआ को शहर पर क़ब्ज़ा करने का प्रयास करने के लिए नहीं कहा। उन्होंने उन्हें सीधे-सीधे कहा, "मैं जेरिको तुम्हें सौंप रहा हूँ।"

बहरहाल, ईश्वर ने जोशुआ को कुछ अनूठे निर्देश दिए। क्या आप जोशुआ की उन चुनौतियों की कल्पना कर सकते हैं कि जब उन्होंने अपने लोगों को बताया कि वे क्या करने जा रहे हैं? ईश्वर के निर्देशों के अनुसार जोशुआ किसी की तरफ़ देख नहीं सकते थे, इसलिए एकदम सामने देखते हुए उन्होंने इज़राइलियों से कहा कि वे हर दिन शिविर छोड़कर जेरिको से बिना एक भी शब्द कहे बढ़े चलेंगे।

मुझे अक्सर आश्चर्य होता है कि उन्होंने ऐसे निर्देश क्यों दिए। कभी-कभी मुझे लगता है कि जोशुआ को डर था कि कभी कोई एक नकारात्मक वाक्य के साथ सामने आएगा और पूरे समूह में नकारात्मक उत्साहहीनता हावी हो जाएगी। शायद वे फुसफुसा सकते थे, "यह जोशुआ

कैसा पागल नेता है? वह कैसे उम्मीद कर सकता है कि दीवार के आस-पास घूमने मात्र से हम एक युद्ध जीत जाएँगे? शायद वे हथियारों से लैस होकर शहर के दरवाज़े पर ही इस इंतज़ार में बैठे होंगे कि हम भीतर जाएँ और हमें दबोच लें।"

मामले को और ज़्यादा उत्साहजनक बनाने के लिए उन्हें सात बार दीवार के आस-पास घूमने को कहा गया। सातवें दिन, जोशुआ ने कहा, "ठीक है, अब तैयार हो जाओ... उद्घोष करो और तुरही बजाओ, युद्ध जीत लिया गया है और शहर हमारा है।"

एक भी शब्द कहे जाने या एक भी धमाके की आवाज़ से पहले ही जोशुआ ने विश्वास भरा एक वाक्य बोल दिया था। उनके पास परिणामों के अनुभव से पहले ही ईश्वर का वादा था। लोगों ने जयघोष किया, पादरियों ने तुरही बजाई और दीवार ठंडे सूफ्ले की भाँति गिर पड़ी। इज़राइली मलबे को फाँदते हुए शहर पर क़ब्ज़ा करने चल पड़े।

युद्ध कब जीता गया? तुरही के बजने पर नहीं, लोगों के जयघोष करने पर नहीं, ना तो लोगों के आगे बढ़ने पर और ना ही जब उन्होंने शहर पर हमला किया। जीत तो पहले ही मिल गई थी, जब जोशुआ ने उन्हें कहा था, "शहर हमारा है।"

आस्था युद्ध शुरू होने से पहले ही विजय लाती है!

"विश्वास की शक्ति। आस्था की शक्ति। यही मनुष्य का वह सबसे ज़्यादा प्रभावशाली हिस्सा है, जो उच्चतम विकसित है और हमारी महानतम ऊर्जा का स्रोत है। ईश्वर ने हमें अलौकिक शारीरिक संसाधन दिए हैं। उन्होंने हमें कम्प्यूटर के समान दिमाग़, मीलों तक देखने में सक्षम आँखें, भारी वज़न उठाने में सक्षम माँसपेशियाँ, ख़ुद में सुधार कर सकने वाली त्वचा, एक घंटे में कई हज़ार बार रक्त प्रवाहित करने वाला दिल दिया है, जो दिनोदिन, दर्जनों वर्षों तक एक भी धड़कन चूके बिना काम करता रहता है।

"ईश्वर ने हमें कई प्रभावशाली संसाधन दिए हैं, पर त्वचा, हड्डियाँ, ऊतक, ग्रंथियाँ और माँसपेशियाँ ही मानव की संपूर्णता नहीं हैं। निम्नतम पशुओं में भी ये सब चीज़ें होती हैं। मानव को जो चीज़ अनूठा बनाती है, वह है विश्वास करने की क्षमता, आस्था रखना, अदृश्य को देखना; और

विश्वास करने की यही क्षमता मानव की सबसे शक्तिशाली संपत्ति है। यह मनुष्य का बेहतरीन और उज्जवल पक्ष है।

"इसलिए जब आप विश्वास करने की शक्ति या विश्वास का 'जादू' या विश्वास का 'चमत्कार' अथवा ऐसे ही कुछ वाक्यांश सुनते हैं, तो इन्हें किसी सकारात्मक विचारों वाले उपदेशकों का व्याख्यान मात्र मानकर नकार न दें। विश्वास की शक्ति, प्रभावित करने वाले वाक्यांश या उन सफल एवं प्रेरक पुस्तकों से लिए गए शब्दों से कहीं बढ़कर है। यह मानव के बाल, त्वचा, भुजाओं और पैरों जैसे नज़र आने वाले हिस्सों के समान यथार्थ और इनसे कहीं ज़्यादा महत्वपूर्ण है" (*मेकिंग इट हैपेन*, पृ. 59)।

विश्वास क्षमता का एक स्तंभ है, जो मनुष्य को असंभव को पाने, अप्राप्य तक पहुँचने और अगाध को सुलझाने का हौसला देता है।

आस्था किसमें?

हम विज्ञान की दुनिया में जी रहे हैं। हमें यह सिखाया गया है, कि अगर हम किसी चीज़ को देख नहीं सकते, स्वाद नहीं ले सकते, छू नहीं सकते, सुन नहीं सकते, सूँघ नहीं सकते या किसी वस्तु के रूप में इसे परख नहीं सकते, तो हम इसे असत्य मानकर नकार सकते हैं। विश्वास वैज्ञानिक तकनीक के इस दायरे में नहीं आता, यह केवल भीतर अस्तित्व रखता है। वास्तव में, विलियम एडम्स ने कहा था, "विश्वास कारणों की निरंतरता है।" विश्वास कहता है, मेरे पास प्रमाण हों या नहीं, मैं इस पर भरोसा करता हूँ! राल्फ़ वाल्डो इमर्सन ने कहा था, "मैं जो भी देखता हूँ, वह मुझे अनदेखे के लिए रचनाकार पर विश्वास करना सिखाता है।"

हर दिन हम उन चीज़ों पर विश्वास करते जाते हैं, जो अतीत के प्रदर्शन में हमारे विश्वास पर खरी उतरी हैं। हम एक कुर्सी पर इस विश्वास के साथ बैठ जाते हैं कि वह नहीं टूटेगी। हम एक नल को इस विश्वास से घुमा देते हैं कि उससे पानी आएगा, इसके बाद भी हम अपनी चर्चा को यह कहकर दूषित कर लेते हैं, "आज के ज़माने में किसी व्यक्ति या किसी भी चीज़ पर भरोसा करना बिल्कुल असंभव है।"

अगर विश्वास हमारी ज़िंदगी में सफल होने के लिए इतना ज़रूरी है, तो हम इसे कहाँ रखते हैं? मैं मानता हूँ कि विश्वास का आधार ईश्वर

में है और उसकी बातें बाइबल में हैं। सभी कालखंडों की महान पुस्तकों का अध्ययन करें, सभी बुद्धिमानों की बातों पर विचार करें, और उनमें से कोई भी कालजयी बाइबल की तुलना में नहीं ठहर पाएगा।

मैं कहाँ से शुरू करूँ?

कैलिफ़ोर्निया के सॉल्वैंग के छोटे से दानिश कस्बे में एक रेस्टोरेंट के नाम ने मेरा ध्यान खींचा। इसका नाम था सरसों का बीज। कुछ लोगों को हैरानी हुई कि रेस्टोरेंट के मालिक को यह अनूठा नाम कहाँ से मिल गया। यह हैरानी तब तक क़ायम रही, जब तक उन्हें पता चला कि यह एक और महान विश्वास से भरे वाक्यांश से आया है, जो कहता है, "अगर आपको सरसों के एक बीज पर भरोसा है, तो आप इस पर्वत से कह सकते हैं, 'इधर से उधर हटो' और यह हटेगा; और आपके लिए कुछ भी असंभव नहीं होगा" (मैथ्यू 17:20, एन ए एस बी)।

लोग कहते हैं, "मैं चाहता हूँ कि आप मुझ पर विश्वास करें।" मेरा विश्वास बहुत छोटा है, पर मेरा ईश्वर शक्तिशाली है। लोगों के लिए विश्वसनीय महिला और पुरुष वे होते हैं, जो जानते हैं कि असंभव के ईश्वर पर संभावना के विचार विश्वास करते हैं। आस्था ईश्वर द्वारा कही गई बातों पर भरोसा करना है, क्योंकि यह ईश्वर ही है, जो ऐसा कहता है। आस्था हमारी ज़िंदगी में उसी तरह काम करती है, जैसे ईश्वर हमारी आस्था पर काम करता है।

रैंच पर वापसी

सर्किल ए रैंच ईश्वर पर विश्वास का जीवंत उदाहरण है, जिसने कुछ असंभव क़दमों को कर दिखाया। एक रैंच को पाने और शुरू करने की राह में मेरे और सूज़न के सामने एक के बाद एक मुश्किलें आती जा रही थीं। जब हमने मिशिगन की ख़ूबसूरत घुमावदार पहाड़ियों के पास एक स्वीमिंग पूल, एक खलिहान और बाड़े वाला रैंच हाउस देखा, तो हम जानते थे कि यही हमारे सपनों की जगह है। रैंच चलाने के किसी भी अनुभव के बगैर ही हमने प्रोजेक्ट शुरू कर दिया और उस पर काम करते

हुए सीखने लगे। एक बड़ी चुनौती तब आई, जब हमने धन का प्रबंध कर लिया और बच्चों का पहला बैच आने वाला था। इसी समय हमें कस्बे के लोगों ने घेर लिया। यह ग़ुस्से से भरे हुए जागरूक लोगों की भीड़ थी, जो यह जानना चाहती थी कि हम किस तरह का संस्थान चला रहे थे। उस छोटे-से कस्बे में अफ़वाहें फैल गई थीं कि हम कोई धार्मिक उपासना विधि सिखा रहे हैं और वे भले लोग नहीं चाहते थे कि उनके शांत गाँव का माहौल प्रदूषित हो। (मैं उनसे सहमत था!)

सौभाग्य से, हमारे कुछ बिज़नेस एसोसिएट्स उसी क्षेत्र में रहते थे। उन्होंने हमारे इन पड़ोसियों में से कई से चर्चा शुरू की और हमारे एल्बम एवं टेप दिखाकर उन्होंने उस उफ़ान पर क़ाबू पाया। हमने समय पर रैंच खोल लिया! उस समय हमारे द्वारा उठाए गए हर क़दम, लिए गए सारे निर्णय छोटे मालूम पड़ रहे थे, पर वे ही हमें एक महान असंभव प्रतीत हो रहे काम को पूरा करने तक ले गए थे।

हम जानते थे कि हमें इस प्रोजेक्ट पर आगे बढ़ना है और हमें विश्वास था कि ईश्वर इसे संभव बनाएगा।

विश्वास ग्राह्य होता है

किसी ने कहा है, "मनुष्य के बिना भी ईश्वर, ईश्वर ही रहता है। ईश्वर के बिना मनुष्य कुछ नहीं है।"

मार्क ट्वेन ने एक बार कहा था कि अब तक की महानतम महिला हेलेन केलर थीं। हाल ही में मुझे *द फ़ेथ ऑफ़ हेलेन केलर* नाम की एक छोटी-सी किताब मिली, जिसमें इस यादगार शख़्स ने अपने विश्वासों के बारे में बताया है। हेलेन केलर एक ऐसी दुनिया में क़ैद थीं, जहाँ से वे न तो किसी को सुन सकती थीं, न ही देख सकती थीं। इसके बावजूद, उन्होंने पूरे विश्व को व्याख्यान दिए, कई किताबें लिखीं, कई भाषाएँ सीखीं और दुनिया के सर्वाधिक प्रसिद्ध व्यक्ति की एक मित्र बनीं।

उन्होंने लिखा है : "एक दैवीय मित्र पर साधारण बच्चों जैसा निश्छल विश्वास सारी समस्याएँ सुलझा जाता है, जो धरती या समुद्र से हमारे पास आता है" (पृ. 28)।

"विश्वास हमसे विशेष क़िस्म के समर्पण की आशा नहीं करता, पर सम्मान चाहता है। दूसरों को बताने में यह हमारे भीतर हो सकता है, पर हम इसे अपनी सीमाओं में बाँधने की इच्छा नहीं कर सकते। हमारे भीतर का जो प्रकाश उत्पन्न होकर हमें हैरान करता है, वह हमारी ज़िंदगी के नियंत्रण का सार हो सकता है, जो सभी पदार्थों की सत्ता से ऊपर होता है" (पृ. 28)।

अपनी आँखों को बंद करने और कानों तक आवाज़ पहुँचने से रोकने का प्रयास करें, यह हेलेन केलर की दुनिया थी; इसके बावजूद वे ईश्वर पर, स्वयं पर और दूसरों पर विश्वास के सहारे इस दुनिया से बाहर निकलीं। उन्होंने विश्वास के ज़रिये आशा करना, विश्वास करना और ख़ुश रहना सीखा।

नेत्रहीन लोग ईश्वर की कृपा से उन लोगों के बजाय ज़्यादा स्पष्ट देख सकते हैं, जो आँखें होते हुए भी विश्वास से परे होते हैं।

जब मेरी लड़कियाँ छोटी थीं, तो सभी पिताओं की तरह मैं भी उनसे कहता, "आओ बिटिया रानी, कूदो, डैडी तुम्हें पकड़ लेंगे।" वे डर सकती थीं, पर वे जानती थीं कि वे मुझ पर विश्वास कर सकती थीं। उन्हें यह पूर्ण विश्वास था कि मैं उन्हें फ़र्श पर गिरने नहीं दूँगा। यही साधारण, बच्चों जैसा विश्वास है कि पापा को हमारी ज़रूरत है। वह हमें पकड़ लेंगे और गिरने नहीं देंगे। पर पहले, हमें विश्वास को उछालने की ज़रूरत है।

"अगर," "परंतु," "जब" का प्रयोग नहीं

कई लोग अपनी पूरी ज़िंदगी के दौरान "अगर" का बटन दबाते रहते हैं। "अगर सब कुछ ठीक रहा, तो मैं यह कॉन्ट्रैक्ट पा लूँगा।" "अगर मौसम अच्छा रहा, तो मैं अपने ग्राहकों को बुलाऊँगा।" "अगर मैं इसे देख सका, तो मैं इस पर विश्वास कर लूँगा।"

बाइबल में "अगर" से जुड़ी एक बढ़िया कहानी दी हुई है, जिसमें एक परेशान पिता पैशाचिक क़ब्ज़े में फँसे अपने बेटे को ईसा के पास लेकर आता है और बोलता है, "अगर आप कुछ भी कर सकते हैं, तो हम पर दया करें और हमारी मदद करें।"

इस सवाल में एक जगह "अगर" का स्थान था, पर बेचारे पिता ने उसे ग़लत जगह इस्तेमाल किया था। बिना फ़रमाइश किए वह आदमी यह कहता कि ईसा उसे उचित स्थिति में ले आएँ। उन्होंने कहा, "'अगर आप कर सकते हैं' से तुम्हारा क्या मतलब है। जो भरोसा करता है, उसके लिए सब कुछ संभव है" (मार्क 9:23, एन आई वी)।

ईसा यह कहते प्रतीत होते हैं कि उनकी शक्ति या मदद की उनकी इच्छा के साथ "अगर" नहीं होना चाहिए। अगर हम विश्वास करते हैं, तो हमारी चीज़ें संभव हैं!

संदेह बाधाओं को देखता है,
विश्वास राह को देखता है।
संदेह स्याह रात को देखता है,
विश्वास दिन को देखता है।
संदेह एक क़दम उठाने से रोकता है,
विश्वास ऊँचाइयों तक पहुँचाता है।
संदेह सवाल करता है, "कौन भरोसा करता है?"
विश्वास जवाब देता है, "मैं।"

लेखक अज्ञात

ख़ुद पर भरोसा

ख़ुद पर वाक़ई यक़ीन करने वाला व्यक्ति ईश्वर पर भरोसा करता है। अगर हम विश्वास को प्राथमिकता के क्रम में रखते हैं, तो ख़ुद पर यक़ीन पहली पंक्ति में आता है। यह आपकी योग्यता, मूल्य और प्रतिभाओं पर भरोसा है, यह जानता है कि ईश्वर ने आपको कई तोहफ़े दिए हैं, जिनका इस्तेमाल आपने अभी तक नहीं किया है!

अगर हम ज़िंदगी की बड़ी-बड़ी बातों पर विश्वास नहीं कर पाते, तो हर छोटे काम से हम ख़ुद में विश्वास विकसित कर सकते हैं और हमारे निर्धारित स्थान तक पहुँचा जा सकता है।

14वें अध्याय में हम इस विश्वास पर विस्तार से चर्चा करेंगे।

दूसरों पर भरोसा

किसी बुद्धिमान ने कहा है, "जो व्यक्ति लोगों पर भरोसा करता है, वह उन लोगों के बजाय कम ग़लतियाँ करता है, जो दूसरों पर अविश्वास करते हैं।"

मेरे एक मित्र का कहना था कि वह दूसरे लोगों से मिलते वक़्त 'वॉवेल सिद्धांत' का इस्तेमाल करता है। वह कहता है, "आई ओ यू *स्वीकार्यता* और *साहस*।" जब आपका ईश्वर पर और अपने आप पर विश्वास होता है, तो दूसरों पर विश्वास कर पाना आसान हो जाता है।

हम जीवित रहने के क्रम में क्या खोजते हैं? मनोवैज्ञानिकों ने हज़ारों लोगों की हर तरह की समस्याओं से जुड़े मामलों का अध्ययन कर निष्कर्ष निकाला कि लोग पहचान के भूखे होते हैं। अहं की भूख, भोजन की भूख के समान ही प्राकृतिक है। जब दिन में तीन बार खाना खाने वाला एक ख़ुशमिज़ाज और मज़ाकिया इंसान एक वक़्त का खाना छोड़ देता है, तो क्या होता है? वह अपनी पत्नी और बच्चों को झिड़कता है और ग़ुस्सैल हो जाता है। उसका पूरा ध्यान उसके पेट पर लगा रहता है और उसे किसी भी दूसरी चीज़ के बारे में सोचने के लिए कह पाना ठीक नहीं होता। उसका एकमात्र इलाज उसे खाना खिला देना ही होता है।

किसी के अहं की भूख को संतुष्ट करने के लिए भी यही सही है। अगर एक व्यक्ति आत्मसम्मान का भूखा है, तो वह अपने दिमाग़ से ख़ुद को नहीं निकाल पाता और दूसरों पर ध्यान नहीं दे पाता।

जब हम दूसरों पर भरोसा करते हैं, तो हमें उन्हें महत्वपूर्ण होने का एहसास कराना होता है। जो महिला और पुरुष दूसरे के महत्वपूर्ण होने पर भरोसा करते हैं, वे सफल ज़िंदगी की कुंजी पा लेते हैं। हर आदमी महत्वपूर्ण क्यों होता है? क्योंकि हर व्यक्ति ईश्वर की कल्पना से रचा गया है! यही उसे महत्वपूर्ण बनाता है।

जब हम दूसरों पर भरोसा करते हैं, तो हम उनका ध्यान रखते हैं। बच्चों के बद्‌तमीज़ी करने का एक कारण यह भी होता है कि वे ध्यान खींचना चाहते हैं। हर माँ जानती है कि जैसे ही वह फ़ोन पर व्यस्त होती है, उसका बच्चा अलमारी के ऊपर चढ़कर जैली का जार गिराने का सही मौक़ा तलाशता है। हम स्वीकार करें या नहीं, पर हम सभी ध्यान पाना

चाहते हैं।

हमारे बिज़नेस में लोगों को उनकी पूर्णताओं के लिए यात्राओं और इनामों से जोड़कर उनके उपलब्धि स्तर की पहचान दी जाती है। एमवे की मीटिंग में पहली बार शामिल होने वाले कई लोग विशेष सम्मान पाने वाले लोगों की संख्या को देखकर हैरान रह जाते हैं। पहचान सबसे उच्च स्तर से शुरू होती है और संस्थान के हर स्तर पर घटती जाती है। लोग ध्यान पाने के लिए बेचैन रहते हैं!

दूसरों पर विश्वास करने में स्वीकार्यता एक महत्वपूर्ण तत्व है। जो लोग दूसरों को बदलने का प्रयास किए बिना उन्हें उनके मूल रूप में ही स्वीकार करते हैं, वे व्यवहार बदलने में उस व्यक्ति के मुक़ाबले ज़्यादा प्रभावशाली होते हैं, जो ज़बर्दस्त आलोचक और माँग करने वाला होता है। मेरी पत्नी सूज़न ने सैकड़ों बार मुझे बोलते हुए सुना है। वह बार-बार एक जैसे सेमिनारों में घंटों बैठकर एक जैसी बातें बार-बार सुनती रहती है। उसके पास वाक़ई साहस है, क्योंकि उसकी एकाग्रता मुझसे यही कहती है, "आप जो भी कह रहे हैं प्रिय, मैं उस पर विश्वास करती हूँ।"

अगर लोगों को उनके दोस्तों, अभिभावकों, उनके बिज़नेस एसोसिएट्स द्वारा स्वीकार किया जाता है, तो उनके लिए ख़ुद को स्वीकार कर पाना और आत्म-सुधार कर पाना आसान हो जाता है।

बिज़नेस की दुनिया में बेहद सफल हो चुके मेरे ससुर ज़िंदगी के इन क्षेत्रों में विश्वास की शक्ति जानते थे। चूँकि वे अक्सर ही विश्वास की ज़रूरत के बारे में कहा करते थे, इसलिए उनके ग़ुज़र जाने के लगभग एक दशक से भी ज़्यादा समय के बाद भी आप उनके कुछ एसोसिएट्स के घरों में एक ख़ास जगह पर उनकी तस्वीर के नीचे, "आपको विश्वास करना चाहिए" लिखा पा सकते हैं।

विश्वास पूर्ण संकल्प है

विश्वास से भरी ज़िंदगी में पूरे संकल्प की ज़रूरत होती है। ईश्वर पर, ख़ुद पर और दूसरों पर विश्वास की राह चलने के लिए है, सिर्फ़ बतियाने के लिए नहीं।

एक व्यक्ति ने नियाग्रा फ़ॉल्स को टाइट रोप (तनी हुई रस्सी) पर चढ़कर पार करने का निश्चय किया। उसने अभ्यास करना शुरू किया और अपने घर के पिछवाड़े में एक छोटे से हिस्से में रस्सी तान ली। पहले उसने ज़मीन से 18 इंच ऊँची रस्सी बाँधी और आगे-पीछे चलना शुरू किया। धीरे-धीरे वह रस्सी को इतना ऊँचा उठाता गया, जब तक कि वह हवा में 35 फ़ीट तक नहीं पहुँच गई। इसके बाद उसने अपने करतब में कुर्सियाँ, व्हील बैरो (एक पहिये की गाड़ी) और साइकिलें भी शामिल कर लीं। जल्दी ही उसकी महत्वाकाँक्षा की ख़बर अख़बारों तक पहुँच गई और उन्होंने उसके काम को देखने के लिए एक पत्रकार को भेजा। उसकी प्रसिद्धि बढ़ गई और लोग उसके क़दम पूरा होने की योग्यता पर दाँव लगाने लगे।

एक दिन उसका पड़ोसी आया और बोला, "आप जानते हैं, मुझे पूरा विश्वास है कि आप यह कर दिखाने के लिए पूरी तरह तैयार हैं।"

उस व्यक्ति ने पूछा, "आप ऐसा कैसे सोचते हैं?"

"मैं शुरुआती दिन से आपको रोज़ देख रहा हूँ। आप बहुत अच्छे हैं। वास्तव में, आप ग़ज़ब के प्रतिभाशाली हैं। मैं सोचता हूँ कि आप नियाग्रा फ़ॉल्स को एक रस्सी पर चढ़कर पार कर सकते हैं। मुझे आप पर विश्वास है।"

वह साहस से भर उठा, "क्या आप वास्तव में मुझ पर विश्वास करते हैं?" उसने एक बड़ी-सी मुस्कान के साथ पूछा।

"मैं वाक़ई विश्वास करता हूँ। आप एकदम तैयार हैं।"

"यह शानदार है। मैंने आज ही यह निश्चय किया था। वास्तव में, मैं आज अभी ही फ़ॉल्स पर रस्सी की व्यवस्था करने जा रहा हूँ और कल का दिन महान होगा। जब आपको मेरी योग्यता पर विश्वास है, तो हम ऐसा क्यों नहीं करते? मैं एक व्हील बैरो साथ ले लेता हूँ। आप इसमें बैठ जाएँ और मैं आपको पार करवा दूँगा।"

यही पूर्ण संकल्प होता है! इसी को विश्वास का सिद्धांत कहते हैं। यह तभी आता है, जब हम पहले के अध्याय पर वापस पहुँचते हैं - कार्य। कार्य के बिना विश्वास पूर्ण अवधारणा नहीं है। विश्वास एक फ़र्क़ ला

सकता है। जब हम विश्वास करते हैं, तो हम उस संकल्प को पाने के लिए चीज़ों को करने के इच्छुक होते हैं। एपॉस्टले जेम्स ने इसे इस तरह कहा है : "कार्य के बिना विश्वास मृत है" (जेम्स 2:26, एन आई वी)।

यहाँ विश्वास पर आधारित कुछ विचार दिए गए हैं :

"विश्वास अनदेखे पर भरोसा करना है और इस विश्वास का पुरस्कार उस अदृश्य को देखना है, जिस पर हम भरोसा करते हैं" *सेंट ऑगस्टीन*।

हमारे जीवन का विस्तृत कार्य यह देखना नहीं है कि दूरी पर अस्पष्ट-सी चीज़ क्या है, बल्कि उस काम को करना है, जो हमारे हाथ में स्पष्ट नज़र आ रहा है। ईश्वर देता है, पर हमें लागू करना होता है।

हमारे आगे बढ़ने से पहले मुझे आपको ज़िंदगी में विश्वास भरे अनुभव लेने की चुनौती देने दें। क्या यह वही दिशा है, जहाँ आप बढ़ रहे हैं? आपके विश्वास का स्थान कहाँ है? क्या आप पर्वतों पर चल रहे हैं या दफ़्न हो रहे हैं? केवल वही असंभव को कर दिखाता है, जो अदृश्य को देख सकता है।

11

कुछ उत्साह !

सिद्धांत # 8: उत्साह का सिद्धांत

"आप जो कुछ करते हैं, उसमें अपने पास की हर चीज़ लगा दें।"

कुछ वर्षों पहले मेरी भाषण कला टेलीफ़ोन डायरेक्टरी पढ़ने के समान उत्साहजनक थी। मेरे शब्द स्पष्ट थे और मेरा वर्णन स्पष्ट था। वाक्य तार्किक क्रम में जुड़े रहते थे और विचार स्पष्ट रूप से लोगों तक पहुँच जाते थे। पर आज मेरे स्वभाव के अनुरूप चर्चा करने वाली उत्साहजनक संचार प्रक्रिया तब तक शुरू नहीं हुई थी। वास्तव में, मेरे बिज़नेस पर उत्साह की कमी साफ़ नज़र आ रही थी।

यह उत्साह से रहना सीखा जा सकता है और जब आपमें उत्साह आता है, तो यह दूसरों को भी प्रभावित कर लेगा। आज जब मैं एक भाषण देता हूँ; तो मैं हँसता हूँ (कुछ लोग इसे हँसी-ठट्ठा कह सकते हैं, पर मुझे इससे कोई फ़र्क़ नहीं पड़ता), चिल्लाता हूँ, मंच पर चलता हूँ और उस पूरी चर्चा में मैं अपने शरीर की सारी ऊर्जा उड़ेल देता हूँ। कई बार मैं ख़ुद से पूछता हूँ कि इतने लंबे समय तक मैं ऊर्जा को इस तरह बनाए कैसे रख सकता हूँ। इसकी एक वजह यह है कि मैं शानदार ज़िंदगी जीने के सिद्धांतों को लेकर बेहद उत्साहित हूँ। अगर मैं ही उत्साही नहीं रहूँगा, तो कोई दूसरा भी नहीं होगा।

ज़िंदगी के किसी भी काम के परिणाम उत्साह के सीधे अनुपात में आते हैं। रॉबर्ट शुलर ने इसे इस तरह कहा है, "उत्साह में आगे बढ़ाने की

शक्ति होती है, जो आपको मंद गति से सरकने से एक तेज़ ऊँची लहर तक ले जाएगी। इस नियंत्रित विस्फोटक जेट शक्ति से आप अपने सपनों को उनकी कक्षा तक पहुँचा लेंगे! यह 'कुछ नहीं' को 'सब कुछ होने' में बदलता है। यह शुरुआत करने वाले को समाप्त करने वाले में बदलता है। यह पिछड़े हुओं को चैंपियन बना देता है।"

इमर्सन ने कहा था कि उत्साह के बिना कोई भी महान चीज़ नहीं पाई जा सकती।

सफलता के लिए उत्साह प्रमुख नज़रियों में से एक है।

बच्चों को सिखाएँ

छोटे बच्चे शुरुआत से ही थोड़े उत्साही होते हैं। दुर्भाग्य से उनका सामना उत्साह विरोधियों से होता है। वे सुनते हैं, "शांत हो जाओ, तुरंत।" "ज़्यादा उत्साही मत बनो।" "इसे आराम से लो।" जूनियर हाई तक पहुँचते-पहुँचते उनमें से कई "शांत" अवस्था में पहुँच जाते हैं। किसी काम को उत्सुकता से करने के बजाय शिकायत या उबासी लेने को ज़्यादा स्वीकारा जाता है।

क्या यह दुखद नहीं है? हम यह नज़रिया विकसित कर लेते हैं कि कुछ गिने-चुने मौक़े, स्थान या घटनाएँ ही होती हैं, जहाँ उत्साही होना उचित है। आपने जो भी पाया है, उसे उत्साहपूर्वक अपनी ज़िंदगी के हर अनुभव को देने की स्वतंत्रता की चर्चा हम यहाँ कर रहे हैं!

उत्साह का अँग्रेजी रूपांतरण ऐन्थूज़िऐज़्म (enthusiasm) ग्रीक भाषा के *एन थिओज़* से निकला है, जिसका शाब्दिक अर्थ है "भगवान हमारे भीतर है।" यह मेरे अंदर ढेर सारी उत्तेजना पैदा करता है। आपको कैसा लगता है? हम उत्साह को आमतौर पर अलग मामलों में लेते हैं। उदाहरण के लिए, एथलेटिक्स प्रतियोगिताओं में एक अभूतपूर्व प्रदर्शन के लिए ढेर सारा शोर, आवाज़, ख़ुशी या प्रशंसा होती है। ख़ुशी के प्रदर्शन में कुछ भी ग़लत नहीं है, पर यह वह नहीं है, जिस पर फ़िलहाल हम इस समय प्रमुख रूप से विचार कर रहे हैं। उत्साह जीवन की एक राह, एक नज़रिया है।

जब सर्किल 'ए' रैंच में बच्चे आते हैं, तो उनमें से कई यह सोचते हैं

कि दो हफ़्तों तक घुड़सवारी, तैराकी और ऐसा ही हर मज़ा होगा, जो दूसरे कैंपों में होता है। ज़ाहिर या ख़ामोश पर चौंकता हुआ सवाल उठता है, "आपका मतलब है कि हमें काम करना है?" अचानक ही उन्हें पता चलता है कि यह एक वर्किंग रैंच है।

यहाँ ढोने के लिए घास, पेंट करने के लिए फेंस, साफ़ करने के लिए स्टॉल्स हैं। इनमें से कुछ बच्चों ने घर पर कचरे की बाल्टी उठाने से ज़्यादा मेहनत का काम कभी किया ही नहीं था और तब हमने बताया कि उन्हें सड़कों पर खुदाई करनी है और फ़र्श रगड़ना है।

जब हमने इन अवधारणाओं को सिखाना शुरू किया, तो नज़रियों का विकास देखना रोमांचकारी था। जब हम उत्साह के सिद्धांत पर पहुँचे, हमने कहा, "तुम्हारे पास जो भी है, अपने काम में झोंक दो।" सत्र के आख़िरी कुछ दिनों के दौरान जब हम वर्क प्रोजेक्ट्स की घोषणा करते, तो पूरा समूह ख़ुशी से चीख उठता, "आहा!" 50 बच्चों के समूह को फ़र्श झाड़ने, खिड़कियाँ धोने और खाद को फावड़े से हटाने के काम के लिए उत्साहित देखना काफ़ी मज़ेदार है। उनका उत्साह इस हद तक बढ़ गया कि जब समापन पर उनके माता-पिता उन्हें लेने आए और बच्चों ने उन्हें अपने द्वारा किए गए काम दिखाए तो उनमें से अधिकांश उस पर विश्वास नहीं कर सके।

आपका उत्साह झलक रहा है

शायद आपने सुना होगा, "उत्साही बनने के लिए उत्साह के साथ काम करें।" शायद आप उत्साह को महसूस नहीं करते। आपने अभी-अभी बुरी ख़बर पाई है, जो हो गया है, उसे लेकर आप बेहद परेशान हैं, और उत्तेजना आप पर छा जाती है। उत्साही होने के लिए आपको ऊपर-नीचे कूदने या झंडा लहराने की ज़रूरत नहीं है। यह आंतरिक एहसास है, जो आपके चेहरे, आपकी आवाज़ और आपकी हरकतों में झलक जाता है। हम सभी उत्साही होने के लिए एक-दूसरे के ऋणी हैं।

कनाडा निवासी मेरे एक मित्र जिम जेंज़ ने उस समय के बारे में बताया, जब वह परिवार के एक सदस्य का अंतिम क्रिया-कर्म करके लौटा था और तभी उसे याद आया कि उसे सिएटल के लिए उड़ान भरनी थी,

जहाँ भारी भीड़ के सामने भाषण देने का उसने वादा किया था। वह दुखी था और इस कार्यक्रम को निरस्त करना चाहता था, पर वह जानता था कि वहाँ वे लोग उसके आने की उम्मीद कर रहे थे। प्लेन में उसने दुख में डूबे रहने के बजाय तय करना शुरू किया, "मैं उन लोगों के लिए बोलने को लेकर वाक़ई बेहद उत्साहित हूँ। मैं दर्शकों को लेकर उत्साहित हूँ।" उसने अपने अंदाज़ में ताज़गी लाने के लिए नियंत्रण के सिद्धांत का इस्तेमाल किया और जब वह रैली को संबोधित करने उठा, तो उसके पहले शब्द थे, "दोस्तों, मैं यहाँ आकर उत्साहित हूँ।"

क्या आप यह सोचकर हैरान नहीं होते कि हमारे कुछ चर्च बंद क्यों होते जा रहे हैं और कुछ अपना महत्व क्यों खोते जा रहे हैं? निश्चित रूप से, उपदेशकों की मूल शिक्षा पद्धति जोशीली होनी चाहिए, लेकिन विषय पर उत्साहजनक विश्वास और संदेश के स्पष्ट प्रस्तुतिकरण के बिना पादरी अपने अनुयायियों को खो देगा। उत्साह हमारे आज के जीवंत और विकासशील चर्चों में सफलता के प्रमुख तत्वों में से एक है।

उत्साह की ओर पहला क़दम : अपना होमवर्क करें

किसी ने कहा है, "हम उसी मामले में औंधे मुँह गिरते हैं, जिसके लिए हमने तैयारी नहीं की होती।"

उत्साह का एक तरीक़ा उस चीज़ के बारे में सीखना है, जिसके बारे में आप उत्साही न हों। यह बात कोई मायने नहीं रखती कि विषय क्या है, अगर आपने अपना होमवर्क नहीं किया है, तो उत्साह या उत्तेजना प्रदर्शित करने के लिए आपके पास कोई राह नहीं है।

बॉब और सैली को घूमने का शौक़ है। जब आप उनके पास होते हैं, तब जोखिम की समझ, भिन्न स्थानों और संस्कृतियों की महक और दृश्य जीवित हो उठते हैं। आप इसे जानें, उससे पहले बचत करने, ट्रैवल एजेंट को कॉल करने और अगले ही प्लेन से चल पड़ने की तैयारी में लग जाएँ। क्यों? क्योंकि वे दोनों किसी भी देश के लिए यात्रा शुरू करने से पहले उसके ट्रैवल फ़ोल्डर्स और किताबों को चाट डालते हैं। वे जानते हैं कि उस क्षेत्र की कला के बारे में क्या देखना है, उस जगह खाने की ख़ास चीज़ें क्या हैं और मोलभाव के लिए किस जगह जाना होगा। वे हर यात्रा से

पहले अपना होमवर्क अच्छी तरह से करते हैं और इसीलिए सफ़र का पूरा आनंद उठाते हैं।

दूसरी तरफ़, अपनी यात्राओं के दौरान मैं ऐसे कई लोगों से मिला हूँ, जो हर चीज़ के बारे में शिकायत करते रहते हैं। नई जगहों पर जाने और अलग लोगों से मिलने का अद्भुत अनुभव कुछ ग़लत चीज़ों पर केंद्रित होकर खो जाता है। जब वे आपको अपनी यात्रा के बारे में बताते हैं, तो आप उस जगह पर कभी न जाने का निर्णय ले लेते हैं।

उत्साह किसी व्यक्ति, विषय या स्थान के बारे में कुछ पता लगाने से विकसित होता है। डेविड श्वाट्र्ज़ ने अपनी किताब *द मैजिक ऑफ़ थिंकिंग बिग* में इसे "भीतर तक पहुँचने की गहन तकनीक" कहा है।

हम इस सवाल के साथ ख़ुद की जाँच कर सकते हैं, "ऐसी एक या दो चीज़ें कौन सी हैं, जिनको लेकर हममें कोई उत्साह नहीं है?" इसके बारे में सोचें। क्या आप शास्त्रीय बैले, अरबी घोड़ों या बेसबॉल में दिलचस्पी रखते हैं? अगर आप इन विषयों के बारे में नकारात्मक सोच रखते हैं, तो हो सकता है कि आप उनके बारे में बहुत कम जानते हों।

क्या आपने किसी लड़के को अपनी गर्लफ्रैंड के बारे में किसी को बताते हुए सुना है? वह असाधारण है। वह अपने कपड़े ख़ुद डिज़ाइन करती और बनाती है; वह समुद्र तट पर रोज़ जॉगिंग करती है; वह सबका दुख-दर्द पूरी सहानुभूति से सुनती है। प्यार में यह युवा उस यादगार व्यक्ति की हर बात जानने में घंटों लगा सकता है। उसका उत्साह असीमित है।

जब मेरी और सूज़न की शादी हुई, तो मैं घोड़ों के बारे में बहुत कम जानता था। वह बचपन से घुड़सवारी करती आ रही थी, पर मैं रक़ाब से लेकर लग़ाम तक के बारे में कुछ नहीं जानता था। बहरहाल, हमारे रैंच के लिए हमें 16 अरबी घोड़े दिए गए थे और मुझे घोड़ों को बढ़ाने के बारे में पता लगाने की ज़रूरत थी।

मैं अपनी ज़िंदगी में दो बार घोड़े पर चढ़ा था - इनमें से एक समय मैं 13 साल का था और उस समय मेरा और घोड़े का साथ मात्र 13 सेकंड का ही रहा था। इसके बाद मुझे दूसरे घोड़े की सवारी करने में 13 साल लग गए। वास्तव में हमारी बड़ी बेटी सिंडी तब 13 साल की हो चुकी थी, हम परिवार समेत ग्लैशियर नेशनल पार्क घूमने गए थे और परिवार वालों

ने मुझे घुड़सवारी के लिए मना लिया था। एक सधे हुए घोड़े, जिसे अपने सामने चल रहे घोड़े की पूँछ देखते हुए चलना सिखाया गया था, की एक घंटे तक की गई सवारी ने यह प्रमाणित कर दिया था कि मैं घुड़सवारी कर सकता हूँ।

इसके बाद सर्किल "ए" रैंच और वे सभी घोड़े आए! मेरे पास कोई चुनाव नहीं था। बहरहाल, जैसे-जैसे मैंने घोड़ों के साथ काम किया और जाना कि वे कितने ख़ूबसूरत जानवर हैं, मेरा पुराना डर ग़ायब हो गया। अब मैं घोड़ों की देखभाल, खाना खिलाने और नस्ल बढ़ाने जैसी किसी भी ज़रूरी प्रक्रिया में मदद कर सकता हूँ और मैं हमारे पास के किसी भी घोड़े की सवारी करने के लिए तैयार हूँ। मैंने घोड़ों से जुड़ा अपना होमवर्क कर लिया है!

हमारे पास रैंच में कुछ ख़ूबसूरत घोड़े हैं और किसी दिन हम उन्हें राष्ट्रीय प्रतियोगिता में उतारेंगे।

उत्साही होने के लिए अपने विषय से प्यार करें।

उत्साह का दूसरा क़दम : इसे उत्साह से करें

उत्साह हमारे द्वारा किए गए हर काम में नज़र आता है। उदाहरण के लिए, लोगों को चलते हुए देखें। जो व्यक्ति ज़िंदगी का आनंद लेता है, जो रोज़ाना आशा और ऊर्जा से भरपूर रहता है, वह दूसरों की तुलना में तेज़ गति से चलता है और सीधा खड़ा होता है। मंच पर कलाकार दौड़ते क्यों हैं? मंच पर वक्ता तेज़ क़दम क्यों भरते हैं? वे अपने दर्शकों के सामने ख़ुद को उत्साही प्रदर्शित करना चाहते हैं।

अगर आप नज़रें झुकाए, कंधे ढलकाए हुए चलते हैं, तो आप उत्साहहीनता का संदेश देते हैं। आपका शरीर बता देता है कि आप निराश हैं या ख़ुश।

किसी व्यक्ति के चलने और खड़े होने का तरीक़ा यह प्रदर्शित करता है कि वह आत्मविश्वासी या असुरक्षा से भरा है। आपका आत्मविश्वासी व्यवहार दूसरों को आकर्षित भी करेगा और उन्हें प्रेरणा भी देगा। आप उसी आदमी की तरह चलें, जो जानता है कि उसे जाना कहाँ है। उन सलाहों पर चलें, जो हमने अपने बच्चों को दीं, "सीधे खड़े हो जाओ, झुको

मत।" हमें हमारी बॉडी लैंग्वेज के द्वारा जाना जाता है। उत्साह से चलिए!

मेरी सास बेर्निस हेनसन अमेरिका की एक सुप्रसिद्ध व्यवसायी हैं। वे उम्र के उस पड़ाव पर हैं, जिसे रिटायर हो जाने का समय समझा जाता है, परंतु जब वे कमरे में आती हैं, तो ग़ज़ब के उत्साह से जगमगाती हैं और उन्हें देखकर लोग तुरंत उनसे प्रभावित हो जाते हैं। आप उनके उत्साह में कभी कमी नहीं पाएँगे। इस बात से भी उन्हें कोई फ़र्क़ नहीं पड़ता कि वे कितनी थकी हुई हैं।

अगला, हाथ मिलाते समय भी उत्साह दिखाएँ। जो व्यक्ति उदासीनता से हाथ मिलाता है, संभवतया उसमें ख़ुद का सम्मान करने की क्षमता बहुत ही कम होती है। जो व्यक्ति पूरी ताक़त से आपका हाथ पकड़ता है और आपकी अँगूठी उँगली में धँसने लगती है, तो यह इस बात का संकेत है कि उस व्यक्ति में आत्मविश्वास बिलकुल भी नहीं है। हाथ मिलाने का मतलब है, धीर से दबाना, परंतु यह हड्डियाँ तोड़ने वाला नहीं होना चाहिए। कुछ लोग मिलते समय अपने दोनों हाथों से आपका हाथ पकड़ते हैं। यह एक जोशीला संदेश देता है, जो कहता है, "मैं आपको पसंद करता हूँ, आप मेरे लिए ख़ास हैं।"

अपनी मुस्कुराहट में भी उत्साह दिखाएँ। हाल ही में मैं चर्च के कार्यक्रम में शामिल हुआ, वहाँ एक निर्देशक गायकों को "ईश्वर की ख़ुशी" के बारे में गाने के लिए निर्देश दे रहा था। इस दौरान वह एक बार भी नहीं मुस्कुराया। ईश्वर ने मुस्कुराहट इंसानों द्वारा फैलाने के लिए बनाई है, संचय करके रखने के लिए नहीं। एक मुस्कुराहट व्यक्ति के दिल से निराशा दूर कर सकती है। मुस्कुराहट आपसे कोई क़ीमत भी नहीं लेती है और आपको सफलता और दौलत तक पहुँचा सकती है। मुस्कुराहट कहती है, "तुम महत्वपूर्ण हो। मैं तुम्हें पसंद करती हूँ।"

हम अपने कुत्ते से प्यार क्यों करते हैं और उसके सामने मुस्कुराते क्यों हैं? क्योंकि जब वह हमें देखता है, वह हमारे पास उछलकर आ जाता है, अपनी दुम हिलाता है और हमसे कहता है कि हमें देखकर वह ख़ुश हुआ है।

एक खिसियाई हुई मूर्खतापूर्ण हँसी से बेहतर है न हँसना। एक सच्ची, दिलकश हँसी, जो भीतर से आती है और आँखों की चमक से झलक

जाती है, वह ज़िंदगी के बाज़ार में बेहद ऊँची क़ीमत पाती है।

कुछ विचार बिंदु :

फूलों के लिए जो मायने सूरज की धूप के हैं, मानवता के लिए मुस्कुराहट उतना ही महत्व रखती है।

ख़ुश रहें। आप जितनी भी चीज़ें पहनते हैं, आपके चेहरे के भाव उन सबसे महत्वपूर्ण होते हैं।

एक व्यक्ति अपने बाज़ुओं में जो भी सबसे बढ़िया चीज़ें रख सकता है, उनमें से एक है मज़ाक़ भरी हड्डी।

दिन-पर-दिन कितनी मुस्कुराहटों को
मैंने अपने संकुचित तरीक़े से खोया है!
कितने ही मधुर शब्द मैंने खोए हैं
मेरे इस आनंद की अभिन्न क़ीमत क्या है?
इस महान दोस्त को मैं अब जान पाया हूँ
जो वर्षों पहले मेरा दोस्त बन सकता था।

लेखक अज्ञात

किसी ने मुझसे पूछा, "लेकिन स्किप, अगर मेरे पास मुस्कुराने की वजह ना हो, तो?" मैंने उससे एक सवाल किया "तुम्हें क्या लगता है, सैमी डेविस जूनियर के पास हमेशा हँसने की वजह होती है?" इस मामले में ऐसा कुछ नहीं है कि आप महसूस करें, यह ऐसी चीज़ है, जो आपको करनी ही चाहिए। अपने आपको मुस्कुराने के लिए मजबूर करें। जल्दी ही आप मुस्कुराने लगेंगे क्योंकि देने के नियम का प्रभाव शुरू हो जाएगा। जब आप किसी की तरफ़ देखकर मुस्कुराएँगे, तो वह आपको पलटकर मुस्कुराहट देगा। जब आप मुस्कुरा रहे हों तो चिंता करना या घबराना बिल्कुल असंभव-सा होता है।

मैंने अब तक जो सुझाव पाए हैं, उनमें से एक बेहतरीन सुझाव तब मिला, जब मुझे कहा गया कि अपने होठों के हिलने से पहले दिमाग़ी तौर पर मुस्कुराएँ। भीतर से "मुस्कुराएँ।" ख़ुद को मुस्कुराने के लिए तैयार

करें। अगर आपको अपने भीतर मुस्कुराहट महसूस करने में दिक्क़त हो, तो किसी भी तरह इसे करके देखें। आइने में देखें और मुस्कुराएँ। अगर आपके दाँत सीधे न हों, तब भी इस बारे में चिंता न करें। आइने के सामने तब तक अभ्यास करें, जब तक आपको अपनी मुस्कुराहट बढ़िया न लगने लगे।

मैं एक महिला को जानता हूँ, जो अपनी अच्छी सहेली के पति से मिलने एयरपोर्ट गई थी। रॉन नाम के उस व्यक्ति ने अपनी पत्नी की सहेली को पहले कभी नहीं देखा था, पर वह भीड़ में भी सीधे उसके पास चला गया। महिला ने पूछा, "आपने मुझे कैसे पहचान लिया?"

"आसान है, मेरी पत्नी ने मुझे बताया था कि भरपूर मुस्कुराहट वाली महिला को ढूँढ़ना, और आप वही हैं।"

एक मुस्कुराहट आपको और मुझे ख़ुश करती है
क़ीमत कुछ नहीं लगती - यह मुफ़्त में दी जाती है
यह परेशान को आराम देती है - दुखी को ख़ुशी देती है
तकलीफ़ में पड़े हुओं को ढाढ़स बँधाती है - अच्छी या बुरी।
अमीर और ग़रीब - भिखारी और चोर के लिए
यह किसी भी तरह से विश्वास करने वालों के लिए मुक्त है।
युवाओं और वृद्धों में इसकी एक सहज झलक
शिशुओं की ख़ुशी - किसी भी दुष्ट के हथियार डलवा देती है।
हम जो भी प्रार्थनाएँ करते हैं, उन सबसे हटकर
यह एक ऐसी चीज़ है, जो दूसरे को दे देने के बाद भी हमारे पास रहती है।

लेखक अज्ञात

अपनी भाषा में उत्साह भरें। जब मैंने शानदार ज़िंदगी के सेमिनार पहली बार शुरू किए थे, तो मैं पोडियम के पीछे छिप गया था और माइक्रोफ़ोन पर बड़ी सावधानी से बोला था। चर्च की मेरी पृष्ठभूमि यह ज़ाहिर कर रही थी जैसे कि मैं धर्म के उपदेश देने वाले मंच से आराम से बोल रहा हूँ। मैंने अपने दोनों हाथ बाँध रखे थे और इस बात की मुझे ज़रा भी परवाह नहीं थी कि मेरी बाँहें कैसी दिख रही हैं। मेरे घुटने बड़े

ही आराम से आपस में जुड़ गए थे और कोई भी उनमें अंतर नहीं कर सकता था।

तभी मेरा परिचय एक ऐसे सूत्रधार से हुआ, जिसने कई टॉप डांसिंग स्टार्स को नृत्य सिखाया था। वह जीन केली जैसे साथियों के साथ डांस कर चुका था, इससे आप समझ सकते हैं कि वह बेहद अच्छा था। वह मेरे परिचितों में सबसे ज़्यादा उत्साही व्यक्तियों में से एक था। वह आज की स्थिति में इसीलिए पहुँचा था क्योंकि वह पादरियों के भद्दे बच्चों को भी यह कला सिखाता था। एलेक्स ने मुझे भी सिखाया कि कैसे चलना है। मैं महज़ एक जगह से दूसरी जगह जाने की बात नहीं कर रहा हूँ, मेरा मतलब वाक़ई ढंग से चलने से है! जब मैंने माइक हाथ में लेकर पूरे मंच पर इधर-से-उधर चलते हुए बोलना शुरू किया, मेरी आवाज़ कहीं ज़्यादा उत्साह से भर गई।

इस बात के कोई मायने नहीं हैं कि आप बात किससे कर रहे हैं : पी टी ए से, एक बिज़नेस ग्रुप से, अपने बच्चों से या अपने जीवनसाथी से, आपकी आवाज़ की जीवंतता दूसरों को भी प्रेरित करेगी।

फ़ोन कॉलों का उत्साह से जवाब देने वाली सेक्रेटरी बॉस के लिए एक अच्छी टायपिस्ट से कहीं ज़्यादा मायने रखती है। जोशीली आवाज़ और अंदाज़ वाला सेल्समैन अपने उस सहयोगी के मुक़ाबले ज़्यादा अपॉइंटमेंट पाता है, जो बुझे हुए, एकरस अंदाज़ में बोलता है।

क्या आपने किसी को फ़ोन करने पर उसका जवाब इस तरह पाया है, "हुलो"? यह आवाज़ इतनी गहराई से आती मालूम पड़ती है कि आप इसकी नमी को महसूस कर सकते हैं। आवाज़ में उत्साह भरने का अभ्यास करें। अपनी आवाज़ रिकॉर्ड करें और सुनें। अगर आप किसी दर्शक दीर्घा में बोल रहे हों, तो आप उत्साही वक्ता बनना चाहेंगे या सुस्त सपाट?

अभी तुरंत कुछ देर के लिए रुकें और विचार करें कि क्या हो, अगर आप कल सुबह काम पर पहुँचते ही पूरे उत्साह से सबको सुनाते हुए घोषणा करें, "मैं आज यहाँ आकर बेहद उत्तेजित हूँ... मैं पहुँचने का बेसब्री से इंतज़ार कर रहा था। मैं अपना आज का काम शुरू करने के लिए उत्साह और ऊर्जा से भरा हुआ हूँ! *आज का दिन बहुत ही अच्छा* होने जा रहा है।"

क्या यह आपके नज़रिये, काम, आपके बॉस और सहकर्मियों पर बुरा प्रभाव डालेगा? अगर हर कोई इसी अंदाज़ से आए, तो क्या होगा? क्या उत्पादन बढ़ेगा? आप शर्त लगा सकते हैं कि ऐसा होगा।

क्या आप किसी संस्थान के मालिक हैं? अगर हर सुबह आप पूरे उत्साह के साथ अपने लोगों को यह बताते हैं कि वे कितने महान हैं और उन्हें अपने साथ पाकर आप कितने ख़ुश हैं, तो वे कैसा महसूस करते हैं? अगर हम अपने बिज़नेस में इस तरह का उत्साह शुरू कर सकें, तो हमारी आज की अर्थव्यवस्था की बहुत-सी कठिनाइयाँ अतीत की चीज़ें रह जाएँगी।

चार्ली "ट्रिमेंडस" जॉन्स कहते हैं, "कई लोग यह सोचते हैं कि उत्साह या ख़ुशगवार आत्मा कुछ ऐसी चीज़ है, जो आपमें रहती ही है। मैं आपको पूरे दिल से यह बताना चाहता हूँ कि आप अपनी ज़िंदगी में जिस बड़ी चुनौती का सबसे ज़्यादा सामना करेंगे, वह अपने रोज़मर्रा के काम के लिए हर दिन ख़ुद को उत्साहित रखना सीखना है" (*लाइफ़ इज़ ट्रिमेंडस,* पृ.-25)।

एक बढ़िया संदेश प्रसारक बनें

कुछ वर्षों पहले एक समाचार वाचक लॉवेल थॉमस ने अपने रेडियो कार्यक्रम की शुरुआत यह कहते हुए कर ख़ुद को प्रसिद्ध बना लिया था, "आज रात आपके लिए अच्छी ख़बर है।" उसने हमारा ध्यान इसीलिए खींचा, क्योंकि हम अच्छी ख़बर सुनना चाहते हैं।

जब बच्चे स्कूल से लौटकर चहकते हुए कहते हैं, "आज स्कूल में एक बहुत बड़ी चीज़ हुई," हम सचेत हो जाते हैं। अच्छी ख़बर उत्साह को बढ़ाती है, यह हमारी शारीरिक बेहतरी में मददगार है। एक दोस्त ने मुझे बताया कि उसका बेटा अपनी प्रार्थना की शुरुआत हमेशा यह कहते हुए करता है, "इस ख़ूबसूरत दिन के लिए धन्यवाद ईश्वर।" हो सकता है कि बाहर घना अँधेरा और बर्फ़बारी हो रही हो, पर वह हर दिन को महान शुरुआत मानता है।

एक अच्छा संदेश प्रसारक वह है, जो आपके द्वारा हाल-चाल पूछने पर कहता है - "मैं बहुत अच्छा महसूस कर रहा हूँ।" वह अपने बारे में मज़ेदार कहानियाँ सुना सकता है और ख़ुद पर हँस सकता है। हालाँकि वह दूसरों की समस्याओं पर कभी नहीं हँसता है।

मेरे एक अच्छे दोस्त ने यह तय किया कि, "तुम कैसे हो?" जैसे सवाल के जवाब में वह उत्साह भरेगा। अब वह कई बार ऊँची आवाज़ में, पूरे जोश के साथ ताली बजाते हुए कहता, "मेरी ज़िंदगी का महानतम दिन; दोस्त, तुम्हारे क्या हाल-चाल हैं?"

कहने की ज़रूरत नहीं है कि उसे कई हैरानी भरी प्रतिक्रियाएँ मिलती हैं। एक दिन एक बैंक में वह एक और ग्राहक के साथ इसी तरह पेश आया। वह व्यक्ति हकलाया, चकराया और आख़िर में बोला, "मैं भी ऐसा ही सोचता हूँ।"

"अच्छा; यही बेहतर भी है!" मेरे दोस्त ने जवाब दिया।

"क्यों?" उस चकराए हुए ग्राहक ने पूछा।

"क्योंकि कल का दिन बीत गया है, आने वाला कल अभी आया नहीं है और केवल आज का दिन ही आपके पास है। इसे आपकी ज़िंदगी का महानतम दिन होना ही चाहिए!"

एक गाने में कहा गया है, "अपने साज़ की देखभाल और मरम्मत में ही अपना दिन ज़ाया न करें - अभी ही सुर छेड़ना शुरू कर दें।"

एक ऐसा व्यक्ति बनने के लिए, जिसके आस-पास लोग इकट्ठे हो जाना चाहते हैं, हमें जोशीला, उत्साही व्यक्ति बनने की ज़रूरत है।

उत्साह बढ़ाएँ। हम इसे उत्..सा..सा..सा..ह कह सकते हैं!

बाइबल कहती है, "जब एक व्यक्ति दुख में डूबा होता है, तो हर चीज़ ग़लत दिखाई देती है; जब वह ख़ुश होता है, हर चीज़ सही लगती है!" (प्रोवर्ब्स 15:13, टी एल बी)।

12

इसे किसी भी तरह करें

सिद्धांत # 9ः आत्मानुशासन का सिद्धांत
"जिस काम को जब किया जाना ज़रूरी हो, उसे कर डालिए, भले ही आप इसे पसंद करते हों या नहीं।"

अच्छे शब्द और सही अवधारणाएँ खलनायक क्यों बन गए? उदाहरण के लिए, अनुशासित होना। क्योंकि बाल शोषण और पत्नी उत्पीड़न जैसे व्यवहार के कुछ कठोर ढंग मौजूद हैं, कई लोग अनुशासन को भी एक गंदा शब्द मानते हैं। अत्याचार और निर्मम सज़ाएँ ग़लत हैं, पर ये हमें अनुशासनहीनता को सही ठहराने का कारण नहीं देतीं। वास्तव में, सच्चे प्यार में निर्देश, मार्गदर्शन, शिक्षण और अनुशासन की इच्छा शामिल रहती है।

इस किताब को शुरू करने से पहले मेरी सह लेखिका कैरोल कार्लसन ने सर्किल ए रैंच का दौरा किया और कई बच्चों का इंटरव्यू लिया। उन्होंने टिप्पणी की, "मैं यह जानकर हैरान थी कि इन लड़के-लड़कियों ने कैंप के द्वारा स्थापित मार्गदर्शकों के अनुकूल एकदम सकारात्मक जवाब दिए। एक लड़के ने कहा कि उसने अभी तक जितने भी कैंपों में भाग लिया है, उनमें स्किप का कार्यक्रम ज़्यादा बेहतर ढंग से तैयार किया गया है, पर उसने यह भी जोड़ा, 'गॉली, जैसे वर्क प्रोजेक्ट्स ने मुझे ज़्यादा मूल्यवान होने का एहसास कराया है।' "

सर्किल ए रैंच में हमने बच्चों को अनुशासन के लाभ सिखाए थे। इसके

लिए वे संघर्ष करते थे। "कुछ अभिभावकों के बीच यह ग़लत संदेश फैल गया है कि अनुशासन सज़ा के समान चीज़ है। ऐसा नहीं है। अनुशासन या डिसिप्लिन की उत्पत्ति लैटिन भाषा के एक शब्द से हुई है, जिसका अर्थ है 'सिखाना।' बेहतरीन अनुशासन वह है, जो सिखाता है" (*हाऊ क्रिश्चियन पेरेंट्स फ़ेस फ़ैमिली प्रॉब्लम्स*, पृ. 37)।

मैं मानता हूँ कि हमारी युवा पीढ़ी के अभिभावक अपने सज़ा देने वाले तरीक़ों के कुछ बेहद भयावह परिणामों का अनुभव ले चुके हैं और अब पेंडुलम वापस बड़ों के प्रति आदर, नियमों के प्रति सम्मान और ख़ुद उनके प्रति आदर जैसी परंपराओं के बीच बच्चों को पालने की तरफ़ लौट रहा है। आज हमारे देश में सैकड़ों-हज़ारों युवा हैं, जो किसी ऐसे का इंतज़ार कर रहे हैं, जो उन्हें पर्याप्त प्यार देकर कहे, "यह सही राह है, इस पर चलो।" यह घूँसा तानकर माँग करने का तरीक़ा नहीं है, बल्कि प्यार से हाथ फैलाकर बुलाने का तरीक़ा है, जो कहता है, "आओ, मेरा अनुसरण करो। मैं तुम्हें रास्ता दिखाऊँगा।"

जाने-माने बाल मनोविशेषज्ञ डॉ. जेम्स डॉब्सन ने लिखा है : "इस बात पर कोई हैरानी नहीं होनी चाहिए कि हमारे सारे बच्चे भटक गए हैं; हमने अति स्वतंत्रता, ज़रूरत से ज़्यादा लाड़-प्यार की वेदी पर इस पीढ़ी की बलि चढ़ा दी है। कुछ दूसरे तत्व भी आज के भटके हुए इस युवा दृश्य के लिए ज़िम्मेदार हैं, पर मैं यह मानता हूँ कि लाखों अमेरिकी घरों में मौजूद अराजकता इसकी सबसे बड़ी वजह है।" (*डेयर टु डिसिप्लिन*, पृ. 22)।

अनुशासन कहाँ से शुरू होता है?

सुपरमार्केट में यह एक आम दृश्य है। प्यारी-सी, नन्ही-सी स्नगम्स कुछ कैंडी लेना चाहती है और माँ कहती है, "ना।" तब स्नगम्स एक ट्रॉली पर खड़ी होकर ख़ुद को तथा सामान को मुश्किल में डाल लेती है और चीख़कर रोना शुरू कर देती है। सुपरमार्केट में मौजूद सभी निगाहें स्नगम्स की तरफ़ मुड़ जाती हैं और शर्मिंदगी महसूस करती उसकी माँ अपने रोते हुए बच्चे को चुप कराने की चिंता में कहती है, "अरे स्नगम्स, एक टुकड़ा ले लो... और रोना बंद करो।" स्नगम्स ने एक छोटी लड़ाई

जीत ली है और अपने नन्हे-से दिमाग़ को चलाकर उसने जान लिया है कि अपनी मनचाही चीज़ को पाने का तरीक़ा इसी तरह की स्थिति का निर्माण करना है।

हम अपने बच्चों को जो शानदार चीज़ें भेंट कर सकते हैं, उनमें से एक है दृढ़ अनुशासन। "अगर तुम ऐसा एक बार और करोगे, तो मैं तुम्हें एक चाँटा लगाऊँगा" जैसी आदर्श धमकी अभिभावक और बच्चे दोनों के लिए तब ज़्यादा दिक्क़तें खड़ी कर देती है, जब उस पर अमल नहीं किया जाता। बच्चा यह अंदाज़ा लगाने में बेहद स्मार्ट होता है कि 'एक बार और' का मतलब 'एक बार और' है।

अनुशासन सीधे बुरे व्यवहार से जुड़ता है। इसे कभी भी भावनात्मक ऊष्मा के साथ सिखाया नहीं जा सकता, बल्कि इसे प्यार के आश्वासन के साथ सिखाया जाना चाहिए। मेरा उद्देश्य घर में अनुशासन का विस्तार नहीं है। बहरहाल, आत्मानुशासन कहाँ से शुरू होता है? जब हम छोटे होते हैं, हममें आत्मानुशासन नहीं होता; यह सीखा जाता है। यह लगातार चलने वाली प्रक्रिया है, जो हमें हमारे व्यवहार की सीमाएँ निर्धारित करना सिखाती है। यह आदर्श रूप में घर से शुरू होती है।

जैसे-जैसे हम बड़े होते हैं, हम स्कूल जाते हैं और कुछ घंटों की क्लास में बैठते हैं। यहाँ अनुशासन टीचर्स और स्कूल के नियमों के अनुरूप लागू होता है। इसके बाद जॉनी स्कूल से निकलता है और व्यापार की बड़ी और प्रतिस्पर्धी दुनिया में पहुँचता है। अब वह अपने काम से अनुशासित होता है। आठ बजे काम पर पहुँचना, एक घंटे का लंच ब्रेक लेना और पाँच बजे तक रुकना। उसका ज़्यादातर आत्मानुशासन दूसरों के द्वारा संचालित होता है।

बहरहाल, जब जॉनी ऑफ़िस से बाहर होता है, तो कोई भी उसे नहीं बताता कि करना क्या है। अब ख़ुद को अनुशासित करना उसके लिए चुनौती है। जॉनी अपना समय कैसे और कब गुज़ारेगा? वह अपने दिमाग़ और प्रतिभा का इस्तेमाल कैसे करेगा? अब उसे या उस जैसे किसी अन्य व्यक्ति को इसके लिए कौन प्रेरित करेगा कि क्या किए जाने की ज़रूरत है?

एक व्यक्ति की दिक्क़तें तब शुरू होती हैं, जब वह अपना मनचाहा करने के लायक़ हो जाता है।

हम अनुशासन और इच्छा को अलग नहीं कर सकते। अगर एक इच्छा पर्याप्त सशक्त है, अगर एक लक्ष्य को पाने के लिए यह आपके भीतर धधक रही है, तो अनुशासन ख़ुद ही विकसित हो सकता है।

मैं एथलीट्स के आत्मानुशासन से बेहद प्रभावित हूँ। कुछ साल पहले, जब मार्क स्पिट्ज़ ने सात स्वर्ण पदक जीते थे और तैराकी में सात विश्व रिकॉर्ड बनाए थे, तब मैंने सोचा था कि, *लड़के, क्या तुम्हारी तरह एक स्वाभाविक तैराक बन पाना बेहद शानदार नहीं है?* उन युवाओं के बारे में आपका क्या ख़्याल है जो ओलिंपिक प्रतियोगिताओं में रिकॉर्ड तोड़ते हैं? जो चीज़ हम नहीं देखते, वह यह है कि हर सुबह देश भर के तैराकी क्लबों में वे सात, आठ, नौ साल के नन्हे बच्चे ठीक छह बजे पानी में उतर पड़ते हैं और दो-से-तीन घंटों तक एक सिरे से दूसरे सिरे तक तैरते रहते हैं। इसके बाद वे पानी से निकलते हैं, पूरे दिन के लिए स्कूल जाते हैं और डिनर से पहले एक बार फिर तीन घंटों के लिए पानी में उतर पड़ते हैं। हफ़्ते के सातों दिन वे अभ्यास करते हैं। क्यों? अपने शरीर को उस अधिकतम श्रम का आदी बनाकर वे पूर्ण विस्तार तक अपनी योग्यताओं को विकसित करते हैं। जब प्रतिस्पर्धा का पल आता है, तो उनका आत्मानुशासन पूरी क़ीमत चुकाता है।

ओलिंपिक प्रतियोगिता के दौरान जापानी जिमनास्टिक टीम जानती थी कि उसके पास स्वर्ण पदक जीतने का अच्छा मौक़ा है। जब वे प्रतिस्पर्धा में उतरे, उनकी आकांक्षाएँ प्रबल थीं कि टीम बढ़िया अंक पाएगी। इसके बाद छल्लों पर आधारित उस प्रतियोगिता का क्रम आया, जिसमें छत से लटकी लंबी रस्सियों पर लगे छल्लों पर कई कलात्मक तरीक़ों से करतब दिखाने थे। इस ख़ास करतब में अपनी योग्यता के लिए पूरे विश्व में प्रसिद्ध एक युवा आगे आया और उसने छल्ले पकड़ लिए। उसने छल्लों के सहारे ख़ुद को ऊपर खींच लिया और अपने रोज़मर्रा के करतब शुरू कर दिए। वह मुड़ा, घूम गया; उसने आयरन क्रॉस बनाया और हवा में एकदम स्थिर खड़ा हो गया। भीड़ और जनता उसके हर करतब का निरीक्षण कर रही थी। इसके बाद उसके करतब का अंतिम बिंदु आया और घूमते-मुड़ते हुए करतबों ने उसे हवा में उछाल दिया। इस बिंदु तक आते-आते उसकी हर हरकत एकदम सटीक थी। इसके बाद यह हुआ - जिस भयानक पल

का आभास हर प्रतिस्पर्धी को रहता है। वह नीचे आया और जैसे ही उसने ज़मीन को छुआ, उसकी बाँहें हवा में उछल गईं, उसके पूरे शरीर पर दर्द छा गया और वह सिकुड़कर एक ढेर बनकर पड़ गया।

उसे फ़ौरन अस्पताल ले जाया गया और एक्सरे से पता चला कि उसका दायाँ घुटना टूट गया था। अगले दिन उसकी टीम के साथी उत्साह से भरे हुए उसके पास आए और बोले, "हमने स्वर्ण पदक पाने का एक मौक़ा पा लिया है! हम इसे जीत सकते हैं। अगर तुम वापस आकर एक और प्रदर्शन कर दो, तो हम जीत जाएँगे!"

उस एथलीट ने अपने पट्टियों से बँधे, घाव से फड़कते घुटने की तरफ़ देखा और सोचा, *मैं नहीं कर सकता; यह असंभव है*। इसके बावजूद उसने कहा, "मैं कोशिश करूँगा।"

उसे एंबुलेंस में लादने के बाद उसके साथियों ने उत्साह बढ़ाने वाली ख़बर दी, "हमारी जीत के लिए तुम्हें 9.5 अंक हासिल करने हैं!" हालाँकि यह उसके द्वारा विश्व प्रतियोगिता में हमेशा किए गए प्रदर्शन से बेहतर था, फिर भी संभावना कम दिखाई दे रही थी। उसके साथियों ने उसे मुख्य छल्ले तक पहुँचाने में मदद की और उसे छल्ले थामने तक थामे रखा। अनुशासन के सारे घंटों ने उसके शरीर को पीड़ा और निराशा से पार पाने का बल दिया। उसने छल्लों को पकड़ा और ख़ुद को ऊपर खींच लिया। वह मुड़ा, घूमा, हिला, उसने आयरन क्रॉस बनाया, कुछ और प्रदर्शन किए, एक बार और पूरा हिला और तब आख़िरी पल आ गया। वह उछला, वापस मुड़ा और अपने दोनों पैरों के बल पूरी ताक़त से नीचे फ़र्श पर आ गया, उसकी बाँहें हवा में फैली थीं, दर्द ने पूरे शरीर पर शिकंजा कस लिया था, पर वह उस स्थिति पर डटा रहा। निर्णायकों ने धीरे-धीरे कार्ड उठाने शुरू किए। जब पॉइंट्स पढ़े जा रहे थे : 9.4, 9.5, 9.5, 9.8, 9.6, तो भीड़ पर सन्नाटा छाया हुआ था। आख़िरकार जापानी टीम ने स्वर्ण पदक जीत लिया था!

"स्वाभाविक" एथलीट्स अनुशासित लोग होते हैं। अर्नोल्ड पामर हर दिन आठ घंटे एक ही क्लब में एक के बाद एक, दो हज़ार बॉल फेंकने का अभ्यास किया करता था। जब वह गोल्फ़ कोर्स से बाहर निकलता, तो कोई कहता, "उसके जैसा स्वाभाविक गोल्फ़र बनना कितना मज़ेदार होगा?"

मेरा एक अच्छा दोस्त पियानो बजाता है। एक बार सैकड़ों लोगों के सामने 'रॉपसोडी इन ब्लू' के शानदार प्रदर्शन के बाद दर्शकों में बैठी एक महिला ने कहा "मैं जैन के जैसा पियानो बजाने लायक़ बनना चाहती हूँ।" क्या वह प्रशंसक तीन साल की उम्र में पियानो बजाने, रोज़ाना छह घंटे अभ्यास करने की इच्छा रखती है? बढ़ते हुए बुखार के साथ स्टेज पर आकर अंधाधुंध प्रदर्शन कर सकती है?

उन चीज़ों के साथ शुरू करें, जिन्हें आप नियंत्रित कर सकें

अक्सर लोग संकल्प के विस्तार पर ध्यान केंद्रित कर आत्मानुशासन का एक तरीक़ा चुन लेते हैं। कभी-कभी उन चीज़ों के साथ शुरू करना अच्छा रहता है, जिन पर आपका नियंत्रण हो! अगर मैराथन धावक अपनी ट्रेनिंग से पहले ही अपनी रेस की कुल लंबाई नापने लगे, तो वह कभी शुरुआत ही नहीं कर सकेगा। फिर भी, वह पहला मील शुरू करने का निश्चय करता है और हर हफ़्ते और बड़ी दूरियाँ जोड़ता जाता है।

एक प्रफुल्ल, उत्साही और करिश्मे से भरा प्रदर्शक बनना, जिसकी तरफ़ लोग आकर्षित होते हैं, पहुँच से बाहर दिखाई पड़ता है। पर हम सभी यह जानते हैं कि मुस्कुराना इसका ही हिस्सा है। एक व्यक्ति हर दिन तीन व्यक्तियों को मुस्कुराहट देने का तय कर शुरुआत कर सकता है। हम अपनी मुस्कुराहट को नियंत्रित कर सकते हैं। देश का प्रमुख सेल्समैन बन पाना अवास्तविक लगता है, पर हम रोज़ाना तीन कॉल करने का अनुशासन बना सकते हैं। कहीं-न-कहीं से शुरुआत करें।

क्या आप क़ीमत चुकाएँगे?

हम यहाँ पर घर, व्यवसाय, शारीरिक और मानसिक ज़िंदगी की बात कर रहे हैं। ये कुछ ऐसी चीज़ें हैं, जिन्हें हम पाना चाहते हैं, पर उन्हें पाने के लिए ज़रूरी काम करने को तैयार नहीं होते। ज़िंदगी के किसी भी क्षेत्र में सफलता पाने की कोई-न-कोई क़ीमत चुकानी होती है।

उदाहरण के लिए, आपके समय की क़ीमत क्या है? क्या आप ख़ुद को दिए गए दिनों, घंटों और मिनटों के प्रबंधन को सीखने की क़ीमत अदा

करते हैं? यह कहा जाता है, कि 70 साल की आयु तक जीने वाला एक औसत व्यक्ति अपना समय निम्नानुसार ख़र्च करता है : शिक्षा में 3 वर्ष, मनोरंजन में 8 वर्ष, इंतज़ार में 6 वर्ष, काम में 11 वर्ष, सोने में 24 वर्ष और बातचीत में $5^{1/2}$ वर्ष, पढ़ने में 3 वर्ष और चर्च जाने में केवल 6 महीने ख़र्च करता है।

यदि आप इस औसत से ऊपर हैं, तो आप अपने मिनट, घंटों और दिनों को अनुशासित करने में ख़ुद से प्रतिस्पर्धा क्यों नहीं करते? एक बार फिर कहता हूँ कि लक्ष्य के बिना अनुशासन के कोई मायने नहीं होते।

आप अपने घर का काम कब ख़त्म करना चाहते हैं?

आप अपने चर्च या चैरिटी या अपने परिवार के लिए कोई इच्छित चीज़ ख़रीदने के लिए पर्याप्त पैसा बनाने के बारे में क्या सोचते हैं?

आप पिछले साल शुरू किया हुआ प्रोजेक्ट कब तक ख़त्म करना चाहते हैं?

यहाँ समय के अनुशासन के लिए कुछ मार्गदर्शक बातें दी गई हैं। मैं यह नहीं कह रहा कि मैं इन सब में उस्ताद हूँ, पर करना क्या है, यह जान लेना काम कर डालने की दिशा में निश्चित रूप से पहला क़दम होता है।

हम हर चीज़ एक बार में नहीं कर सकते, पर हम एक बार में कुछ तो कर ही सकते हैं।

1. 15 मिनट जल्दी उठें और यह जानें कि आप आज के दिन क्या पहनने वाले हैं।
2. अपनी पढ़ने और लिखने की प्रतिभा बढ़ाएँ... तेज़ पढ़ना सीखें और ज़्यादा फुर्ती से नोट्स लिखें।
3. अच्छे नोट्स बनाने की आदत विकसित करें। अपनी गतिविधियों में मार्गदर्शन के लिए संदर्भ फ़ाइलें रखें।
4. दृढ़ बनें, तेज़ी से काम करें।
5. अपने टेलीफ़ोन कॉल्स को नियंत्रित रखें।
6. विस्तार में उलझते न जाएँ। किसी ने कहा है, "छोटी बातों में बड़ी चीज़ें न ढूँढ़ें।"

7. महत्वपूर्ण और कठिन काम पहले निपटाएँ। ('आज किए जाने वाले कामों' की सूची बनाएँ, उन्हें प्राथमिकता के क्रम में रखें और शुरू हो जाएँ।)
8. छोटे रास्ते तलाशें।
9. ब्रेक लेना सीखें। समय बर्बाद करने वालों में सबसे ख़राब चीज़ थकान है।
10. दिन में सपने देखना बंद करें और उन्हें हक़ीक़त में कर डालें।

इसे किसी भी तरह करें

आत्मानुशासन, चीज़ों को तब कर डालना है, जब उन्हें किए जाने की ज़रूरत होती है, जब उन्हें किया जाना होता है, आप चाहें या न चाहें।

कई बार लोग अपनी बुरी आदतों के बारे में सोचते हैं, जिन्हें वे अच्छी आदतों से बदलना चाहते हैं। उदाहरण के लिए, सिगरेट पीना एक आदत है, जिसे छोड़ पाना कई लोग मुश्किल मानते हैं, पर वे इसे छोड़ना चाहते हैं। एक व्यक्ति कहता है, "सिगरेट छोड़ना मेरे लिए सबसे ज़्यादा आसान चीज़ है। मुझे यह जानना चाहिए कि मैं सैकड़ों बार ऐसा कर चुका हूँ।" *द रीडर्स डाइजेस्ट* (नवंबर, 1982) में "डेथ ऑफ़ अ सर्जन" नाम की एक कहानी बताई गई थी, जिसमें देश के जाने-माने वक्षस्थल के शल्य चिकित्सक डॉ. पॉल एड किंस को फेफड़ों के कैंसर का शिकार होते बताया गया था। अपने काम और अध्ययन के प्रति ज़बर्दस्त अनुशासित वह व्यक्ति उसी बीमारी का शिकार हो गया था, जिस पर उसने अपने चिकित्सा के क्षेत्र के लंबे कैरियर पर ध्यान केंद्रित किया था। मरने से पहले उससे एक दोस्त ने पूछा कि क्या तुम्हें किसी चीज़ का पछतावा है और डॉक्टर ने जवाब दिया, "बस एक चीज़ का, मुझे सिगरेट को 20 साल पहले न छोड़ देने का पछतावा है।"

आत्मानुशासन के प्रति आपकी चुनौतियाँ क्या हैं? कभी-कभी मैं ख़ुद से कहता हूँ, "स्किप, अगर तुम ज़िंदगी के इस हिस्से में ख़ुद को अनुशासित नहीं करोगे, तो तुम लगातार मुश्किलों में पड़ोगे।" (सिगरेट पीना कभी भी मेरी चुनौतियों में से एक नहीं रहा, पर मेरे सामने दूसरी

चुनौतियाँ हैं। मैंने उनकी मौजूदगी के बारे में बोलने के बजाय उन्हें जानने के लिए सुनने का तरीक़ा चुना है।)

मेरे पास ऐसे कई लोग आते हैं, जो यह बताते हैं कि उन्हें हमारे बिज़नेस में क्या करना पसंद नहीं है। जवाब होता है : इसे कैसे भी करो। "मैं उत्पादों की फुटकर बिक्री नहीं करना चाहता।" इसे कैसे भी करो। "मुझे बैठकों में जाने से नफ़रत है।" इसे कैसे भी करो। "मैं ऐसे सेमिनारों में जाना पसंद नहीं करता, जहाँ मुझे यह बताया जाता है कि इसे कैसे भी करो। "बढ़िया, इसे कैसे भी करो।"

इस किताब में बताए गए सिद्धांतों के अध्ययन और उन्हें लागू करने के लिए क्या चीज़ आपको प्रेरित करेगी? वह आत्मानुशासन आपके पास कहाँ से आएगा जिसकी आपको उस प्रसन्न कर देने वाले अनुभव तक पहुँचने के क्रम में ज़रूरत होगी, जिसे शानदार ज़िंदगी जीना कहते हैं?

मनुष्यों को प्रेरित करने में लगे लोगों द्वारा यह नोट किया गया है कि प्रेरणा के तीन प्रमुख प्रकार हैं : (1) डर : "इसे करो या लगातार परेशानियों में घिरो।" (2) इनाम। (3) आंतरिक नज़रिये में बदलाव : "मैं इसे इसलिए करूँगा क्योंकि मैंने इसे करने के लिए चुना है।" इस अध्याय की शुरुआत में सीखने की जिस प्रक्रिया का हमने उल्लेख किया है, जिसमें अनुशासन बाहरी शक्तियों यानि घर, स्कूल, नौकरी द्वारा लागू किया गया है, वह पहले दो प्रकारों पर आधारित है। अगर आप प्राथमिकताएँ और एक मूल्य ढाँचा तैयार करने लायक़ चतुर हैं (या हो जाएँगे), जो आत्मानुशासन की बुद्धि से संबद्ध हो, तो आप सभी प्रेरकों में बेहतरीन उचित आंतरिक नज़रियों के साथ जी सकते हैं। सभी आत्मानुशासित लोगों की तरह आप भी जान जाएँगे कि सफलता के लिए एक क़ीमत चुकानी पड़ती है, पर यह उस क़ीमत से ज़्यादा नहीं होती, जो आप असफलता पर चुकाते हैं!

बाइबल कहती है, "कोई भी अनुशासन उसी समय अच्छा नहीं लगता, बल्कि दर्दनाक लगता है। बाद में, यह उन लोगों के लिए सदाचार और शांति की फ़सल उगाता है, जो इसमें दक्ष हो गए होते हैं" (हिब्रूज़ 12:11, एन आई वी)।

13

जब तक पा न लें, तब तक प्रयास करते रहें

सिद्धांत # 10: दृढ़ता का सिद्धांत
"मैं इसे तब तक करूँगा, जब तक यह हो न जाए।"

कैलिफ़ोर्निया में हमारे कुछ नज़दीकी मित्र हैं, जिन्होंने अपनी पहली संतान के लिए तेरह वर्षों तक इंतज़ार किया। जब उनकी संतान हो गई, तो वे इतने उत्साहित थे कि उन्होंने उसे सबसे ज़्यादा फ़ोटोग्राफ़ वाला बच्चा बना दिया। उनका हर मंगलवार फ़ोटोग्राफ़ी दिवस के रूप में तय था। इस दिन उनकी नन्ही-सी बिटिया की तस्वीरें ली ही जाती थीं। यह केवल एक तस्वीर का मामला नहीं था, बल्कि पूरा रोल लग जाता था! हम जितनी बार उनके घर जाते, हमें उन तस्वीरों पर नज़र डालने का मौक़ा मिलता।

जब मैं उस समय के बारे में सोचता हूँ, जबकि नन्ही ट्रिशिया एन चलने के लिए तैयार थी, मैं जानता हूँ कि उसके अभिभावक अपनी नन्ही संतान के उस पल को रिकॉर्ड करने के लिए पूरी तरह तैयार थे। अपनी बच्ची के उन पलों को क़ैद करने के लिए उनके पास मूवी कैमरा, स्टिल कैमरा, टेप रिकॉर्डर समेत वे सभी बेहतरीन तकनीकी उपकरण तैयार थे, जिन्हें वे ख़रीद सकते थे। ट्रिशिया के पहली बार चल पड़ने के लिए हर चीज़ तैयार थी। माँ कमरे के एक सिरे पर अपनी बच्ची का हाथ थामे

खड़ी हो गई थी और उसे प्यार से प्रोत्साहित कर रही थी, "ठीक है, प्यारी बिटिया, डैडी के पास जाओ।" कमरे की दूसरी तरफ़ गर्वीले डैडी उसे बुला रहे थे, "आओ ट्रिशिया, डैडी के पास आओ, आ जाओ रानी बिटिया।"

इस ऐतिहासिक मौक़े पर ट्रिशिया को महज़ इतना करना था कि बिना किसी सहारे के पहले अपने पीछे वाले पैर पर पूरे शरीर का वज़न डालकर आगे वाले पैर को बढ़ाना था, फिर उसे ज़मीन पर रखकर पूरा वज़न उस पर डालकर पिछले पैर को फ़र्श से उठाकर पहले पैर के आगे रख देना था। साधारण प्रक्रिया। हर चीज़ एकदम तैयार थी और नन्ही ट्रिशिया एन खड़ी थी तथा प्रक्रिया शुरू कर रही थी। कल्पना करें कि किसी तरह से उसने अपना पिछला पैर उठाया और वज़न संतुलित न हो पाने पर पूरा वज़न आगे डाल दिया। इस तरह का संतुलन बनाए रखने की शक्ति उसकी माँसपेशियों में नहीं थी, लिहाज़ा वह फ़र्श पर गिर पड़ी और क़ालीन में उसकी नाक घिसट गई। अब डैडी ने क्या किया होगा? वह खड़े हुए, लाइटें बंद कीं, टेप रिकॉर्डर और कैमरा बंद किया, उसे उसके डायपर की सीट से अलग किया और उसे उसके पालने में बैठा दिया तथा बोले, "वहीं बैठो, बेटा। तुम्हें चलना सीखने का मौक़ा बाद में मिलेगा।"

क्या ठीक ऐसा ही हुआ होगा? निश्चित रूप से नहीं। ट्रिशिया एन ने तब तक चलना जारी रखा होगा, जब तक कि वह चल नहीं पड़ी होगी।

हम अपने व्यवसाय या व्यापार को कब तक सीखना जारी रखते हैं? जब तक हम इसे सीख नहीं जाते। हम लक्ष्य के लिए काम कब तक जारी रखते हैं? जब तक हम इस तक पहुँच नहीं पाते।

अगर ऐसी कोई भी विशेषता है, जो दुनिया भर के उपलब्धिकर्ताओं में रही है, तो वह है दृढ़ता। इस कठिन यात्रा को पूरी करने के लिए हमारे द्वारा एक समय में केवल एक क़दम उठाना ज़रूरी है, पर हमें क़दम उठाते रहना होगा। रोजर बैनिस्टर एक मील की दूरी को चार मिनट से भी कम समय में दौड़कर पार कर लेने वाला पहला व्यक्ति था, वह डटे रहने की शक्ति जानता था। एक समय में जब कोई भी इस बात पर विश्वास नहीं करता था कि कोई मनुष्य चार मिनट के इस बैरियर को तोड़ पाने में शारीरिक रूप से सक्षम है, तब बैनिस्टर ने इसे पूरा करने के लिए एक प्रशिक्षण कार्यक्रम शुरू किया था। कई वर्षों पहले उसने एक टीवी इंटरव्यू

में इसके लिए लगातार *आठ साल* तक हर दिन छह घंटे दौड़ने के राज़ का ख़ुलासा किया था।

महान लोग उससे कहीं ज़्यादा बाधाएँ पार कर सफलता की सीढ़ी चढ़ते हैं, जिनसे घबराकर श्रीमान पराजित हथियार डाल देते हैं। इस सीढ़ी के नीचे वे दुखी आत्माएँ बैठी होती हैं, जो दुनिया के परनालों की जनसंख्या बढ़ाती हैं।

हर इंसान को अपनी ज़िंदगी में ऐसी स्थितियों का सामना करना पड़ता है, जो या तो उससे जीत जाती हैं या वह उनसे जीत जाता है। लॉस एंजिलिस के फ़्रीवे से ग़ुज़रने वाले पुल के नीचे बने सीमेंट के एक घर में रहने वाले एक साथी ने एक रिपोर्टर को बताया कि उसकी बचत के हज़ार डॉलर लूट लिए गए थे और उसके पास जाने की कोई जगह नहीं बची थी, इसीलिए वह यहाँ फ़्रीवे के नीचे रहने लगा। फ़्रीवे की बढ़ती जनजाति के लोग स्कैंडिनेविया के रहस्यमयी घुमंतु सनकी जीवों की किंवदंती सुनने के बाद ख़ुद को "घुमंतु परिवार" बताने लगे हैं। लोग इस तरह से जीने का चुनाव करते हैं!

इन्हीं के समान परिस्थितियों में श्रीमान सफल एक नौकरी पाने, एक मौक़ा ढूँढ़ने में जुटे रहेंगे और अपनी परिस्थितियों से बाहर आ जाएँगे।

श्रीमान पराजित और श्रीमान सफल के बीच ही ज़्यादातर उदासीन जनसंख्या रहती है। ये कभी भी अपने लक्ष्य नहीं बनाते या अपने सपनों पर भरोसा नहीं करते; वे अपनी उदासीनता की बड़ी ही निश्चित तरह से व्याख्या करते हैं : "मेरे पास पर्याप्त शैक्षणिक योग्यता नहीं है..." मेरी पत्नी (या मेरे पति) मेरी मदद नहीं करते।" "मेरी उम्र हो गई है।" "मैं बड़ी बाधाओं से घिरा हूँ।" "मैं बहुत छोटा हूँ।" "पर मैं शारीरिक तौर पर अक्षम हूँ।" "मेरे पास पर्याप्त पैसा नहीं है।" "यह मेरी आनुवांशिक पृष्ठभूमि के कारण है।"

जॉर्ज बर्नार्ड शॉ के पहले पाँच उपन्यास नकार दिए गए थे। रिचर्ड वैगनर अपनी ज़िंदगी के शुरुआती तीस वर्षों तक असफल माने जाते थे; उनका पहला ऑपेरा इतना ख़राब था कि वे इसे पूरा तक नहीं कर पाए थे। उनका दूसरा ऑपेरा इतना ख़राब था कि निर्माताओं ने उसे छूने तक से इंकार कर दिया था। उनका तीसरा ऑपेरा उसी रात को खुला और

बंद हो गया था। वह पूरे यूरोप के कर्ज़दार हो गए थे और अपने कर्ज़दाताओं द्वारा जेल भेजे जाने से बचने के लिए उन्हें कई बार शहर छोड़कर भागना पड़ता था।

डटे रहने वाले पुरुष या महिलाएँ कभी भी हार स्वीकार नहीं करते, वे बढ़ते रहने पर यक़ीन करते हैं। डेविड श्वाट्ज़र्ज़ ने अपनी किताब *'द मैजिक ऑफ़ थिंकिंग बिग'* (बड़ी सोच का बड़ा जादू) में कहा है, "हर निराशा से पार पाने का तरीक़ा होता है।"

प्रकृति दृढ़ता की शक्ति का आइना है। उस नन्हे से बीज के बारे में सोचें, जो सूरज की धूप पाने के लिए राह बनाता है और इस प्रक्रिया में कई इंच मोटी ज़मीन में दरार कर डालता है। कैलिफ़ोर्निया कोस्ट पर अद्‌भुत साइप्रस के वृक्ष कुदरत के शक्तिशाली थपेड़ों से झुक जाते हैं और उनके जीवन के इस संघर्ष से उनकी ख़ूबसूरती और निखर जाती है।

दृढ़ता

जॉनी एरिक्सन एक बहुत ही ख़ूबसूरत युवती थी। गोताखोरी की एक दुर्घटना ने उसके गले से लेकर नीचे तक पूरे शरीर को लकवाग्रस्त कर दिया था। ईश्वर की शक्ति और अविश्वसनीय दृढ़ता के चलते उसने अपने दाँतों में ब्रश पकड़कर पेंट करना सीख लिया। उसने दो सबसे ज़्यादा बिकने वाली किताबें लिखीं और ख़ुद उसकी ज़िंदगी पर आधारित पिक्चर में काम किया। वह शादीशुदा थी और पूरे विश्व में उसकी मंडली फैली थी, "जॉनी और दोस्त।"

कॉरपोरल हार्वे मार्टिन वियतनाम में एक ग्रेनेड की चपेट में आ गया था और उसके शरीर का निचला हिस्सा पक्षाघात में जकड़ गया। उसकी ज़िंदगी का सपना ओलिंपिक में दौड़ना था। बहरहाल, अनुपयोगी पैरों ने उसकी प्रतिस्पर्धी इच्छा को समाप्त नहीं कर दिया। उसने वज़न उठाने का अभ्यास करना शुरू किया और अब वह चक्का और भाला फेंकता है, वज़न उठाता है और उसने धनुर्विद्या भी सीख ली है। मार्टिन की कहानी *'सक्सेस'* के नवंबर 1980 के अंक में छपी थी। कुछ वर्षों पहले जब यह किताब लिखी जाना शुरू हुई थी, तब मैंने सोचा कि मार्टिन को खोजा जाए और पता लगाया जाए कि वह अभी क्या कर रहा है। जब उसने

फ़ोन पर जवाब दिया, तो मुझे कुर्सी से हिलाकर रख दिया। उसकी आवाज़ में ही गहरी हँसी झलक रही थी और उसकी बातचीत सकारात्मकता से भरी हुई थी। ख़ुद को दुनिया से दूर रखने के लिए वह स्कूल असेंबली के दौरान होने वाले प्रदर्शनी बास्केटबॉल खेलों में भाग लेता है। "मैं बच्चों को बताता हूँ कि मेरी व्हीलचेयर एक बोझ नहीं है, केवल एक बुरी स्थिति है।"

उनके ओलिंपिक के सपने का क्या हुआ? "ओह, मैं फिर से प्रशिक्षण लेने जा रहा हूँ। 1980 के पैरा-ओलिंपिक में मैं बस ज़रा-से अंतर से क्वालिफ़ाई करना चूक गया था, पर मैं इसे छोड़ने वाला नहीं हूँ।"

आप कितने लंबे समय तक डटे रहेंगे?

1950 के दशक में इलिनोय के व्हीटन में एक पिता अपने बच्चों के लिए बाइबल पढ़ रहा था। बच्चे घबरा रहे थे; जम्हाई ले रहे थे और ऊब रहे थे। वे ठीक वैसी ही हरकतें कर रहे थे, जब बच्चे ऐसा कुछ नहीं सुनना चाहते, जिसे वे समझते न हों। केन टेलर के 10 बच्चे थे, तो इतने बड़े समूह की रुचि बनाए रखना मुश्किल था। अचानक ही उसके दिमाग़ में एक विचार आया। क्यों न एक बाइबल ली जाए और मूल ग्रीक एवं हिब्रू से शब्द-दर-शब्द अनुवाद करने के बजाय उसके मूल विचारों का ही अनुवाद किया जाए? उसने कुछ पदों को इस तरह लिखा और तब से हर समय की सबसे ज़्यादा बिकने वाली किताब की शुरुआत हुई।

छह वर्षों तक शिकागो जाने वाली एक कम्प्यूटर ट्रेन में टेलर न्यू टेस्टामेंट के हिस्सों के ऐसे अनुवाद में लगा रहा कि वह हर किसी की समझ में आ जाए। अंततः वह अपनी हस्तलिखित पांडुलिपी को एक प्रकाशक के पास ले गया, जिसने इसे लौटा दिया। दूसरे और तीसरे प्रकाशक ने भी इसे यह कहकर ठुकरा दिया कि "कोई भी इसमें रुचि नहीं लेगा।" उसने अपनी बचतें निकालीं और ख़ुद ही इसे प्रकाशित किया, पर एक साल में इसकी मात्र 800 प्रतियाँ ही बिक पाईं।

बहरहाल, कई हतोत्साही घटनाओं का दृढ़ता से सामना करते हुए टेलर ने पूरे न्यू टेस्टामेंट और इसी क्रम में पूरी बाइबल का अनुवाद कर डाला। आज *द लिविंग बाइबल* की 25,000,000 प्रतियाँ बिक चुकी हैं और इसका 100 से भी ज़्यादा भाषाओं में अनुवाद हो चुका है। यह सब एक

पिता के अपने बच्चों के प्रति प्यार और अपने लक्ष्य की प्राप्ति के लिए उसकी दृढ़ता के चलते हुआ।

दृढ़ता अभिशाप को महानता में बदल सकती है। हालाँकि नीचे दी गई कहानी कई बार दोहराई जा चुकी है, पर मैं मानता हूँ कि यह एक ऐसी कहानी है, जिसे मैं सबसे ज़्यादा याद करता हूँ। इस व्यक्ति ने 1832 में अपनी नौकरी खो दी। 1832 में ही वह विधानसभा में हार गया। 1833 में वह व्यापार में असफल हो गया। 1834 में वह विधानसभा के लिए निर्वाचित हुआ। 1835 में उसकी पत्नी का देहांत हो गया। 1836 में वह नर्वस ब्रेकडाउन से पीड़ित हो गया। 1838 में वह हाउस के स्पीकर पद का चुनाव हार गया। 1843 में वह काँग्रेस के लिए नामांकन में ही पराजित हो गया। 1846 में वह काँग्रेस के लिए चुना गया। 1848 में फिर उसने काँग्रेस के लिए अपना पुनर्नामांकन खो दिया। 1849 में भूमि अधिकारी के पद के लिए उसे ठुकरा दिया गया। 1854 में वह सीनेट के लिए हार गया। 1856 में वह अमेरिका के उपराष्ट्रपति पद के नामांकन में हार गया। 1858 में वह फिर सीनेट के लिए हार गया; पर 1860 में अब्राहम लिंकन को अमेरिका का राष्ट्रपति चुना गया।

हर समय जब भी मैं लिंकन के बारे में सुनता हूँ, मैं डटे रहने की बात फिर याद कर लेता हूँ।

एक दिन दो बच्चे स्कूल के स्टोव को जलाने गए। अच्छी तरह आग जलाने में मदद के लिए उन्होंने उसमें कैरोसिन भर दिया, पर वे नहीं जानते थे कि ग़लती से जेनिटर को गैसोलिन पर रख दिया गया है। जैसे ही आग जली। एक भयानक विस्फोट ने पूरी इमारत को हिला दिया। इस हादसे में एक लड़का मर गया और दूसरा गंभीर रूप से घायल हो गया। डॉक्टरों ने शोकाकुल अभिभावकों को बताया कि बच्चे के पैर काटने पड़ेंगे। माँ ने याचना की, "क्या हम एक दिन इंतज़ार कर सकते हैं?" आख़िरकार एक दिन ऑपरेशन टालते-टालते महीना और ज़्यादा समय ग़ुज़र गया। जब पट्टियाँ हटाई गईं, तो दायाँ पैर बाएँ से ढाई इंच छोटा हो गया था और बाएँ पैर का पंजा पूरी तरह जलकर ख़ाक हो गया था। पर इस बच्चे ने दौड़ने का निश्चय किया। हफ़्तों, महीनों और वर्षों बाद अपनी दृढ़ता से वह बैसाखियों से चलना और दौड़ना सीख गया। ग्लेन कनिंघम

नाम के इस व्यक्ति ने आगे चलकर 'सबसे तेज़ मानव' की उपाधि पाई थी। उसने ओलिंपिक स्वर्ण पदक जीता और मेडीसन स्क्वायर गोल्ड में उसे शताब्दी का एथलीट नाम दिया गया। अपनी दृढ़ता के बल पर उसने अभिशाप को महानता में बदल दिया।

इतिहास में मेरे पसंदीदा व्यक्तित्वों में एक विंस्टन चर्चिल हैं। उन्होंने दो बार एक राष्ट्र को मुश्किल वक़्त में सँभाला, उन्होंने दो बार प्रधानमंत्री के रूप में ग्रेट ब्रिटेन की सेवा की। उनमें संवाद की अद्‌भुत क्षमता थी, जो पूरे विश्व के लाखों लोगों के लिए प्रेरणादायी थी। जब उन्हें ऑक्सफ़ोर्ड यूनिवर्सिटी के शुभारंभ के मौक़े पर बोलने के लिए बुलाया गया, तो वे अपनी आम पोशाक में, बड़े सिगार और छड़ी के साथ चलते हुए मंच तक पहुँचे, जहाँ लोग खड़े प्रसन्नता ज़ाहिर कर रहे थे। ब्रिटेन की गरिमा के उलट उन्होंने लोगों को कुर्सी पर बैठे रहने को कहा, अपनी टोपी उतारी और इसे मेज़ पर रखने के बाद बोलना शुरू किया। दर्शकों पर एक नज़र डालने के बाद उन्होंने शुरुआत की : "कभी मत भागो।" अगले 30 सेकेंड तक पूरे ऑडिटोरियम में सन्नाटा छा गया क्योंकि एक महान स्टेट्समैन अपने श्रोताओं के लिए बोले गए चंद साधारण शब्दों को उनके दिलोदिमाग़ में उतरते देख रहा था। इसके बाद उन्होंने दोहराया : "कभी न भागें।" इस बार उन्होंने पूरे डेढ़ मिनट तक प्रतीक्षा की। उन्होंने अपनी बात आगे कहने से पहले हर आँख पर एक नज़र यह देखने के लिए डाली कि उन शब्दों का पूरा अर्थ प्रसारित हो रहा था, "कभी न भागें।" वह फिर गरजे। इसके बाद वह नीचे उतरे अपनी टोपी उठाकर पहनी और छड़ी का सहारा लेकर मंच से चले गए। उनका उद्‌बोधन समाप्त हो गया था। यह शायद उनकी ज़िंदगी में दिया गया सबसे छोटा व्याख्यान था, पर यह सबसे ज़्यादा महत्वपूर्ण भी था। उन शब्दों की गूँज वर्षों से आज तक आपको और मुझे प्रेरणा दे रही है।

हाल ही में मेरे एक सेमिनार के समापन पर एक महिला चर्चिल के दृढ़ता के संकल्प को प्रमाणित करने आई। उसने द्वितीय विश्वयुद्ध की समाप्ति पर इस महान राजनेता के साथ काम किया था। एक दिन चर्चिल उसके पास आए और बोले, "युवती, तुमने अपने कंधों पर एक बढ़िया दिमाग़ पाया है। तुम जो भी करने का तय करो, उसे पूरा करने के लिए

नज़र आने वाली हर चीज़ उसमें झोंक दो।" एक महान व्यक्ति एक महान सिद्धांत के प्रति संकल्पित था।

आपके सपनों तक पहुँचने की सीढ़ी

जीवितों में सर्वाधिक तेज़ धावक कहा जाने वाला एक और व्यक्ति जेस ओवेंस क्लीवलैंड के एक परिवार में बड़ा हुआ था, जिसे वह "धन के लिहाज़ से ग़रीब, पर आत्मिक रूप से धनी" कहा करता था। एक बार जेस के स्कूल में एक जाना-माना एथलीट छात्रों को संबोधित करने के लिए आया। उसका नाम चार्ली पैडॉक था और एक समय में खेल पर लिखने वाले कहते थे कि *वह* जीवितों में सबसे तेज़ धावक था। चार्ली ने बच्चों से बात की और पूछा, "तुम क्या बनना चाहते हो? उसका नाम लिखो और भरोसा रखो कि ईश्वर उसे पाने में तुम्हारी मदद करेंगे।" युवा जेस ने चार्ली पैडॉक की तरफ़ देखा और सोचा, *मैं वही बनना चाहता हूँ, जो श्री पैडॉक हैं।*

भाषण ख़त्म होने के बाद अपने हीरो से प्रेरित होकर जेस अपने स्कूल के खेल के प्रशिक्षक के पास गया और बोला, "सर, मेरा एक सपना है!"

प्रशिक्षक ने उस नन्हे अश्वेत लड़के की तरफ़ देखा और कहा, "बेटा, तुम्हारा सपना क्या है?"

"मैं जीवितों में सबसे तेज़ धावक श्री पैडॉक का अनुसरण करना चाहता हूँ।"

"जेस, एक सपना देखना बड़ी अच्छी बात है, पर तुम्हारे सपने को पाने के लिए तुम्हें एक सीढ़ी बनानी होगी।" इसके बाद उन्होंने व्याख्या की, "इसका पहला पायदान निश्चय है! (दृढ़ता!) दूसरा पायदान है समर्पण! तीसरा पायदान है अनुशासन! और चौथा पायदान है नज़रिया!"

जेस ओवेंस ने अपना क़दम पहले पायदान पर रखा, कभी न छोड़ने के पहले मानसिक निर्णय पर। निश्चय, कई चुनौतियों का सामना करने की दृढ़ता। वह 100 मीटर की दौड़ का सबसे तेज़ धावक था, 200 मीटर की दौड़ में भी वही सबसे आगे था। उसने ओलिंपिक खेलों में चार स्वर्ण पदक जीते और उसका नाम एथलेटिक्स में प्रसिद्धी पाने वालों के अमेरिकन हाल की सूची में शामिल किया गया था।

यह सब इसलिए हुआ क्योंकि जेस के पास एक सपना था और वह सफलता की सीढ़ी पर चढ़ने का इच्छुक था।

अपने भीतर की शक्ति को बाहर निकालें

जीवन में ऊर्जा का एक प्रकार से क्षय वाद-विवाद की प्रक्रिया में होता है, "मैं करूँगा या मैं नहीं कर पाऊँगा?" "मैं कर सकता हूँ या नहीं कर सकता?" "मुझे करना चाहिए या नहीं?" तुरंत ही यह कहते हुए शुरू क्यों नहीं करते, "मैं तब तक करूँगा, जब तक हो न जाए?" जब आप इस तरह से परिस्थिति को जानते हैं, "मैं ऐसा करूँगा," तो आप अपने आप से बहस करने के बजाय अपने समय, अपनी ऊर्जा और इसे तुरंत करने की प्रतिभा पर एकाग्र हो सकते हैं।

दृढ़ता से भरा हुआ एक व्यक्ति अपने से कहीं ज़्यादा प्रतिभा, ज़्यादा शिक्षा या ज़्यादा धनी व्यक्ति से अधिक सफलता हासिल करेगा।

"दुनिया में दृढ़ता की जगह कोई नहीं ले सकता। प्रतिभा भी नहीं ले सकेगी। प्रतिभा से भरपूर असफल व्यक्ति से ज़्यादा आम चीज़ दूसरी नहीं है। बुद्धिमत्ता भी इसकी जगह नहीं ले सकेगी। पुरस्कार से वंचित बुद्धिमत्ता एक कहावत बन गई है। शिक्षा भी इसकी जगह नहीं ले सकेगी। यह दुनिया त्यागे हुए शिक्षितों से भरी पड़ी है। दृढ़ता, निश्चय और कड़ी मेहनत ही असल फ़र्क़ पैदा करती है" *केल्विन कूलिज*।

दृढ़ता की कमी असफलता के बड़े कारणों में से एक है और फिर यह प्रमाणित भी हो चुका है कि यही वह कमज़ोरी है, जो मनुष्य की दौड़ में प्रभावी रहती है। उदाहरण के लिए हमारे बिज़नेस में हम ऐसे लोगों को देखते हैं, जो महान ऊँचाइयाँ हासिल करने के उत्साह से भरे होते हैं। बहरहाल, पहली बार अस्थायी हतोत्साह पर ही वह अपने सपनों के एक पायदान से नीचे लुढ़क जाते हैं। दूसरी बार निराश होने पर वे एक सीढ़ी और उतर जाते हैं और तीसरी बार में वे ज़मीन पर चित हो जाते हैं।

अस्थायी निराशा पूर्ण निष्कासन नहीं है। हार जाने में शर्मिंदगी या ग़लती वाली कोई बात नहीं है। मूल रूप से हर महान व्यक्ति को अस्थायी पराजयों का सामना करना पड़ा है। यह सीखने का समय होता है, आपके द्वारा विकास करने और अपने भाग्य को पाने के मौक़े होते हैं। अगर आप

पीछे हटने के बजाय एक बार हार को बर्दाश्त कर लेते हैं, तो आप अपने सपनों को पा सकेंगे। "प्रबल चीज़ों के लिए असफलता से सामना होने के बावजूद शानदार विजयों के लिए साहस करना ज़्यादा अच्छा है। यह उन कमज़ोर लोगों की बराबरी करने से बेहतर है, जो न तो भरपूर आनंद उठाते हैं ना ही जमकर कष्ट उठाते हैं, क्योंकि वे ऐसे गहरे धुँधलके में रहते हैं कि वे न तो विजय को जानते हैं, न ही पराजय को" *थियोडोर रूज़वेल्ट*।

केवल छोड़कर भाग जाना ही पराजय है।

छोड़कर मत भागो

जब चीज़ें ग़लत हो रही हों, जैसी कि वे कभी होंगी ही,
जब आपके सफ़र की राह चढ़ाइयों से भरी दिखाई पड़ रही हो,
जब पैसा कम हो और कर्ज़ बहुत ज़्यादा हो,
और आप मुस्कुराना चाहते हों, पर आहें भर रहे हों,
जब देखभाल आपको एक पल रुकने के लिए दबाव डाल रही हो,
रुकें, अगर ज़रूरी हो, - पर छोड़कर न भागें।

ज़िंदगी अपने विचित्र मोड़ों और घुमावों से भरी है,
हममें से हर एक कभी-कभी इससे सीखता है,
और कई असफल लोग वापस लौट भी जाते हैं
अगर वह वाक़ई जीत चाहते, तो क्या वे ऐसे बाहर होते;
कभी छोड़कर न भागें, भले ही क़दम बड़े धीमे दिख रहे हों -
अगले मोड़ पर आप सफल हो सकते हैं।

अक्सर ही लक्ष्य उससे ज़्यादा पास होता है
जितना यह निराश और डगमगाते व्यक्ति को नज़र आता है,
अक्सर ही संघर्ष करने वाले तभी भाग खड़े होते हैं,
जब वे जीत के कप पर क़ब्ज़ा करने ही वाले होते हैं।
और वे बहुत देर में यह जान पाते हैं, जब कि रात ग़ुज़र गई होती है,
कि वे सुनहरे मुकुट के कितने पास थे।

सफलता असफलता के भीतर ही होती है –
संदेह के बादलों के बाहरी चमकीले किनारों की तरह –
और आप कभी भी यह नहीं बता सकते कि आप कितने क़रीब हैं,
यह नज़दीक भी हो सकती है, जबकि यह दूर दिखाई देती है;
तो लड़ाई जारी रखें, जबकि आप कठिनतम दौर में हों –
तब भी जबकि चीज़ें बदतर दिख रही हों आपको भागना नहीं है।*

---

*1972 में क्लिंटन हॉवेल द्वारा लिखी गई, थॉमस नेल्सन, इंक. द्वारा प्रकाशित *लाइंस टु लिव बाय* से, पृ. 178।

14

महान गुणाकार तत्व

शानदार ज़िंदगी का मेरा सेमिनार ख़त्म हो गया था और मैं सभागार छोड़ रहा था, तभी एक युवक ने एक सवाल किया, जो कई लोग पूछते हैं, "देखिए, मैं देख सकता हूँ कि कुछ सिद्धांत हैं, जो ज़िंदगी में सफलता ला सकते हैं... और मैं यह भी स्वीकार कर सकता हूँ कि हम सभी में ज़बर्दस्त योग्यताएँ हैं। क्या यही पर्याप्त नहीं है? अगर मेरे अंदर ही कहीं योग्यताएँ हैं और मैं यह सिद्धांत सीख सकता हूँ, तो क्या वह वाक़ई मेरी आज की आत्म-छवि में कोई बड़ा फ़र्क़ पैदा करेगा?"

उस शनिवार की दोपहर को उसे और यह सवाल करने वाले हर व्यक्ति को मेरा जवाब यही है : **यह दुनिया में सारे अंतर ला सकता है!**

हो सकता है कि आप अब तक के जीवित प्राणियों में सबसे ज़्यादा प्रतिभाशाली हों; हो सकता है कि आप सफलता के सिद्धांतों को सब तरह से जानते हों; हो सकता है कि आपने मानव प्रेरणा, सफलता और असफलता पर उपलब्ध टेप घंटों तक सुने हों और ऐसी हर किताब पढ़ी हो। बहरहाल, हो सकता है कि आप अभी तक अपनी क्षमता का एक छोटा हिस्सा भी प्राप्त नहीं कर पाए हों।

सकारात्मक सोच हमेशा काम नहीं करती, ख़ासतौर पर जब यह आपकी आत्म-छवि के बिल्कुल विपरीत हो।

आपकी आत्म-छवि उन सारे नज़रियों, तथ्यों और भावनाओं का कुल जोड़ होती है, जो आपने अपने बारे में बनाई होती हैं। हर वह चीज़, जो

हम सोचते, महसूस करते और करते हैं, वह हमारे भीतर बन रही हमारी ही तस्वीर को दृढ़ करने की एक राह के रूप में अनुभव की जाती है। ठीक उसी तरह, जैसे कि आपको बेहतरीन गाने का वरदान मिला हो, जिससे आप दूसरों का मनोरंजन करने की योग्यता रखते हों, पर अगर आप ख़ुद पर भरोसा नहीं करते, तो आप अपनी योग्यता का इस्तेमाल पूरी क्षमता के साथ नहीं कर पाएँगे।

प्रसिद्ध लेखक, स्तंभकार और मनोवैज्ञानिक जॉयसी ब्रदर्स ने इसे इस तरह बताया है : "किसी व्यक्ति की आत्म-अवधारणा उसकी शख़्सियत का केंद्र होती है। यह मानव व्यवहार के हर नज़रिये को प्रभावित करती है : सीखने की योग्यता, बढ़ने और बदलने की क्षमता, दोस्तों, साथियों और कैरियर्स का चुनाव। यह कहना अतिशयोक्ति नहीं है कि दृढ़ सकारात्मक आत्म-छवि जीवन में सफलता पाने की बेहतरीन संभावित तैयारी है।"

आप क्या सोचते हैं कि आप कौन हैं? शानदार ज़िंदगी जीने के जादुई फ़ॉर्मूले की अंतिम सामग्री में एक उचित आत्म-छवि को कई गुना बढ़ाने की शक्ति है। हालाँकि हममें से कोई भी ज़िंदगी में अपनी पूर्ण क्षमताओं तक नहीं पहुँच पाता, पर हमें इस पर चर्चा करनी चाहिए कि अपनी आज की आत्म-छवि को बदलकर हम क्या बनना चाहेंगे। क्या यह संभव है? क्या छवि बदली जा सकती है? क्या आप पहले से बन गए विचारों के "कटघरे में क़ैद" हो चुके हैं या आप एक दूसरे ही क़िस्म के व्यक्ति बन सकते हैं?

जिस महान ख़बर को मैं इस अध्याय में आपके साथ बाँट रहा हूँ; वह यह है कि आप बदल *सकते* हैं। आप हर उस तरह के व्यक्ति बन सकते हैं, जैसा आप बनना चाहते हैं।

यह बदलाव एक प्रक्रिया है - एक लगातार चलने वाली, आनंद से भरपूर यात्रा। यह पाँच मूल चरणों के साथ शुरू की जा सकती है।

पहला क़दम : अपनी आत्म-छवि के स्रोत को समझना

आपके मन में आपकी जो छवि आज बनी है, वह अतीत के अनुभवों के कारण है। उन अनुभवों ने आपको वह नहीं बनाया, जो आप हैं, उन्होंने आपको यह *भरोसा* दिलाया है कि आप उसी राह पर हैं, जो आप चाहते

हैं। कुछ लोगों को यह बताया जाता है कि हम अपने माहौल की उपज हैं। आख़िरकार, यही तो वह वजह है कि अगर एक बच्चा ख़राब पृष्ठभूमि से आया है, तो आप उसके असामाजिक व्यवहार के लिए उसे दोषी नहीं ठहरा सकते। बहरहाल, कुछ लोग इस बात पर भी विश्वास करते हैं कि आज हम उन दो बच्चों को समान माहौल, समान अभिभावक और परवरिश में बड़े होते देख सकते हैं, जिनमें से एक आगे चलकर व्यावसायिक एथलीट या सफल व्यापारी बन जाता है, जबकि दूसरा सुधारगृह में दिन काट रहा होता है। आप जो बने हैं, उसे माहौल ने नहीं बनाया; आज आप जैसे भी हैं, वैसा आपको अतीत के अनुभवों ने नहीं बनाया। बहरहाल, आपके अवचेतन मन में आपके बारे में कुछ शक्तिशाली विचार बोने शुरू होते हैं और आपको ऐसी सोच का आदी बना देते हैं, जो आपकी पूरी ज़िंदगी के अनुभव को प्रभावित करते रहते हैं।

आपकी ज़िंदगी में पहचान की पहली समस्या पैदाइश के दिन से शुरू होती है। पिछले लगभग 250 दिनों से आप एक आरामदेह गर्म घर में रहते आए थे, जहाँ आपकी सारी ज़रूरतें पूरी हो रही थीं। कभी-कभार कुछ नापसंद अनुभवों ने शायद आपकी शांति में ख़लल डाला होगा, पर आमतौर पर आप अपने नन्हे से घोंसले में गर्म, खाते-पीते और पूरी तरह सुरक्षित थे। बहरहाल, आपकी अपनी कोई ग़लती नहीं थी, पर आपने अपना घर खो दिया! आपको आपके पहले घर से जबरन निकाल दिया गया... किसी ने आपके पंजों को पकड़कर पीठ पर सहारा देते हुए खींचा और कहा, "दुनिया में आपका स्वागत है!"

"एक मिनट रुकिए, बाहर सर्दी है," आप सोचते हैं और उस तकलीफ़ को देखकर रोना शुरू कर देते हैं, जो आप पर बीत रही है।

आपको वह दिन याद नहीं है, पर ठीक उसी समय के अनुभव से आप प्रभावित होते हैं जैसा आज आप सोचते हैं कि आप हैं। जीवन के उस बिल्कुल शुरुआती दौर में आपके लिए यह जानना ज़रूरी होता है कि आपको प्यार और तारीफ़ पाना है तथा इसके लिए संघर्ष करना है अन्यथा आप उस लाड़ और दुलार से वंचित रह जाएँगे, जो स्वस्थ विकास के लिए बेहद ज़रूरी है।

कई डॉक्टरों की तरह मैं भी मानता हूँ कि आपकी आत्म-छवि ज़िंदगी

की शुरुआत में ही बनने लगती है। वास्तव में कुछ लोग तो ऐसे भी हैं, जो यह मानते हैं कि आपके जन्म लेने के पहले से ही यह छवि अपनी विकास अवस्था में थी। यह तार्किक भी लगता है, क्योंकि मानव शरीर के भीतर कोई भी नकारात्मक भाव एक नकारात्मक रसायन विकसित करता है; ठीक इसके विपरीत, कोई भी सकारात्मक भाव एक सकारात्मक रसायन विकसित करेगा। जब आप अपनी माँ के गर्भाशय में होते हैं, उस दौरान वह कई बार तीव्र तनाव, ग़ुस्से, जलन या चिंता से ग़ुज़रती है, जो सभी नकारात्मक भाव हैं। यह नकारात्मक रसायन ख़ुद के बारे में आपकी सोच पर प्रभाव डालना शुरू कर देते हैं, पर एक मिनट रुकें! इससे पहले कि आप अपनी मुश्किलों के लिए अपनी माँ पर दोष मढ़ें, क्योंकि गर्भावस्था के दौरान वो भावनात्मक रूप से परेशान थी, मुझे यह बताने दें कि गर्भाशय में वह नकारात्मक रसायन, दर्दनाक जन्म प्रक्रिया और माता-पिता, भाई-बहनों तथा दोस्तों के साथ संबंधों की शुरुआत ने आपको वह नहीं बनाया, जो आप हैं। बहरहाल, वे आपके उन विचारों पर प्रभाव डालते हैं, जो आप *सोचते* हैं कि आप हैं। वे शुरुआती परिस्थितियाँ और उनके प्रति व्यक्त की गई आपकी प्रतिक्रियाएँ एक तस्वीर बनाना शुरू कर देती हैं।

कितनी शर्म की बात है कि कई लोग यह मानते हैं कि उन तस्वीरों को फिर से नहीं बनाया जा सकता और वे जैसे हैं, उसमें बदलाव के लिए कुछ नहीं करते। वास्तव में, वे उनमें से एक होते हैं, जो कहते हैं, "ठीक है, मैं ऐसा ही हूँ। मैं इसके लिए कुछ नहीं कर सकता।"

उदाहरण के लिए, उस लड़की के बारे में सोचें, जो काम पर हमेशा देर से पहुँचती थी। सुबह-दर-सुबह, वह 10-15 मिनट लेट होती ही थी। उससे पूछा गया, "क्या हर सुबह देर से आने में आपको बुरा नहीं लगता?"

"अरे, वाक़ई नहीं," उसने बड़े आराम से जवाब दिया।

"आपको डर नहीं लगता कि अपनी लेट-लतीफ़ी के चलते आप नौकरी से हाथ धो सकती हैं?"

उसने कंधे झटकते हुए कहा, "मैं ऐसी ही हूँ। मैं इस बारे में कुछ नहीं कर सकती।"

किसी भी तरह उसने अपने दिमाग़ में यह बैठा लिया है कि वह कभी

भी समय पर नहीं पहुँच सकती। वह ग़लत थी। हम अतीत की किसी भी छवि से बँधे हुए नहीं हैं। हम यह मानते रहे हैं कि हम आज जो भी हैं, वह अतीत की प्रोग्रामिंग की वजह से हैं।

युवावस्था में मैं अपने पिता की तरह बनना चाहता था। समझने की कोशिश करें कि मेरे पिता मशीनों के मामले में कुशल नहीं थे और माँ हमेशा यह कहकर उनके विश्वास को बल देतीं, "इसे छोड़ दो प्रिय, मैं प्लम्बर को बुला लूँगी।" वे घर में कभी भी मशीनों से जुड़ा काम नहीं कर पाए। इसी क्रम में, मैंने भी अपने मन में यह बैठा लिया कि मैं मशीनों में दक्ष नहीं हूँ। स्कूलों में होने वाले एप्टीट्यूड टेस्ट ने भी मेरे विश्वास को पक्का कर दिया; इसीलिए मशीनरी से जुड़े एप्टीट्यूड टेस्ट में ही मैंने सबसे कम अंक पाए। मेरे स्कूल के काउंसलर ने इस नज़रिये को और पक्का कर दिया, "ऐसी किसी चीज़ को करने की कोशिश मत करना स्किप, जिसके लिए तकनीकी या मशीनी योग्यता ज़रूरी है, तुम असफल हो जाओगे। तुम लोगों के साथ ज़्यादा अच्छी तरह व्यवहार कर सकते हो।"

मैंने मशीनरी के मामले में ख़ुद के मूर्ख होने की छवि बना ली।

मेरी अतीत की एक और छवि नृत्य के साथ जुड़ी है। मैं एक रूढ़िवादी ईसाई परिवार में बड़ा हुआ था और मुझे सिखाया गया था कि नृत्य करना ग़लत है। जब मैं स्कूल गया, तब मेरे लिए यह कहना अशोभनीय था, "माफ़ करना, मैं तुम जैसे पापियों के साथ नृत्य करना नहीं चाहता।" राहत भरा बचाव यह कहना था, "माफ़ करें, मुझे नृत्य करना नहीं आता। मैं अच्छा नहीं लगता हूँ, मेरा नृत्य भद्दा और बेताल का है। मैं नाच नहीं सकता। आप ही देख लें।" मैं इन सब बहानों को जानता था। वर्षों तक स्कूल में डांस से बचने के लिए मैं यह कहानी सुनाता रहा था।

मेरे बारे में यह प्रभाव मेरी उस आत्म-छवि का हिस्सा थे, जो मेरी ज़िंदगी के प्रमुख व्यक्तियों द्वारा बताए गए विचारों और मेरी सीमित, बचकानी समझ की "मेरी दुनिया" के परिणामस्वरूप बने थे।

आपके ख़ुद के बारे में ऐसे क्या नज़रिये हैं, जो आपकी ज़िंदगी के महत्वपूर्ण लोगों द्वारा पोषित किए गए हैं? आप में से कुछ को यह विश्वास दिलाया गया होगा कि 'चीज़ें' आपके मुक़ाबले ज़्यादा महत्वपूर्ण हैं। उदाहरण के लिए, बच्चों के साथ क्या होता है? उस समय की

कल्पना करें, जब आप एक टेबल के किनारे से ग़ुज़रते हुए बेहद नज़दीक आ जाते हैं और एक फूलदान को ज़मीन पर गिरा देते हैं। शायद यह एक आम शीशे का जार न हो, बल्कि पारंपरिक पारिवारिक विरासत हो। कुछ क्षणों की दीनता के बाद आप अपने कमरे में चले जाते हैं और ग़ुस्से से भरे कुछ नपे-तुले शब्द सुनते हैं। चूँकि आप इस बिंदु पर सही कारण से परिचित नहीं होते, आप महसूस करते हैं, "बच्चे, मैं समझता हूँ कि एक फूलदान मेरे बजाय ज़्यादा महत्वपूर्ण है।"

बच्चों के बड़े होने की इस प्रक्रिया में, बेहतरीन अभिभावक भी मौक़े-बा-मौक़े वस्तुओं को लेकर यह मत अनजाने में व्यक्त कर देते हैं कि, "चीज़ों" की महत्ता लोगों के मुक़ाबले कहीं ज़्यादा है।

समय के साथ जब आप और मैं दो वर्ष की उम्र तक पहुँचते हैं, हमारी ख़ुद के बारे में सोच 50 फ़ीसदी विकसित हो जाती है, छह वर्ष की उम्र में हमारे आत्मविश्वास का 60 प्रतिशत हिस्सा स्थापित हो जाता है और आठ वर्ष की उम्र तक इसका 80 फ़ीसदी तैयार हो जाता है। 14 वर्ष की उम्र तक पहुँचते-पहुँचते हममें से 99 प्रतिशत में हीनभावना का ज्ञान विकसित हो जाता है।

यदि आपने अपनी छवि को बदलने में ज़िंदगी में कुछ वक़्त नहीं लिया है, तो आप आज भी उसी हीनभावना के आस-पास घूम रहे होंगे।

"मैं बहुत बढ़िया चल रहा हूँ," आप मुझसे कह सकते हैं, "मेरे मन में कोई उलझन नहीं है और मैं हीन नहीं हूँ!" हममें से कई लोग हीनभावना का सामना करने के रास्ते तलाश लेते हैं; उदाहरण के लिए, हम हर्जाना देते हैं। ज़िंदगी के शुरुआती दौर में ही मैंने यह खोज लिया था कि कुछ हीनभावनाओं का सामना करने का बेहतरीन तरीक़ा यह था कि मैं बौद्धिक रूप से सर्वश्रेष्ठता को पाने का प्रयास करूँ क्योंकि मेरा विश्वास था कि मैं दूसरों के मुक़ाबले औसत से कम था। मैंने ऊँचे ग्रेड्स पाने के लिए संघर्ष को स्वीकार किया।

कुछ लोग इन भावनाओं पर विजय पाने के लिए शारीरिक सर्वश्रेष्ठता पाने का प्रयास करते हैं। जब मैं स्कूल जाता था, तब हम उन बच्चों को 'बुलीज़' कहकर बुलाते थे। चूँकि मन के भीतर वे ख़ुद को छोटा महसूस करते थे, इसीलिए बाहर वे सबको पीटा करते थे। इस कमज़ोर आत्म-सम्मान

से पार पाने के अन्य तरीक़ों में गुमनाम होना, चुप्पी साध लेना या शर्मीले बन जाना शामिल है। कुछ इनका सामना करने के लिए ख़ूब बतियाने वाले बन जाते हैं और पूरे समय बोलते रहते हैं। सामना करने के लिए हमारे पास राहों की विविधता है।

एक आत्म-छवि को बदलने की दिशा में पहला क़दम इसके स्रोत को समझना है। ये सारी भावनाएँ कहाँ से पैदा हुई हैं? जीवन के शुरुआती दौर के अनुभव क्या थे?

इनके बारे में सोचें! किसी के समझने या बोल पाने से पहले ही कई तरह की छवियाँ निर्मित हो जाती हैं। इसका मतलब है कि इनमें से अधिकतम छवियाँ भावनात्मक जवाबदेही और अपूर्ण, अपरिपक्व समझ तथा नज़रिये से बनती हैं। यह हमारी प्रक्रिया के दूसरे क़दम में बेहद महत्वपूर्ण बिंदु हो जाता है।

दूसरा क़दम : विश्वास करें कि आपकी आत्म-छवि बदल सकती है

"आप एक पुराने कुत्ते को नए करतब नहीं सिखा सकते।" यह एक झूठी बात है। बहुत से लोग यह मानते हैं कि वे जैसा बन सकते थे, बन चुके हैं और उनमें बदलाव के लिए कुछ नहीं किया जा सकता।

ज़िंदगी के एक मोड़ पर अपनी शख़्सियत के बारे में मैं आपको एक विवरण देना चाहता हूँ, जिसे मैं उस वक़्त सही समझता था, "मैं चुप्पा, शर्मीला और पिछड़ा हुआ हूँ। मैं लोगों से बात करना पसंद नहीं करता। मैं लोगों के सामने आना भी पसंद नहीं करता, क्योंकि मैं बहुत ही औसत इंसान हूँ।" मैं औसत से ज़्यादा कुछ नहीं कर सकता था और अगर कभी कुछ ऐसा हो जाता, जिससे मुझे पहचान मिलती, तो उसके बारे में मेरी अलग ही व्याख्या रहती। उदाहरण के लिए, जब मैं कॉलेज में था, मुझे छात्र संघ का अध्यक्ष चुना गया था। बहरहाल, मैं यही मानता था कि मैं इसलिए अध्यक्ष नहीं बना हूँ कि लोग मुझे चाहते थे, बल्कि यह परिणाम इस तरह सामने आया कि मेरी कक्षा के तीन लड़के कैंपस में सभी को जानते थे और उन्होंने मेरे लिए वोट माँगे थे। इस तरह मैं ख़ुद को मिले सम्मान की व्याख्या करता था।

आप में से कुछ लोग आज भी उन नज़रियों के आसपास घूम रहे हैं, जहाँ आपको नहीं होना चाहिए। मैं अपनी ज़िंदगी में इस मोड़ पर तब पहुँचा, जब मैंने यह विश्वास करना शुरू किया कि मैं बदल सकता हूँ। अगर मेरे बारे में कुछ ख़्यालों की पैदाइश ही ग़लत थी, तो ग़लतियों में सुधार किया जा सकता है।

एक दिन मैं अपने भाई के घर बैठा गप-शप कर रहा था, तभी उसके 14 साल के बेटे ने कहा, “पिताजी, बगीचे का मोवर काम नहीं कर रहा है।” यह किशोरावस्था की बहानेबाज़ी नहीं थी। मेरा भतीजा डेविड वास्तव में बगीचे की खरपतवार हटाना चाहता था। इस समय तक मैंने यह विश्वास करना शुरू कर दिया था कि मैं अपनी छवि और व्यवहार बदल सकता हूँ और मैंने कहा, “डेविड, इसे मुझे देखने दो।”

आपको उसके चेहरे के भाव देखने चाहिए थे! स्किप अंकल, जो हमेशा मशीनों से दूर भागते हैं, ख़ुद गैरेज तक गए और बगीचे के मोवर को ठीक करने में लग रहे थे। मैंने एक पेंचकस और कुछ प्लायर्स लिए तथा चीज़ों को अलग करना शुरू कर दिया। मेरी जानकारी से पहले ही, पूरा इंजन खुलकर फ़र्श पर बिखरा पड़ा था। मैंने कुछ गंदे पुर्ज़ों को साफ़ किया, मिलाया और कई तालमेल बैठाने के बाद इन सबको वापस जोड़ने की चुनौती को सामने पाया। मैंने पहले यह सब कभी नहीं किया था। जल्दी ही मैंने अपनी समझ से सारे पुर्ज़े लगा दिए और नतीजे का समय आ पहुँचा। मैं नीचे गया, डोरी खींची और बगीचे का मोवर काम करने लगा। बच्चो, क्या मैं उत्साहित था! मैंने पूरा-का-पूरा बगीचा साफ़ कर डाला और डेविड मेरे पीछे ख़ुशी से चिल्लाता हुआ घूमता रहा।

आपको यह एक बेवकूफ़ी भरी चीज़ लग रही होगी, पर उस दिन मैंने पाया कि मैं उन चीज़ों को कर सकता हूँ, जिन्हें मैं पहले असंभव मानता था।

मशीनरी में दक्षता न होने की जो तस्वीर मैंने बना रखी थी, उसका मेरी योग्यता से कुछ लेना-देना नहीं था; यह मेरे बचपन के उस नज़रिये के आसपास घूमती थी जिसका मतलब मेरे पिता के समान होने से था।

उस लड़के को याद कीजिए, जो इस बात पर ज़ोर देता था कि वह नाच नहीं सकता? एक समय में मैं सनबॉर्न सिंगर्स नाम के एक गायक समूह का सदस्य था। मैं वहाँ मज़े में था क्योंकि ईश्वर ने मुझे सुरीली

आवाज़ दी थी और मैं जानता था कि यही एक ऐसी चीज़ थी, जो मैं कर सकता था। बहरहाल, हमें एक नृत्य नाटिका तैयार करनी थी और एक अच्छे नृत्य सिखाने वाले को हमें सिखाने के लिए बुलाया गया। यह व्यक्ति अपनी पूरी ज़िंदगी शो बिज़नेस में रहा था और बहुत ही चंचल तथा व्यवस्थित था - एक इस तरह का व्यक्ति जो सीधा खड़ा होता, पीछे झुकता और अपने सिर को पिंडलियों पर रख सकता था।

रिहर्सल के पहले दिन ही मैंने कहा, "देखो एलेक्स, तुम्हें मेरे बारे में कुछ चीज़ें समझ लेनी चाहिए। मैं एक मंत्री के घर में पला-बढ़ा हूँ और मैंने अपनी ज़िंदगी में कभी नृत्य नहीं किया है। मैं व्यवस्थित नहीं हूँ, मैं भद्दा हूँ। इसलिए जब भी तुम शो रखो, तो यदि मुझे सिर्फ़ गाने वाले हिस्से में रख सको, तो मैं निश्चित तौर पर इसकी सराहना करूँगा क्योंकि मैं नाच नहीं सकता।"

इन शब्दों ने मुझे ज़बर्दस्त रूप से कहीं भीतर चोट की! मैंने तब जाना कि अगर मैं एक ऐसा सेमिनार शुरू करने जा रहा हूँ, जहाँ मैं लोगों को बताता हूँ कि वे हर वह चीज़ कर सकते हैं, जिसके लिए वे अपने दिमाग़ को व्यवस्थित कर लेते हैं, तो मुझे सीखना होगा कि नृत्य कैसे करते हैं!

ख़ैर, जब मैंने शुरुआत की, तो मैं सबसे ज़्यादा बेताल साथी था। पर एक दिन मैं रिहर्सल रूम में गया, जहाँ दीवार पर चारों तरफ़ आइने लगे हुए थे और बैले बार थे। मैंने बार को पकड़ा और आइने में देखकर कहा, "क़दमों, तुम्हें कुछ सीखना है और मैं तुम्हें सिखाने जा रहा हूँ।" मैंने एक-एक क़दम के साथ शुरू किया और बार-बार नाचता गया।

अगले ही वर्ष मैं शो के साथ सफ़र कर रहा था और दो सौ हज़ार लोगों के सामने नृत्य कर चुका था।

आप बदल सकते हैं! पर आपको इस बात पर विश्वास करना होगा कि आप एक अलग तरह के व्यक्ति बन सकते हैं!

तीसरा क़दम : तय करें कि आप किस तरह के व्यक्ति बनना चाहते हैं

अगर आप दुनिया में मौजूद किसी भी तरह के व्यक्ति बन सकें, तो आप क्या बनना चाहेंगे? मैंने नहीं पूछा, "आप किसके जैसे बनना चाहते हैं?"

आप आप हैं! मैं आपसे किसी और की तरह बनने के लिए नहीं कह रहा हूँ। मैं आपको "आपका" ही बेहतरीन संभव रूप बनने की चुनौती दे रहा हूँ। यही पर्याप्त है। अगर **आपका बेहतरीन** रूप सामने आए, तो आप किस तरह के इंसान होंगे?

ज़्यादातर लोग इस पहले सवाल का जवाब नहीं जानते। उन्होंने अपने पसंद के रूप की विशेषताएँ और लक्षण पहचानने के लिए समय और ऊर्जा कभी नहीं लगाई। मैं मानता हूँ कि ऐसे तीन तरीक़े हैं, जिनसे आप तय कर सकते हैं कि आप किस तरह के व्यक्ति बनना चाहते हैं। इनमें से पहला तरीक़ा हम सबके लिए है। दूसरा उन लोगों के लिए है, जो धर्मवाक्यों पर विश्वास करते हैं और तीसरा उन लोगों के लिए है, जो धर्मवाक्यों पर विश्वास नहीं करते हैं।

पहला, आप अपनी ज़िंदगी में हर दिन लोगों से मिलते हैं और संभवतः उनमें एक विशेषता देखते हैं, जिसे आप पसंद करते हैं। यह आपके दिमाग़ में कौंध जाती है, "मैं उस जैसा बनना चाहता हूँ।" जब भी आप किसी में कोई ऐसी विशेषता देखें, जो आपके मन को भाए; और आपके लिए सही भी हो, तो उस मूल्य को सही बनाकर तय करें कि आप ऐसे ही बनेंगे। शेक्सपियर ने कहा था, "एक मूल्य को अपनाओ और यह तुम्हारा है।" हम हर दिन लोगों से मिलते हैं और उनकी कुछ बातों से प्रभावित होते हैं। अगर वे वाक़ई काम की हैं, तो उन विशेषताओं को अपना लें। "यही वह राह है, जो मैंने अपनाई है।"

आप में से उनके लिए, जो धर्मवाक्य पर भरोसा करते हैं, ईसा मसीह की ज़िंदगी पर नज़र डालें। उनके व्यक्तित्व की सारी विशेषताएँ लिख डालें और इसके बाद उन लक्षणों को अपने हिसाब से ढालें। उसी तरह के व्यक्ति बन जाएँ।

अगर आप धर्मवाक्य पर भरोसा नहीं करते, तो अब तक की सदियों के महान स्त्री-पुरुषों की ज़िंदगी का अध्ययन करें और खोजें, उनमें ऐसा क्या था, जिसने उन्हें महान बनाया। आप अब्राहम लिंकन की कौन सी विशेषताएँ ग्रहण करना चाहेंगे? ईमानदारी। पियरे और मैडम क्यूरी से? दृढ़ता। विल रोजर्स से क्या लेंगे? मज़ाक़ करने की आदत। मदर टेरेसा की कौन सी विशेषता अपनाना चाहेंगे? करुणा। विंस्टन चर्चिल की? बुद्धि।

इन तीन तरीक़ों से आपको इस बारे में एक नई तस्वीर बनाना शुरू करने लायक़ हो जाना चाहिए, जिस तरह के व्यक्ति आप बनना चाहते हैं।

चौथा क़दम : इसे लिख डालें

क्या आपने यह बात पहले भी सुनी है? मेरे लिए यह एक हैरानी की बात है कि कितने ही लोग इन सिद्धांतों को सुन सकते हैं, उन्हें पढ़ते हैं, उन पर सहमत होते हैं और इसके बाद वे इसे लिखने की उपेक्षा कर देते हैं कि वे किस तरह के व्यक्ति बनना चाहते हैं। कई बार लोग कहते हैं, "स्किप, यह उस तरह काम नहीं कर रहा, जैसा हमने सोचा था," या इसी तरह के निरुत्साहित करने वाले कथन कहते हैं। ऐसे लोगों से मैं जो पहला सवाल करता हूँ, वह यह है, "आप जैसा बनना चाहते हैं, क्या उसे लिखने का आपने समय निकाला है?" ज़्यादातर समय पर जवाब शर्मिंदगी भरा मिला, "वाक़ई नहीं।" यही पूरी तस्वीर की जान है और मैं मानता हूँ कि यही शानदार ज़िंदगी जीने के पूरे फ़ॉर्मूले का सबसे महत्वपूर्ण हिस्सा है।

एक किताब, एक पेज या कोई फ़ाइल कार्ड ही लें और जिस तरह के व्यक्ति आप बनना चाहते हैं, उसका विवरण लिख डालें। ये सारे वाक्य सकारात्मक, वर्तमान काल में होने चाहिए, "मैं उम्मीद करता हूँ," "मैं चाहता हूँ;" या "मैं बनूँगा," में नहीं। जब कल ही कभी नहीं आता, तो भावी परिभाषा का क्या मतलब। वाक्य वर्तमान, सकारात्मक काल में बनाएँ, "मैं हूँ," "मेरे पास है," "मैं करता हूँ।" क्या ये यथार्थ साबित होंगे? तुरंत नहीं, पर यह विश्वास का सकारात्मक कथन है।

तय करें कि आप क्या बनना चाहते हैं। यह आपके चाहे गए पदार्थों, आपको व्यापार में मिली उपलब्धियों या व्यावसायिक प्रयत्नों से कहीं ज़्यादा महत्वपूर्ण है। अगर आप यह तय नहीं करते हैं कि आप किस तरह के व्यक्ति बनना चाहते हैं, तो आप अपनी ज़िंदगी के उस बिंदु पर आ सकते हैं, जहाँ आपके द्वारा सोची गई इच्छित वस्तुएँ और आपका व्यक्तित्व आपस में मेल नहीं खाते हैं।

लिख डालना महत्वपूर्ण है। मेरे पास एक छोटी सी नोटबुक है, जो हर उम्र और उपयोग में मेरे साथ रही है। अपने भद्दे रंग-रूप के बावजूद यह

मेरे लिए बेहद ख़ास है, क्योंकि यह उन पन्नों को सँभाले हुए है, जो बताते हैं कि एक व्यक्ति के रूप में मैं कैसा हूँ। मैं ठीक वैसा ही नहीं हूँ, जैसा दस साल पहले था, या अभी दो साल पहले ही था। अब से दो साल बाद मैं एक अलग ही क़िस्म का व्यक्ति बन जाऊँगा, क्योंकि यही राह मैंने निश्चित की है। मैं किसी जंगली अहम् की यात्रा की बात नहीं कर रहा हूँ। यह किताब आपको मेरी महानता से प्रभावित करने के प्रयास के रूप में नहीं लिखी गई है। यह आपको वह बनने की चुनौती देने के लिए लिखी गई है, जिसके लिए आपको बनाया गया है।

ज़िंदगी में यथापूर्व स्थिति (status quo) जैसी कोई दूसरी चीज़ नहीं है। आप वही नहीं बने रह सकते, जो आप हैं, आप या तो सुधार और वृद्धि की प्रक्रिया में होते हैं या क्षरण और मरण की। यह आपका चुनाव है।

एक व्यक्ति ने लिखा कि उसे साइज़ोफ्रेनिक का शिकार बताया गया था। उसकी ज़िंदगी डर और चिंता से भर गई थी। इसके बाद उसने अपनी आत्म-छवि के बारे में पूरा विवरण लिखा कि वह क्या पाना चाहता है और इसे हर दिन पढ़ता। लोगों ने उसके सुधरते आत्मविश्वास और उत्साह का कारण पूछना शुरू कर दिया और जल्दी ही उसके पास नौकरी के बेहतर मौक़े आने लगे। वह एक रेस्टोरेंट का मालिक बनने के अपने सपने को साकार कर सका और दूसरे लोगों को अपनी क्षमताओं को पहचानना सिखा रहा है।

एक अन्य व्यक्ति ने मुझे बताया कि उसने अपनी चाही छवि के बारे में लिखा। उसने इन सारे सिद्धांतों को अपनाना शुरू किया और इस प्रक्रिया को शुरू करने के छह महीने के भीतर ही यह हुआ : उसका बेहद महँगा अच्छी नस्ल का कुत्ता भाग गया, उसने अपनी लाभदायी नौकरी खो दी, उसकी मंगेतर ने उसे छोड़ दिया, उसे उसका घर छोड़ना पड़ा क्योंकि वह इसका किराया दे पाने की स्थिति में नहीं था। यह कोई बेहद सकारात्मक परिणाम तो नहीं लगते, लगते हैं क्या? बहरहाल, उसने क्या कहा, "इन छह महीनों के दौरान मैंने हर दिन अपने लक्ष्य पढ़े। मैंने हर दिन बाइबल पढ़ी और अब मैं जानता हूँ कि मैंने पूरे समय एक ऐसी चीज़ ढूँढ़ने का प्रयास किया, जो आपकी कही बात को काट सके, ताकि मैं इन सारी बेवकूफ़ियों को छोड़ सकूँ।"

उसने अगले वर्ष का विवरण भी जारी रखा, जिसमें उसने एक नया व्यापार शुरू किया, जो ख़ूब फला, वह वापस अपने घर लौटा, एक दूसरी लड़की से मिला, जिसने उसके लक्ष्य और सपनों को सहारा दिया। दो साल के अंदर ही उसके पास 18 पूर्णकालिक और अंशकालिक कर्मचारी थे।

अपने चुनाव के अनुसार व्यक्ति बनना आपकी ज़िम्मेदारी है। आप यह नहीं कह सकते, "ठीक है, अगर मेरे पति (या पत्नी) ज़रा सा सहयोग करें, तो मैं ऐसा बन जाऊँगा।" या "अगर यह मेरी पृष्ठभूमि से जुड़ा न होता, तो मैं बेहतर कर सकता।" यह उनकी ग़लती नहीं है। यह आपकी ग़लती है। मेरे लिए इसका सामना करना मुश्किल था, और शायद आपके लिए भी मुश्किल है।

पाँचवाँ क़दम : उस व्यक्ति के साथ समय बिताएँ, जिसकी तरह आप बनना चाहते हैं

लोग मुझसे कहते हैं, "स्किप, मैं उस व्यक्ति के आसपास हर समय नहीं रह सकता, जैसा मैं बनना चाहता हूँ। चर्चिल, लिंकन, विल रोजर्स मेरे लिए हमेशा उपलब्ध नहीं हैं।" मैं इसे समझ सकता हूँ, पर याद रखें, हम किसी दूसरे का क्लोन बनने के लिए संघर्ष नहीं कर रहे हैं, हम उस तरह का व्यक्ति बनने की ओर बढ़ रहे हैं, जैसा बनना हमने चुना है।

अपने इच्छित व्यक्ति के साथ समय बिताने का मतलब हर दिन उस प्रोफ़ाइल को पढ़ने की प्रक्रिया से है, जो आपने अपने बारे में लिखा है। मैं मानता हूँ कि इसे हर सुबह और हर रात को ज़ोर-ज़ोर से आइने के सामने, जब भी संभव हो, पढ़ा जाना चाहिए।

मैं नहीं जानता कि आप अपने बारे में क्या तथ्य बनाएँगे, पर मुझे कुछ उदाहरण देने दें, ताकि आप यह समझ सकें कि मैं इस मामले में क्या सोच रहा हूँ।

"मैं उस तरह का व्यक्ति हूँ; जो ज़िंदगी की हर दिक़्क़त का सामना इस नज़रिये के साथ करता है कि महान लाभ के बीज मिलेंगे।"

"मैं उस तरह का व्यक्ति हूँ, जो आलोचना को बिना ग़ुस्से के ग्रहण करता है।"

ज़्यादातर लोग इन कथनों को पसंद नहीं करते। मैं भी इस राह पर हमेशा से नहीं चलता था, पर मुझे विश्वास के ये कथन बनाने की प्रेरणा तब मिली, जब एक दोस्त ने मुझे यह कहानी सुनाई। वह सेमिनारों में बोलने के लिए पूरे देश में घूमता था। एक सप्ताहांत पर उसे कुछ मंत्रियों और उनकी पत्नियों के समूह के बीच बोलने के लिए आमंत्रित किया गया था। जब वह बैठक में पहुँचा, तो उसे बताया गया, "वैसे, यहाँ कई मंत्री ऐसे हैं, जो बाइबल को ईश्वर के प्रेरणा वचन नहीं मानते।"

मेरे दोस्त ने उनकी तरफ़ देखा और कहा, "आपने मेरे यहाँ आने से पहले यह बात क्यों नहीं बताई?"

"ठीक है, पर हमें डर था कि अगर आपको पता चल गया, तो आप नहीं आएँगे," सीधा-सा जवाब मिला।

"शायद आप सही हैं, पर मैं यहाँ हूँ और हम एक अच्छा समय बिताने जा रहे हैं।"

जब उसने बोलना शुरू किया, तो उसने तय किया कि वह हर उस धर्मवाक्य को उद्धृत करेगा, जो उसे याद है। यह एक ऐसा व्यक्ति था, जिसने धर्मवाक्यों को पढ़ने और अध्ययन करने में कई साल लगाए थे। उसने मुझे बताया, "मैंने उद्धरण देना शुरू किये और पूरे दो घंटे तक धर्मवाक्य बोलता रहा; जब यह पूरा हो गया, तो मैंने प्रार्थना के साथ समाप्ति की, ऑडिटोरियम छोड़ा और सीधा अपने कमरे में चला गया। अगले दिन, जब सुबह का सत्र शुरू हुआ, मैंने कहा, "चलिए, थोड़ी देर इस पर बात कर लें कि मेरी कल रात की बातों से आपने कैसा अनुभव किया।"

एक बहुत बड़े लिबरल चर्च का पादरी खड़ा हुआ और बोला, "यह अतार्किक विचारों का सबसे ज़्यादा भद्दा अंश था। इसका कोई मतलब नहीं था और मेरे विचार से यह मेरे द्वारा सुनी गई सबसे ख़राब प्रस्तुति थी।" यह देवत्व का डॉक्टर पूरे पंद्रह मिनट तक ऐसी ही कटु आलोचना करता रहा। यह एक तरह से बौद्धिक प्रहार था।

जब वह बैठ गया, मेरे मित्र ने उसकी तरफ़ देखा और कहा, "श्रीमान, मैं आपको धन्यवाद देता हूँ। यह एक शानदार वक्तव्य था। क्या आप सभी यह समझे हैं कि यह कितना ख़ूबसूरत है और यहाँ क्या हुआ है?

कल रात महज़ दो घंटे के छोटे से अंतराल में यह व्यक्ति एक रिश्ता बनाने लायक़ हो गया, जिसने उसे मेरे प्रति यह कथन कहने की अनुमति दी। मैं आपको यह बताना चाहता हूँ श्रीमान कि आपके इस तरह से महसूस करने के प्रति मुझे कोई कष्ट नहीं है। क्या कोई और कुछ कहना चाहता है?"

अगले कुछ मिनटों के बाद एक पी एच डी किया हुआ व्यक्ति उठा और झपटा। उसने शाब्दिक तौर पर मेरे दोस्त को ज़मीन पर ही पटक दिया था। "यह आश्चर्यजनक है," मेरे मित्र ने कहा, "इस छोटे से समय में आप दोनों एक ऐसा रिश्ता बनाने के योग्य हो गए, जिसने आपको इतनी मज़बूती से असहमति जताने की अनुमति दे दी। यह उत्साहजनक है! क्या कोई और कुछ कहना चाहता है?"

इस सप्ताहांत कॉन्फ्रेंस के समाप्त होने पर वे दोनों व्यक्ति अलग-अलग समय में उसके पास आए और बोले, "यह मेरे द्वारा अब तक बिताया गया सबसे सार्थक सप्ताहांत है। मैं आपको सिर्फ़ 'धन्यवाद' कहना चाहता हूँ।"

नज़रिया क्यों बदल गया? क्योंकि उन्होंने एक ऐसे आदमी को पाया, जो जानता था कि वह कहाँ जा रहा था। वह अपने विश्वास को लेकर इतना आत्मविश्वासी था कि उसने पलटकर हमला करने या अपने कथन को प्रमाणित करने का प्रयास भी नहीं किया। वह दूसरों के साथ खुद की तुलना करने की प्रक्रिया में नहीं था, वह तय कर चुका था कि वह कौन था।

यही ज़िंदगी का सकारात्मक अनुभव है, जो आपको आलोचना से दूर रखने, ग़ुस्सा न होने या बदले और प्रमाणीकरण की ज़रूरत महसूस नहीं होने देता है।

आप जिस तरह के इंसान वाक़ई बनना चाहते हैं, उसे लिख डालें और उसका विवरण और विशेषताएँ लिखने के लिए पर्याप्त समय दें, जिस तरह के व्यक्ति आप होना चाहते हैं।

मेरे कार्य हमेशा मेरे इरादों के अनुरूप नहीं होते, पर मैं जितना ज़्यादा अपने चुने हुए व्यक्ति के साथ रहता हूँ, मेरा व्यवहार मेरे इरादों के नज़दीक़ आता जाता है।

हम जितना ज़्यादा समय जिस तरह के लोगों के साथ बिताते हैं, उतने ही हम उनके जैसे होते जाते हैं। मैं बता रहा हूँ कि वर्षों साथ रहने के

बाद पति और पत्नी न केवल एक ही अंदाज़ में बात और कार्य करने लगते हैं, बल्कि वे एक ही तरह से देखना भी शुरू कर देते हैं। साथ बिताए गए ये वर्ष कई समानताएँ पैदा कर देते हैं। जैसे ही हम अपनी छवि के साथ लगातार रहना शुरू करते हैं, हम उतने ही उस छवि को अपनाने के प्रति दृढ़ हो जाते हैं, यहाँ तक कि एक बिंदु पर यह हमारे व्यवहार में झलकने लगती है।

मेरा एक दोस्त बोस्टन में मेट्रोपॉलिटन ऑपेरा में मेकअप करने का काम करता है। उसने कहा, "स्किप, आप जानते हैं, मैंने ऑपेरा के इस मेकअप उद्योग में लगातार पिछले 45 वर्षों में हज़ारों-हज़ारों चेहरों को तैयार किया है। मैंने एक बेहद रोचक चीज़ पाई है - आप अपने सेमिनार में जो कहते हैं, वह एकदम सही है। व्यक्ति के चेहरे पर पड़ी लकीरें जीवन के उन अनुभवों को प्रतिबिंबित कर देती हैं, जिनमें वह रह रहा है। अगर कोई व्यक्ति जीवन के प्रति नकारात्मक नज़रिया रखता है, तो कुछ वर्षों के बाद वह उसकी त्योरियाँ चढ़ाए रखने वाली रेखाएँ बनाना शुरू कर देता है। वे इसे जान नहीं पाते, पर यह ज़ाहिर हुए बिना शिकन बना देता है। यह दूसरी तरह से भी काम करता है। ख़ुश, उत्साहित, सकारात्मक विचार रखने वाला व्यक्ति अंत में मुस्कुराहट भरी रेखाएँ बना लेता है।"

एक कहानी में यह बताया गया है कि एक सहायक अब्राहम लिंकन के पास आया और बोला, "बाहर एक आदमी सरकारी नौकरी की ख़ातिर आपसे मिलने के लिए खड़ा है।" लिंकन ने ख़बर पाकर कहा, "मैं उससे बात करने का इच्छुक नहीं हूँ।" उनके सहायक ने कहा, "पर आपने उसके आवेदन पर नज़र तक नहीं डाली है, श्रीमान, आप उसके बारे में कुछ भी नहीं जानते हैं।"

लिंकन ने जवाब दिया, "माफ़ करना, पर मुझे उससे बात करने की ज़रूरत नहीं है। मैंने उसका चेहरा देखा है और मैं यह मानता हूँ कि मनुष्य जिस भी उम्र तक पहुँचता है, उसके हिसाब से अपने चेहरे के भाव के लिए वह ख़ुद ज़िम्मेदार होता है और मुझे उसके भाव पसंद नहीं हैं।"

आपके चेहरे पर पड़ी हुई रेखाएँ आपकी ज़िंदगी के अनुभवों को प्रदर्शित करती हैं। वे इस बात का आइना होती हैं कि आपने किस तरह का व्यक्ति बनने का चुनाव किया है। आपकी अपने बारे में जो छवि है

और जिस तरह की ज़िंदगी आप जी रहे हैं, उसके लिए आप ही ज़िम्मेदार हैं। पर एक अच्छी ख़बर यह है कि आप अतीत की छवि में बंधे हुए नहीं हैं। आप बदल सकते हैं और अपना बेहतरीन रूप पा सकते हैं, जिसके लिए आपको बनाया गया है।

आप अनूठे हैं और अपनी तरह के अकेले व्यक्ति हैं। दुनिया में कोई भी अन्य आपकी उस ख़ास जगह को भर नहीं सकता, जहाँ आप रहते हैं। आपमें बड़ी या छोटी जो भी प्रतिभाएँ मौजूद हैं, जब उन्हें पूरे तौर पर इस्तेमाल किया जाता है, तो वे अमूल्य हो जाती हैं। आप विचारवान, दयालु और सहानुभूतिपूर्ण हो सकते हैं या फिर गला फाड़कर अपना दुखड़ा गाते रह सकते हैं। आप नाराज़, दुखी या शिकायती हो सकते हैं कि आपको कभी भी मौक़ा नहीं मिला या फिर आप कल फिर बाहर जाकर अपना काम आज के बजाय कहीं ज़्यादा बेहतर तरीक़े से कर सकते हैं और अपने लिए नए अवसर पैदा कर सकते हैं।

आप अपने दिमाग़ को दुनिया के सबसे बढ़िया विचारों से भर सकते हैं या फिर एक घटिया उपन्यास लेकर इसे अपने दिमाग़ की किसी गुप्त जगह पर भर सकते हैं।

आप अपनी ज़िंदगी को कुछ बेहतर या कुछ बदतर तरीक़े से जीते हुए किसी दिन इस दुनिया को छोड़ जाएँगे। आपको अपनी महानता को विरासत में छोड़ने की ज़िम्मेदारी स्वीकार करनी चाहिए।

इस पूरी किताब का मतलब एक चुनौती होने से था।

चुनौती

आप जो कुछ भी हैं और जो हो सकते हैं, उसके साथ मैं आपको चुनौती देना चाहता हूँ।

चुनौती आपको ईश्वर द्वारा दिए गए संसाधनों को पहचानने और ग्रहण करने की है; उन सार्वभौमिक सिद्धांतों का इस्तेमाल करने की है, जिन्हें अगर आप सीखते और अपनाते हैं, तो वे आपकी ज़िंदगी को एक उत्साहजनक अनुभव तक ले जाएँगे। मैं आपको एक बेहतर इंसान बनने की चुनौती देता हूँ, अपनी चाहत के अनुरूप व्यक्ति के बारे में लिखने की और हर दिन उस व्यक्ति के साथ समय बिताने की चुनौती देता हूँ।

अगर आप ये चीज़ें करेंगे, तो आपकी ज़िंदगी बेहतर के लिए बदलेगी, आप शानदार तरीक़े से रहना सीखेंगे और एक ऐसी ज़िंदगी का अनुभव करेंगे, जो ख़ुशी और आनंद से भरपूर, डर और चिंता से मुक्त हो और मूल्यवान लक्ष्य पूरे करने की प्रक्रिया में हो।

जीवन के उन छह प्रमुख क्षेत्रों में संतुलन स्थापित करना महत्वपूर्ण है, जिनमें आपका व्यापार, घर, समाज, शरीर, दिमाग़ और आध्यात्मिक ज़िंदगी शामिल है। इसके बाद ही आप समझेंगे कि एक उत्साहजनक, ख़ुशगवार अनुभव के लिए किस तरह ज़िंदगी को आकार दिया गया था! आप पाएँगे कि आप हर सुबह उठकर यह कहने योग्य हो गए होंगे, "जीवित रहने के लिए यह एक शानदार दिन है!"

अगर आपने यह पूरी किताब पढ़ ली है और इस निष्कर्ष पर नहीं पहुँचे हैं कि अपनी पूर्व क्षमताओं तक पहुँचने का एकमात्र रास्ता एक संतुलित आध्यात्मिक जीवन है, तो यह समय आपके यह विचारने का है कि ईसा मसीह सारे आनंद, ख़ुशी, शांति और शक्ति के लेखक हैं। वह कहते हैं, "मैं इसीलिए आया कि वे जी सकें और पूरी शांति के साथ जी सकें" (जॉन 10:10, के जे वी)। हम ईसा मसीह को अपना ईश्वर और रक्षक स्वीकार करते हैं, तो वे हमेशा हमारे साथ रहने के वादे को निभाते हैं।

दस साल की उम्र में मैंने यीशु को अपनी ज़िंदगी में स्वीकार करने का निर्णय लिया था और अपनी ज़िंदगी के हर दिन के साथ मैं उस निर्णय को बुद्धिमानी भरा मानता जाता हूँ।

क्या आपने उन्हें अपनी ज़िंदगी में आमंत्रित किया है ? मैं आपको अभी ऐसा करने का निमंत्रण देता हूँ!

मेरे दोस्तो, **अपनी क्षमताओं को पहचानें!**

अंत में

क्या यह काम करता है? पहली बार जब मैंने स्किप रॉस को शानदार ज़िंदगी के एक सेमिनार में सुना, तो मैं शंका से भर गई थी। जिस तरह की ज़िंदगी का वह वर्णन कर रहे थे, यथार्थ से दूर मालूम पड़ती थी। एक ऐसी दुनिया में जहाँ त्रासदी, निराशा और भ्रम अपवाद से कहीं ज़्यादा मात्रा में मौजूद हैं, मैंने सोचा कि उनका फ़ॉर्मूला साधारण और अप्राप्य है।

बहरहाल, उत्सुकतावश मैंने इस फ़ॉर्मूले को अपनी ज़िंदगी में अपनाना शुरू किया, मैंने इस "जादू" का अनुभव करना शुरू किया। हमारे 16 वर्ष के बेटे ने जब पहली बार स्किप रॉस को सुना, तो उसने इस फ़ॉर्मूले के परिणामस्वरूप आत्म-मूल्य की नई भावनाएँ पाईं। मेरे पति ने "द ग्रेट अमेरिकन ड्रीम" नाम के एक जलसे में स्किप के साथ एक साल तक सफ़र किया था, उन्होंने हर दिन सफलता के इन सिद्धांतों को काम आते देखा था। हमारी बेटी ने यह हस्तलिपि टाइप की और काम अधूरा छोड़कर ही एक दोस्त को फ़ोन करने भागी और बोली, "यह उत्साहजनक है... मुझे तुम्हें कुछ पढ़ाने दो!"

यह किताब उस वक़्त जन्मी, जब मैं स्किप के पास गई और बोली, "आपकी चीज़ें इतनी अच्छी हैं कि इन्हें ऑडिटोरियम की दीवारों पर चिपके नहीं रहना चाहिए। हम एक किताब क्यों नहीं लिखते?" मैंने रॉकफ़ोर्ड, मिशिगन स्थित सर्किल ए रैंच का दौरा किया, जो स्किप और सूज़न के सपनों का परिणाम था। यह एक ऐसा ख़ूबसूरत स्थान था, जहाँ युवा लोग उन सिद्धांतों को सीखते थे, जिन्हें किसी भी स्कूल में कभी नहीं सिखाया जाता, पर जो एक ख़ुशगवार, उत्पादक जीवन जीने के लिए सबसे ज़रूरी तत्व हैं। मैंने ऐसे सैकड़ों लोगों के पत्र पढ़े हैं, जो कहते

हैं कि इन सेमिनारों और टेप से उनकी ज़िंदगी बदल गई है। इनमें से अधिकतर पत्र छापे नहीं जा सकते, क्योंकि स्किप रॉस ख़ुद को अहं संतुष्टि के लिए उपदेशक के रूप में स्थापित नहीं करना चाहते और वे शर्मसार महसूस करेंगे।

मेरा मूल संशय विश्वास में बदल गया, जब मैंने देखा कि ईश्वर की शक्ति एक मनुष्य के ज़रिये काम कर रही है, जो हज़ारों लोगों की ज़िंदगी को ख़ुशहाल और जीवन से भरपूर बनाने के लिए फ़र्श से अर्श पर पहुँच गया। इस किताब के लिए स्रोत विवरण दुनिया में बेहतरीन हैं, जिसकी वजह यही है कि शानदार ज़िंदगी के लिए जादुई फ़ॉर्मूला काम करता है। इसे आज़माएँ, मैंने अपनाया और मैं इससे प्यार करती हूँ।

कैरोल सी. कार्लसन